权威·前沿·原创

皮书系列为
"十二五""十三五"国家重点图书出版规划项目

广东外经贸蓝皮书

BLUE BOOK OF FOREIGN TRADE
AND ECONOMIC OF GUANGDONG

广东对外经济贸易发展研究报告
（2017~2018）

ANNUAL REPORT ON THE DEVELOPMENT OF FOREIGN
TRADE AND ECONOMIC OF GUANGDONG(2017-2018)

主　编／陈万灵
副主编／何传添　刘　胜

社会科学文献出版社
SOCIAL SCIENCES ACADEMIC PRESS（CHINA）

图书在版编目（CIP）数据

广东对外经济贸易发展研究报告. 2017~2018 / 陈万灵主编. -- 北京：社会科学文献出版社，2018.5
（广东外经贸蓝皮书）
ISBN 978 - 7 - 5201 - 2574 - 1

Ⅰ.①广…　Ⅱ.①陈…　Ⅲ.①对外贸易 - 贸易发展 - 研究报告 - 广东 - 2017 - 2018　Ⅳ.①F752.865

中国版本图书馆 CIP 数据核字（2018）第 073872 号

广东外经贸蓝皮书
广东对外经济贸易发展研究报告（2017~2018）

主　　编／陈万灵
副 主 编／何传添　刘　胜

出 版 人／谢寿光
项目统筹／许秀江　王婧怡
责任编辑／陈　欣

出　　　版／社会科学文献出版社·经济与管理分社 (010) 59367226
　　　　　　地址：北京市北三环中路甲 29 号院华龙大厦　邮编：100029
　　　　　　网址：www.ssap.com.cn
发　　　行／市场营销中心 (010) 59367081　59367018
印　　　装／三河市龙林印务有限公司

规　　　格／开 本：787mm × 1092mm　1/16
　　　　　　印 张：18.25　字 数：275 千字
版　　　次／2018 年 5 月第 1 版　2018 年 5 月第 1 次印刷
书　　　号／ISBN 978 - 7 - 5201 - 2574 - 1
定　　　价／89.00 元

皮书序列号／PSN B - 2012 - 286 - 1/1

主要编撰者简介

陈万灵 四川人，博士，教授，现任广东外语外贸大学国际经济贸易研究中心（广东省普通高校人文社会科学重点研究基地）主任。兼任中国国际贸易学会理事、广东省新兴经济体研究会副会长兼秘书长、广东省农村经济学会常务理事。曾被广东省委高校工委、广东省教育厅评为"广东省1998年南粤教坛新秀"，获得教育部2010年度"新世纪优秀人才"资助。

主要研究领域为国际贸易与经济发展。曾主持教育部哲学社会科学研究重大课题攻关项目2项、国家社会科学基金1项、省（部）级课题10余项，主持政府政策咨询、企业委托研究项目20多项。在《经济研究》《改革》等专业刊物上发表论文90余篇，出版专著2部，主编教材1部。研究成果获得广东省哲学社会科学优秀成果奖（政府奖）论文类二等奖（2005）、调研报告类三等奖（2015）和专著类二等奖（2017）。

何传添 广东人，博士，教授，现任广东外语外贸大学副校长、国际经济贸易研究中心兼职研究员；兼任教育部经济与贸易教学指导委员会委员、广东省经济与贸易本科教学指导委员会主任委员、广东经济学会跨国公司研究专业委员会会长。

主要研究领域为国际贸易理论与政策、世界经济和区域经济合作。主持国家社会科学基金重大课题1项、省（部）级课题多项，主持政府委托及政策咨询、企业委托研究项目10余项。在《国际贸易问题》《改革》等国内外刊物公开发表学术论文40余篇。主编《进口贸易实务》《世界经济概论》《国别电子商务概论》等多部教材。

刘　胜　湖南人，本科毕业于广东外语外贸大学英语专业，硕士毕业于澳大利亚卧龙岗大学国际商务专业（优秀），博士毕业于澳大利亚纽卡斯尔大学经济学专业。

现为广东外语外贸大学副教授、国际经济贸易研究中心副主任。主要研究方向为发展经济学、国际贸易与投资、应用计量经济学。近年来独立出版学术专著 1 部（全英文），在 *Applied Economics* 等 SSCI 期刊和 International Association of Applied Econometrics 等国际会议上发表论文多篇，主持省部级和市厅级课题各 2 项、校级项目 1 项，参与多项国际合作研究项目，是澳大利亚社会金融化研究小组（悉尼大学商学院主持）、澳大利亚统计协会新南威尔士州分会等多个学术团体的会员。

摘　要

今年是中国改革开放 40 周年。广东作为中国改革开放的先行地，在这 40 年里取得了令人瞩目的成就。面对改革开放新时代，广东对外开放"先行一步"又将展开什么样的蓝图，进一步对外开放的定位如何，其路径在哪里？为解决这些问题，我们要弄清广东已经走过的 40 年轨迹，总结对外开放成就，梳理未竟的事业和路径，发现新时代的新问题，寻求解决问题的新道路。

本年度"广东外经贸蓝皮书"主要纪念广东对外开放 40 周年。一是重点梳理广东对外开放体制改革过程及其制度变迁，包括内外贸体制变化的问题；二是梳理广东外贸方式和双向投资变化的问题；三是探讨开放新时代自由贸易港及粤港澳大湾区建设、参与"一带一路"建设等热点问题。

"总报告"包括两篇报告，一是围绕国内外经贸环境的影响，探讨广东外经贸发展现实问题；二是围绕开放 40 年来广东对外开放体制变迁的成就和问题。

B.1 是《广东外经贸形势分析报告（2017～2018）》。该报告分析了广东外经贸发展状况及趋势。在全球经济回暖、国际市场需求总体回升、中国经济稳中向好的态势下，2017 年广东进出口贸易出现较快的恢复性增长。2017 年，货物进出口总额 6.82 万亿元，比上年增长 8.0%，其中，出口 4.22 万亿元，比上年增长 6.7%。以美元计，2017 年进出口总额 10065.0 亿美元，比上年增长 5.4%，其中，出口 6227.0 亿美元，比上年增长 4.0%。2017 年广东出口增速与进口增速均转为正值，进口增速大于出口增速；一般贸易规模及增速再次超过加工贸易；民营企业贸易规模逼近三资企业的贸易规模，其增速远快于三资企业的贸易增速。除对中国香港地区出口继续下降外,对其他主要出口市场均恢复增长。按照 2017 年发展趋势,2018 年全球经济会继续复苏,但是,由于广东货物贸易结构还需要较长时期调整,而且不确定因素增多,出口仍承受较大下行压力;同时,人民币升值、大宗商品价格趋稳回落的预期以及逆全球化倾向引发的贸易保护主义和贸易摩擦加剧,可能对广东外贸出口造成较大冲击。所以,以人民币计值的出口额同比增长率可能为 –5.0% 左右,出口增速最大可能在 –5.0% ~0.0%;上半年增速可能以负为主,下半年增速可能以正为主。

B.2 是《广东对外贸易制度改革逻辑及其绩效》。该文围绕开放 40 年来广东对外开放体制变迁成就和问题,探讨广东外贸体制便利化和自由化改革发展方向。改革开放 40 年来,广东对外开放从局部开放到全局开放,从单向开放到综合开放,逐步形成全域和全方位开放格局,难度逐步增大。外贸领域逐步放松计划管制,沿着"外贸经营权—管理体制改革—市场机制—国际接轨—国际高标准"线索进行了较长时间的艰难改革,已经初步形成了国际化外贸体制,便利化大幅度提高。但是,贸易自由化程度仍然不够高,还存在不少障碍,未来改革方向将对标高标准国际规则,推动广东外贸高度开放,形成外贸开放新体系。在外贸体制开放的激励下,广东外贸多年一直引领全国外贸发展,成为外贸大省。新时代外贸体制改革、新机制建设和高标准规则建设将进一步推动广东外贸结构、市场结构、主体结构等诸多方面的调整,促进广东外贸区域协调发展、外贸方式转变和服务贸易发展,实现广东从外贸大省向外贸强省的跃升。

"广东开放 40 周年纪念专题"包括 5 篇研究报告,主要探讨广东对外开放制度变迁、加工贸易发展、服务业利用外资、广东双向投资以及内外贸体制一体化等问题。

B.3 是《广东对外开放 40 年制度变迁研究》。该文将广东对外开放划分为初期、深化期、"入世"后过渡期、后金融危机时期四个阶段,从外贸、外资和"走出去"三个方面,对广东对外开放 40 年制度变迁的历程进行了分析。在外贸体制方面,经历了从不断放松管制,提高贸易便利化,加快建设国际化、法治化、市场化营商环境,到对接国际贸易投资规则的阶段,探索建设自由贸易港。在外贸变化方面，经历了由规模扩张向质量提升的转变，出口商品从初级产品向制成品转变，并进一步向提高高技术产品份额的方向转变。在利用外资方面，对外企的市场准入范围不断扩大，在广东自由贸易区推行了外资准入的"负面清单"制度，推动利用外资从"引资"向"选资"和"引智"方向转变；同时，实现了由原有单纯的"引进来"到现在"引进来"与"走出去"并重的转变，近几年，广东对外投资大幅度增长。在区域开放体系方面，从早期的经济特区、海关特殊监管区到经济技术开发区，从珠三角到广东全域开放乃至在新时期进行高水平开放，扩大广东自由贸易试验区改革自主权，促进粤港澳大湾区建设。

B. 4 是《广东加工贸易 40 年回顾及未来展望》。该文从广东加工贸易的优势、发展情况及其所带来的经济效益三个角度入手，对广东改革开放 40 年来加工贸易变动情况进行了回顾。广东加工贸易发展先后经历了起步、迅速发展、巩固提高、转型升级四个阶段，现正迈入创新发展阶段，在这个过程中，广东加工贸易规模及其市场地位、增值率不断上升。国际金融危机后，加工贸易地位逐步被一般贸易取代，其进出口市场正逐步从港澳地区转向欧美等地区；加工贸易对广东进出口的增长、国际收支平衡以及劳动力就业的影响开始逐渐削弱，逐步进入转型升级阶段，向创新发展阶段转变；出现了进料加工业务增长所带来的国内配套能力和内需的增加，推动加工贸易方式的产业链延伸。未来，广东加工贸易的发展可能会走向"优进优出，进出良性互动"模式，从以往的追求速度、忽略质量转为"降速提质"，走"绿色"和"高质"的创新发展道路。

B. 5 是《改革开放 40 年广东服务业利用外资分析与展望》。该文根据广东利用外资特点，把广东服务业利用外资划分为三个阶段：1979～1992 年，实际利用外资增长速度快，但主要集中在制造业，服务业总体开放水平低；1993～2006 年，实际利用外资金额大幅度提高，其行业分布变化不大；2007～2016 年，服务业超过工业成为吸引外资的主要产业，金融业、商务服务与租赁等生产服务业所占比重有了显著提高。但是，服务业利用外资还存在行业结构层次低、外商直接投资区域分布不均衡等问题。结合全球服务业资本流动特点——全球 FDI 主要流入金融保险和商务服务等行业,以发达经济体和亚洲发展中经济体为主要流入流出区域,以制造业海外分支机构为重要形式等——提出了扩大利用外资的对策建议,优化服务业利用外资行业结构,改善外商直接投资空间分布结构,拓宽服务业外资来源地等。

B.6 是《广东双向投资的发展历程研究》。1978 年开始的经济开放为中国铺展了融入全球经济之路,一是通过实施优惠政策,鼓励大量外国直接投资的流入;二是 21 世纪以来加快了对外直接投资的步伐,尤其是"一带一路"倡议为"走出去"提供了战略支撑。广东吸引外商(含港澳台)直接投资位居全国第一,同时在对外投资方面也一直走在前列,其对外投资存量超过第二名上海市将近一倍。在利用外资方面,广东吸收 FDI 主要集中在珠江三角洲地区;其外资来渠道单一,主要来自中国香港及英属维尔京群岛;独资经营逐步成为主要方式;外资逐步集中于制造业,近几年第三产业吸收外资所占比重上升。在对外投资方面,主要集中于中国香港地区,其次是北美洲;涉及电气机械和器材制造业、纺织服装业、橡胶轮胎生产等领域,对海外服务业的投资也占较大份额;资源开发项目及农业对外合作比较少。全球贸易低速增长、贸易保护主义抬头以及逆全球化倾向、全球产业分工细化,可能影响中国的比较优势,导致贸易结构调整,从而影响外资投向,不利于广东吸引外资,但是对外直接投资可能有所增加。

B.7 是《改革开放 40 年广东内外贸一体化研究》。该文回顾了改革开放以来广东内外贸管理体制的变迁过程,认为 1986 年之前内贸发展度大于外贸依存度,1987 年开始外贸依存度一直远大于内贸发展度。2014 年,广东整合内贸与外贸管理机构,成立了广东省商务厅,开启内外贸一体化新时代。广东从管理体制、市场机制和企业主体三个层面推进内外贸一体化,在加工贸易企业产品内销、企业开拓国际市场、商品交易市场国际化和跨境电子商务等方面取得了一定成效。但内外贸一体化仍然存在一些问题,包括政策环境不完善,市场载体缺乏和企业经营模式差异等问题。内外贸一体化建设还必须加大"两个市场"的整合力度,统一市场准入"负面清单",增强广州国际商贸中心功能,规范发展电子商务,增强专业市场的国际化功能,提升流通企业和制造企业国际化水平。

党的十九大报告指出,中国特色社会主义进入新时代,强调创新、协调、绿色、开放、共享的发展理念。新时代开放任务是推动形成全面开放新格局。因此,本书开辟"新时代对外开放专题",包括4篇研究报告,主要探讨对标国际规则、"一带一路"建设、贸易新业态等问题。

B.8是《对标国际高标准规则　探索粤港澳大湾区开放平台建设》。该报告分析了粤港澳大湾区建设涉及的问题,指出其本质是通过体制改革和机制创新来实现规则趋近和区域协调发展。在"一国两制"前提下,粤港澳大湾区合作陷入"制度困境"——香港与澳门属于独立关税区,粤港澳大湾区整个区域不可能构建一个相同制度的特别区域;内陆珠三角区域也不可能成为"独立关税区",对外经济合作都是在"中国内地关税区"名义的基础上展开。因此,必须克服"制度困境",降低规则和制度的摩擦成本,提高粤港澳大湾区资源及要素的配置效率,发挥内地与港澳各个区域的优势,实现粤港澳大湾区经济"极化"和协调发展。有效办法是对标国际高标准规则,谋划"自由贸易园(港/区)"及其功能平台。一是尽早谋划粤港澳大湾区"自由贸易港"群战略布局;二是重点推动广州南沙自由贸易试验区升级,建设成高水平区域功能综合平台;三是完善深圳前海自由贸易试验区电子围网,建设成高水平服务贸易功能平台;四是加快珠海横琴自由贸易试验区"境内关外"建设,打造高水平规则的人员自由流动的"国际自由岛";五是推行海关特殊监管区升级改造,形成各具特色的"次级水平规则"专业特色功能平台;六是完善加工贸易监管模式,构建"飞地"型加工贸易园区开放平台;七是依托区内自由贸易园(港)区,对区内5个国家级经济技术开发区、9个高新技术产业区进行创新改造,建成高水平开放的"飞地"开放平台。

B.9是《广东与"一带一路"产业合作:贸易投资的竞合联动分析》。该文考查1995~2014年广东与"一带一路"沿线国家的产业合作状况,运用贸易和投资相似度和结合度指数对广东与沿线国家产业互补和竞争性的演进状况、贸易与投资竞合状况和联动性进行研判。在贸易和投资方面,广东与东盟和南亚产业的竞争性最强，与西亚和中亚互补性最强；广东与"一带一路"沿线国家产业的滞后贸易投资对当期贸易或投资存在正向影响；广东与"一带一路"沿线国家的贸易和投资存在联动性，相对而言，投资增加的响应速度快于贸易增加的响应速度；"一带一路"倡议对产业的贸易投资有显著的正向作用，其中对产业投资的作用比对产业贸易的作用明显。

B. 10 是《中国与"一带一路"沿线各国双边关系对教育服务贸易的影响》。该文基于"一带一路"沿线 36 个国家 2003～2016 年来华留学生数量面板数据，探讨双边外交关系对教育服务贸易规模的影响，发现双边外交关系是发挥中国政治影响力从而扩大留学教育服务贸易规模的重要途径。在双边外交关系中，外交关系定位、建交时间、双边高层互访、友好城市的建设对留学教育服务贸易规模均具有较为显著的正向影响，即政治外交程度越高、建交时间越长、双边高层会晤越频繁、友好城市的建设数量越多，该国来华留学生规模就越大。此外，文化距离对留学服务贸易规模具有显著的阻碍作用，而通过发展政治双边外交关系可以有效地弱化文化距离的负面影响，发挥政治服务于经济与社会的功能，提升中国高等教育的影响力和辐射力。因此，可以利用外交手段拓宽外交渠道、支持民间外交，拓宽教育服务的合作领域等，发挥学校交往、师生往来的作用，提高"一带一路"沿线国家来华留学教育服务贸易的规模和水平，推动中国教育服务贸易发展。

B. 11 是《中国跨境电子商务关税监管新政解析》。该文在梳理中国跨境电子商务关税监管政策的基础上，重点对 2016 年推出的包含跨境电子商务综合税的监管"新政"和 2014 年实行行邮税的"旧政"进行对比分析，发现监管"新政"具有以下主要特点：一是增加了低值商品的应纳税金，提高了低值进口商品的进入门槛；二是大幅度降低了价格为 500～1000 元的跨境电子商务进口商品的应纳税款；三是大幅度降低了价格在 1000～2000 元的中高档商品税款；四是大幅度提高了 2000 元以上高档商品的行邮税税率标准。监管"新政"实施效果符合其目的，抑制了跨境电子商务 C2C 模式、直购进口模式（B2C）的发展；促进了跨境电子商务保税进口模式（B2B2C，即 B2B 的衍生形式）的发展。B2B2C 模式具有通关身份明确、商品送达及时和运输成本低等优势。因此，促进 B2B2C 模式发展不仅能够有效解决海关监管的难题，实现海关对电子商务进口数据的有效统计，而且可以避免商品以"自用物品"名义入关，有效增加关税收入。

　　总的来讲，中国开放 40 年来广东凭借"先行一步"的政策优势，在对外开放体制改革方面取得了辉煌成就，经济体制市场化和国际化、贸易体制便利化和自由化取得巨大进展，利用外资领域和产业开放不断扩大，对外投资及国际经济合作取得了显著进展。迈进新时代，广东对外开放将继续引领全国，一是不断扩大开放领域，提高整体开发度，在金融、电信、运输及物流、医疗卫生、教育、文化等领域扩大开放；二是在自由贸易试验区开放体制建设方面，对标国际高标准规则体系，加强南沙自由贸易试验区自主开放，推动广东自由贸易港建设；三是深化粤港澳区域合作，加强粤港澳大湾区建设，实现粤港澳区域联动发展；四是加强南沙自由贸易试验区作为"21 世纪海上丝绸之路"重要枢纽的地位，增强连接"一带一路"建设的枢纽功能；五是扩大广东全域开放，形成对外开放新格局，为全国构建开放型经济新体制提供支撑。

目　录

皮书数据库阅读**使用指南**

总 报 告

General Report

B.1

广东外经贸形势分析报告
（2017~2018）

肖鹞飞　袁怡方*

摘 要： 在全球经济回暖、国际市场需求总体回升、中国经济稳中有进的向好态势持续发展的基本面影响下，2017年广东进出口贸易出现较快的恢复性增长。以人民币计算，2017年全年货物进出口总额6.82万亿元，比上年增长8.0%。其中，出口4.22万亿元，比上年增长6.7%。以美元计算，2017年进出口总额10065亿美元，比上年增长5.4%。其中，出口6227亿美元，比上年增长4.0%。2017年广东省的出口增速与进口增速均转为正增长，进口增速大于出口增速；一般贸易额

---

* 肖鹞飞，广东外语外贸大学教授，《国际经贸探索》主编，主要研究领域为国际金融、世界经济、国际贸易。袁怡方，广东外语外贸大学金融学院硕士研究生。

及增速再次超过加工贸易额及增速；私营企业贸易额逼近三资企业的贸易额，私营企业的贸易增速远快于三资企业的贸易增速。除对中国香港地区出口继续下降外，对其他主要出口市场均恢复增长。本报告认为，2018年全球经济虽然会继续复苏，但由于广东货物贸易结构还需要较长时间的调整，出口仍承受下行压力，同上年相比出口额增长率可能为-5%；以人民币计算，出口增速的最大可能在-5%~0；上半年增速可能以负为主，下半年增速可能以正为主。此外，2018年广东外贸发展面临的不确定因素增多，逆全球化趋势引发的贸易保护主义可能对广东外贸出口进一步造成冲击，因此2018年广东外经贸形势波动较大。

关键词： 对外贸易　形势分析　广东出口　增速预测

一　2017年国内外经济形势分析

（一）世界经济形势分析

根据国际权威机构的经济报告，2017年世界经济出现了较显著的普遍性增长。自2016年第四季度开始，世界经济增速不断加快，国际货币基金组织（IMF）不断调高对增长的预期，最新预估的2017年世界经济增长率（按购买力评价计算）为3.7%，按市场汇率计算为3.2%。世界银行和联合国的研究报告都认为，2017年世界经济增速为3%，全球约有2/3的国家2017年的增速高于2016年，是自2011年以来的增速最快的一年。2017年全球货物和服务贸易量增长了4.7%，是2016年增速的近2倍，超过同期的GDP增速，扭转了多年增长低迷的状况。

（二）中国经济形势分析

根据国家统计局初步核算，2017年我国国内生产总值827122亿元，按可比价格计算比2016年增长6.9%，增速比上年加快了0.2个百分点；按市场价格计算增长11.1%。扭转了自2010年以来增速不断下滑的态势。全国规模以上工业增加值比2016年实际增长6.6%，增速比上年加快了0.6个百分点。2017年进出口贸易总额277921亿元，比2016年增长14.2%；其中，出口153318亿元，增长10.8%；进口124603亿元，增长18.7%，扭转了连续两年下降的局面。

（三）广东总体经济形势分析

2017年，广东经济运行总体保持平稳。全年实现地区生产总值8.99万亿元，比2016年增长7.5%，增速比全国高0.6个百分点，增幅与上年同期持平。经济总量继续保持全国第一，占全国的比重为10.9%，份额有所增加，其他主要经济指标的增速大部分高于全国经济总体水平。

从实体经济角度看，2017年广东规模以上工业企业实现增加值33071.99亿元，同比增长7.2%，增幅比上年提高了0.5个百分点。其中，规模以上民营企业、外商及港澳台商投资企业累计增加值分别为16949.28亿元和12882.38亿元，同比增长10.6%和5.6%。民营企业对工业增加值增长发挥了重要作用，贡献率高达73.3%，位居全省第一；而外商及港澳台商投资企业对全省规模以上工业增加值增长的贡献率为30.7%，比上年提高16.2个百分点。二者分别拉动全省规模以上工业增长5.3个百分点和2.2个百分点。

从产业结构角度看，2017年，广东的第一产业实现增加值3792.40亿元，同比增长3.5%；第二产业完成增加值38598.55亿元，同比增长6.7%；第三产业完成增加值47488.28亿元，同比增长8.6%。第二产业中，民营工业（全年增长10.6%）是拉动规模以上工业增加值增长的主动力。

二 2017年广东外经贸形势分析

（一）2017年广东货物贸易进出口分析

根据广东省统计局的报告，2017年广东货物贸易进出口总额6.82万亿元，比上年增长8.0%。其中，广东货物出口4.22万亿元，比上年增长6.7%；货物进口2.60万亿元，比上年增长10.1%。同期，全国整体的进出口总额、出口总额和进口总额分别增长14.2%、10.8%和18.7%，广东三个指标的增速都低于全国的整体水平。全年对"一带一路"沿线国家累计进出口增长14.9%。2017年广东进出口额和出口额、进口额占全国比重分别为24.5%、27.5%和20.8%，较2016年略有下降。

从月度数据看，广东出口和进口状况较2016年有所改善，上半年增速较快，下半年增速趋缓，波动幅度较大。8月和10月出口同比下降1.7%和0.6%，3月和5月出口额增幅达到24.6%和18.8%，全年月平均出口额3515.57亿元，最高和最低分别是4482亿元和2166亿元。数据显示，2017年2月受春节影响，进口额增幅达34.6%，此后大多在11%的水平上下波动，并以-7.1%收尾，实现除12月以外，全年单月进口额同比正增长（见表1）。

表1 2017年广东逐月出口、进口变动情况

单位：亿元，%

月份	出口额	同比增速	进口额	同比增速
1	3278.88	9.40	1580.33	4.60
2	2166.57	4.80	1755.40	34.60
3	3518.22	24.60	2196.95	19.10
4	3656.22	12.50	1964.98	4.10
5	3707.10	18.80	2073.90	14.40
6	3623.44	13.20	2232.76	17.00
7	3602.30	6.00	2058.50	9.00
8	3445.20	-1.70	2257.50	9.80

月份	出口额	同比增速	进口额	同比增速
9	3808.30	4.50	2496.90	14.20
10	3333.36	-0.60	2189.69	9.30
11	3905.70	3.20	2500.80	6.20
12	4482.09	2.40	2622.78	-7.10

资料来源：根据广东统计信息网数据整理。

从整体看，广东货物出口从此前三年的低迷态势逐渐恢复，增速由负转正达6.7%，形势比上年有所转好。货物进口在2015年大幅下滑，2016年进口额与2015年基本持平后，2017年进口增长显著，增幅达10.1%。

短期来看，广东货物贸易进出口回稳得益于国内外环境的改善。自2016年中期以来，全球经济进入上行周期，且上行力度不断增强。IMF数据显示，2016年全球经济增长3.2%，为全球金融危机后的最低水平；而2017年全球经济增速预计将上升至3.7%，比上年实际增速提高0.5个百分点。世界贸易组织将2017年世界货物贸易量增速预期由原来的2.4%上调至3.6%，较2016年提高2.3个百分点，充分显示出世界经济回暖的乐观态势。中国作为新兴和发展中经济体的中坚力量，10月IMF将其2017年的增长预测值上调至6.8%（4月增长预测值为6.6%），提高了0.2个百分点。同时，国内由于外贸稳增长调结构政策措施的落实，结构进一步优化，动力加快转换，促进进出口实现较快增长。

从中长期来看，广东进出口贸易的增速在2010年之后呈下滑趋势，进出口贸易总额在2013年之后逐年下降，2017年初步扭转了这种趋势（见图1）。但是，2017年广东外贸增长低于全国贸易增长水平，贸易总额占全国的比重有所下降，这是较为罕见的现象。由于全球经济复苏未完全实现，世界经济仍处于危机后的深度调整期，国际环境依旧错综复杂，贸易保护主义抬头，热点地区地缘政治局势紧张，外贸风险不容小觑。国内经济结构调整、新旧动能转换，导致货物贸易出口的传统竞争优势逐渐减小。在这种基本面的影响下，广东外贸出口增长率虽转负为正，但出口依然承压。而在进

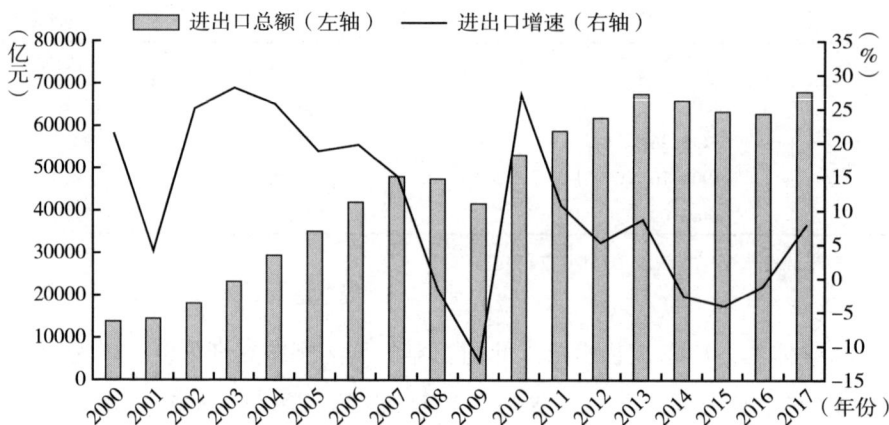

图1 2000～2017年广东进出口总额变动情况

资料来源：2000～2017年《广东统计年鉴》。

口方面，国内经济以稳中向好的趋势持续发展，国内需求较为旺盛，将继续拉动全国以及广东贸易进口增长。广东省民营企业与一般贸易的持续发展，也进一步促进了进口增长。2016年下半年国际大宗商品价格和全省生产者购进价格指数高位运行，虽极大刺激了2017年本省前3个季度贸易进口增长，但下半年价格的推动作用逐渐减弱，且近几个月油价下跌已开始给价格带来下行压力，因此长期来看，大宗商品价格的上涨对进口的推动作用是不可持续的。

（二）2017年广东货物贸易进出口结构分析

（1）从贸易方式看，一般贸易进出口同比增长14.3%，占比持续上升，连续两年超过同期加工贸易进出口额，反映了贸易结构的进一步优化。此外，跨境电子商务、市场采购等新的贸易方式增长迅猛。

海关总署广东分署数据显示，2017年广东一般贸易进出口额为3.14万亿元，同比增长14.3%，增速高于加工贸易11.1个百分点。一般贸易进出口额占全省的比重为48.6%，同比提高4.8个百分点，其中，一般贸易出口1.93万亿元，同比增长12.1%；一般贸易进口1.21万亿元，同比增长

17.9%（见表2）。同期，加工贸易进出口额为2.53万亿元，同比增长3.2%，占比39.1%，其中，加工贸易出口1.61万亿元，同比增长2.4%；加工贸易进口9123.8亿元，同比增长4.7%。

表2　2017年广东货物贸易进出口及全国占比

单位：亿元，%

指　标		出口		进口	
		累计	累计同比增长	累计	累计同比增长
按贸易方式分	一般贸易	19291.07	12.1	12111.38	17.9
	加工贸易	16139.80	2.4	9123.76	4.7
	来料加工	1637.29	−0.1	1186.52	−0.6
	进料加工	14502.52	2.7	7937.25	5.5
按经济类型分	国有企业	2867.97	−0.9	1841.05	10.9
	三资企业	19467.52	2.2	12453.78	3.8
	集体企业	1138.45	−1.5	419.22	3.1
	私营企业	18682.75	14.2	11154.98	17.5
	广东总额	42186.81	6.7	25969.10	10.1
	全国总额	153318.30	10.8	124602.60	18.7

指标	累计	累计同比增长	广东占全国比重
广东进出口总额	68155.90	8.0	24.5
出口额			27.5
进口额			20.8
广东进出差额	16217.71		
全国进出口总额	277920.90	14.2	
进出差额	28715.70		

资料来源：广东统计信息网。

改革开放以来，加工贸易作为广东的主要贸易方式，在外贸总额中占比较大，处于主导地位。2008年之前，加工贸易不断增长，在贸易中占比保持60%以上。但近十年，加工贸易占比呈不断下降趋势。特别是2015年，广东一般贸易进出口增长较快，而加工贸易进出口降幅达到两位数。当年的数据显示，一般贸易增长4.9%，占进出口总额比重为42.1%；加工贸易大幅下降14.4%，占进出口总额比重为43.1%。两者的比重已经不相上下。

一般贸易进出口额更是在 2016 年首次超过加工贸易进出口额，2017 年一般贸易继续保持赶超态势，以较小差距领先于加工贸易，连续两年在外贸总额中处于首位。

一般贸易后来居上，在 2016 年成为广东主要贸易方式，这是由两种贸易方式的性质决定的。从资源利用角度来看，一般贸易出口符合原产地规则，利用国内资源进行生产再出口，能够带动原材料及中间产品产业的发展。然而，加工贸易是进口中间产品后加工出口，这不利于甚至阻碍了国内相关产业的发展。从产业链角度来看，一般贸易相较于加工贸易而言，国内生产产业链条更长，配套率更高，产品中的国内成分相对比较多。反观加工贸易，其生产更多地利用廉价的国内劳动力成本，依赖国外技术，难以形成成熟的产业链。从国内外经济环境角度来看，一般贸易出口对国内经济环境变化敏感，而加工贸易出口更容易受国际经济环境的影响。生产要素的价格决定了贸易出口产品的成本，因而成为影响出口的主要因素。一般贸易出口产品价格取决于国内生产要素的价格，而加工贸易出口产品价格主要受劳动力成本影响，利用的国内生产要素比重小，因此一般贸易出口更易受国内经济环境影响，而国外经济运行无法通过本国措施调节导致加工贸易在国际经济环境影响下的稳定性失衡。因此在全球经济尚未完全复苏、国内经济形势稳中向好的前提下，一般贸易较加工贸易更具发展优势，也更有发展前景，促进了广东自主发展能力的提升。

2017 年，广东外贸新业态继续蓬勃发展，成为外贸增长的新亮点。全年跨境电商进出口 441.9 亿元，增长 93.8%，规模稳居全国首位；市场采购方式出口 815.1 亿元，月均增幅达 21.1%。

（2）从经营主体来看，私营企业出口与进口较上年大幅提升，外资企业恢复正增长。广东外贸发展模式继续从"外资企业＋加工贸易"向"私营企业＋一般贸易"转换。

长期以来，外商投资企业出口占据广东出口主要位置，在广东出口中发挥了主导作用。2000～2014 年外商投资企业占广东出口的平均比重为 60.6%，2012 年开始占比逐年下降，但仍领先于其他类型企业出口。近几年，外商投资企业出口增速不断下滑，2014~2016年连续三年负增长（-0.3%、-5.4%、-7.9%）。2017年，外商投资企业出口1.95亿元，同比增长2.2%；进口1.25亿元，同比增长3.8%，进出口的正增长表明外商投资企业走出"双降"趋势，逐渐恢复增长，出口额与民营企业基本持平。近年来民营企业特别是私营企业出口逐渐走强，2017年民营企业出口增速为13.1%，私营企业同比增长更达到14.2%，出口增速显著超过了广东出口整体增速。2016年，广东外商投资企业与私营企业的进出口额差额为790.5亿元，2017年两者差额虽扩张至2083.6亿元，但主要是受进口差额的影响（进口差额由2016年的380.15亿元增至2017年的1298.8亿元）。2016年两者出口差额为2763.88亿元，2017年差额为784.7亿元，按目前两者出口的增速估算，外商投资企业出口先前的主导地位或将被私营企业赶超。

改革开放初期，国家大力发展加工贸易，外商投资企业是广东加工贸易的主体，因而长期以来，外商投资企业出口一直是广东出口的重心。特别是2000~2007年，外商投资企业以加工贸易方式实现的出口占其总出口的比重保持在88%以上，虽比重在近年趋于下降，但"外资企业+加工贸易"的模式保持稳定。随着广东经济结构调整，加工贸易在进出口中占比逐渐下降，以一般贸易出口为主的民营企业迅速崛起，民营企业特别是私营企业的出口大幅增长，与外商投资企业的出口差额逐渐缩小，2017年其出口额更与外商投资企业基本持平。2017年，广东保持了一般贸易额对加工贸易额的超越，而且这种趋势仍将持续，"私营企业+一般贸易"的动力更加强劲，并成为广东出口的主力军。

（3）从贸易伙伴看，除对香港进出口下降外，对其他主要贸易伙伴均保持良好的增长态势。"一带一路"沿线国家进出口占比增加，中国香港的桥梁作用进一步减弱。

2017年广东前七大贸易伙伴依次是中国香港、东盟、美国、欧盟、韩国、日本和中国台湾，与上年一致。其中，对东盟、美国、欧盟、韩国、日本和中国台湾进出口分别增长13.4%、10.4%、12.1%、10.9%、6.4%、

11.7%，而对中国香港进出口同比下降 5.2%。与 2016 年相比，对美国、韩国的进出口由负增长转为正增长，增幅分别提高了 10.9 个百分点和 11 个百分点，回暖趋势明显，而对中国香港则维持负增长趋势，降幅扩大了 2.3 个百分点。

海关数据显示，2017 年广东对外出口地区按金额由高到低依次为中国香港、美国、欧盟、东盟、日本、韩国和中国台湾，出口额分别为 11342.4 亿元、7320.8 亿元、5924.6 亿元、4294 亿元、1682.2 亿元、1504.5 亿元和 513.2 亿元；按出口增速由高到低依次为美国、东盟、欧盟、韩国、中国台湾、日本和中国香港，增幅分别为 11.6%、11.2%、10.8%、10.7%、9%、7.6% 和 -5.4%。2017 年进口地区按进口额由高到低依次为东盟、中国台湾、韩国、日本、欧盟、美国、中国香港，进口额分别为 4379.8 亿元、3899.9 亿元、3016.5 亿元、2578.4 亿元、1772.5 亿元、1303.9 亿元、284 亿元；按进口增速由高到低依次为欧盟、东盟、中国台湾、韩国、日本、美国、中国香港，增幅分别为 16.8%、15.6%、12.1%、10.9%、5.6%、4.1%、1.5%。

出口数据表明，广东出口市场基本稳定，其中对中国香港出口一直稳居首位。1995 年起，广东对中国香港出口就占全省出口的 38.1%，到 2005 年，对中国香港的出口占比为 35.2%，此后比重缓慢下降但一直保持 30% 以上的占比直至 2008 年国际金融危机。危机后的广东对中国香港出口份额有所回升，从 2009 年的 32.3% 升至 2013 年的 41.2%，比重增加了 8.9 个百分点。而在之后的 2014~2016 年，广东对中国香港的出口呈负增长趋势（分别下降 12.5%、9.4% 和 2.9%），2017 年出口增长依然为负，继续低于同期全省出口增速（6.7%），对中国香港出口占比进一步下降，但出口额占比依然保持第一。对美国、日本和欧盟三个市场的出口在 1995 年与 2005 年占全省出口接近一半的份额，比重合计分别为 45.5% 与 45.9%，之后受金融危机影响比重有所下降，但合计占比仍达到 30% 的水平。同样受金融危机影响的还有广东对东盟、韩国的出口，危机后至今均高于广东整体水平，2017 年也分别以高于同期广东整体出口增速 4.5 个百分点和 4 个百分点的增长率继续增长。

此外，2017年广东省对"一带一路"沿线国家进出口占比增加，全年进出口总额累计达1.5万亿元，同比增长14.9%，快于全省同期进出口增速6.9个百分点，占全省进出口总额的比重为22.1%，比上年同期上升了1.3个百分点。

（4）从出口商品结构看，机电产品、传统劳动密集型产品出口均保持增长态势，继续发挥出口主力作用。

据海关统计，2017年广东省机电产品进出口4.6万亿元，增长7.6%。其中，机电产品出口2.86万亿元，同比增长6.6%，继续保持全国首位，占全国机电产品出口份额的18.4%，占比有所下降；进口1.74万亿元，同比增长9.2%。

长期以来，广东省的主要出口商品种类稳定，且以劳动密集型商品为主，但比例逐渐下降，而机电产品出口表现突出，逐渐占据主导地位。2001～2014年，有六种商品出口额始终保持在前十位，它们分别是数据处理设备、服装及衣着附件、织物服装、家具、鞋以及纺织品。六种主要出口商品中除了数据处理设备之外，其他均为劳动密集型产品，反映了广东较集中地出口劳动密集型商品的特点。其中，服装及衣着附件和鞋两类合计的比重从2001年的24.76%下降至2014年的14.68%，劳动密集型商品整体占比因而呈下降趋势。自"入世"以来，随着广东出口规模的不断扩大，出口商品结构也随之发生变化。广东出口的主力曾经是轻纺产品，后被机电产品取代，形成以机电产品为主的出口结构。2001～2005年，机电产品出口占比逐年上升，比重由2001年的58.04%上升至69.03%；2005～2015年，不仅出口比重稳定在67%上下，而且连续位于全国之首。2016年受全球经济环境影响，机电产品出口略有下降，2017年已经恢复增长。

（5）从出口地区看，广东省17个地市外贸进出口实现正增长，粤东地区进出口逆势下跌，广东外向型经济地区发展失衡的现状较难改变。

据海关统计，2017年广东省17个地市外贸进出口实现正增长。其中，规模超千亿元的深圳、东莞、广州、佛山、惠州、珠海、中山和江门进出口额依次为 2.80 万亿元、1.23 万亿元、9714.4 亿元、4357.4 亿元、3416 亿元、2990.1 亿元、2581.5 亿元和 1385.2 亿元，分别增长 6.5%、7.5%、13.7%、6.1%、12.2%、8.6%、15.4%和 9.8%。

2017 年深圳市进出口总额 28011.5 亿元，同比增长 6.5%，较上年末提高了 10.9 个百分点。其中，出口总额 16533.6 亿元，增长 5.5%，较上年末提高了 10 个百分点，扭转了下降的态势；进口总额 11477.9 亿元，增长 7.9%，较上年末提高了 12.1 个百分点。2017 年东莞市进出口总额 12264.4 亿元，同比增长 7.5%，其中出口 7027.4 亿元，增长 7.4%；进口 5237 亿元，增长 7.6%，居广东第二位。2017 年广州市进出口总额 9714.4 亿元，同比增长 13.7%，增幅同比提高了 10.6 个百分点。其中进口、出口总值分别为 3922.2 亿元、5792.2 亿元，分别增长 16%、12.3%。

粤东五市（汕头市、梅州市、汕尾市、潮州市和揭阳市）2017 年外贸进出口同比负增长，下降 1.9%。其中，全年累计出口 1235 亿元，回落了 3.1%；累计进口 328.7 亿元，增长 2.8%。1～11 月粤东地区民营企业进出口 924.16 亿元，占该地区进出口总额的 65.6%，大大高于同期外商投资企业（1～11 月外商投资企业进出口 420 亿元，占比 29.8%）。粤东五市最主要出口商品为机电产品，其他如服装及衣着附件、鞋、玩具、家具机器零件等传统劳动密集型产品出口也占较大比例，但增速下滑显著，部分呈负增长趋势。

（三）2017 年广东利用外资分析

2017 年，广东省吸收实际外资 229.48 亿美元，同比下降 2%；合同利用外资 731 亿美元，同比下降 15.7%。其中，外商直接投资 229.07 亿美元，同比下降 1.9%。广州、深圳和珠海在吸引外资方面仍然保持较强劲的增长，东莞下降严重，佛山徘徊不前，其他下降严重的城市还有肇庆、茂名、阳江、揭阳和云浮等。广东在 2014 年吸引外资达 273 亿美元的高点后逐年下降，2016 年大幅下降，2017 年仍处在下降的通道。

2017 年全国实际利用外资金额 1310.4 亿美元，同比增长 4%。相比较而言，在 2016 年大幅下跌 13.4% 后，2017 年利用外资出现新高。数据表明，广东吸引外资的优势在趋弱，2017 年的增速与全国的整体水平相差 6 个百分点。

（四）2017 年广东对外投资分析

2017 年 1～11 月广东对外实际投资 80.1 亿美元，同比下降 61.7%，是"十二五"时期以来首次出现负增长。近年来，广东对外投资一直保持加速发展态势，2011～2015 年年均增长 50.8%，2016 年全省对外实际投资额达 206.84 亿美元，比 2015 年增长 94.3%，占全国对外实际投资总额的比重达 12.2%，位居全国前列。2017 年广东省对外投资下降，除了 2016 年同期基数较高的因素外，还受国内外经济环境变化与调控措施的影响。

2017 年国内经济持续向好，重振投资者信心，加上国际环境依旧复杂，对外投资面临的风险加大，因此更多的资金留在国内，对广东乃至全国的对外投资产生了负面影响。此外，商务部会同国务院有关部门加强了对外投资的真实性、合规性审查，涉及房地产、酒店、影城、娱乐业、体育俱乐部等领域的非理性对外投资得到有效遏制，对外投资结构进一步优化，在这些领域的对外投资也大幅回落，从而导致全国包括广东对外投资的大幅减少。

三　广东外贸发展的趋势及主要困境

（一）广东外贸发展的基本趋势

2008 年的国际金融危机导致广东 2009 年的进出口贸易大幅下降，2010 年出现较强劲的反弹；2010 年之后增速逐年走低，2013 年之后进出口贸易总额逐年下降，2017 年初步扭转了这种走低趋势。广东外贸进出口增速振荡下行后回稳有进，但尚未恢复下行前水平。以人民币计算，2014 年增速为 -2.5%，2015 年继续下探到 -3.9%，2016 年降幅有所收窄（-0.8%），

2017 年增速为 8%，恢复正增长；2014 年、2015 年出口的同比增幅为 0.5%、0.8%，2016 年出口转为负增长（-1.3%），2017 年出口增速回升至 6.7%；2014 年和 2015 年进口分别下降 6.5% 和 10.8%，2016 年降幅收窄，进口额基本与上年持平，2017 年大幅增长 10.1%。以人民币计算，2017 年广东进出口总额 6.82 万亿元，已经超过 2013 年 6.76 万亿元的历史最高水平。但如果用美元计值，2017 年广东进出口总值为 10065 亿美元，比 2013 年的 10918 亿美元仍有一定的差距，并且出口总额和进口总额均未达到 2013 年的水平（见图 2）。

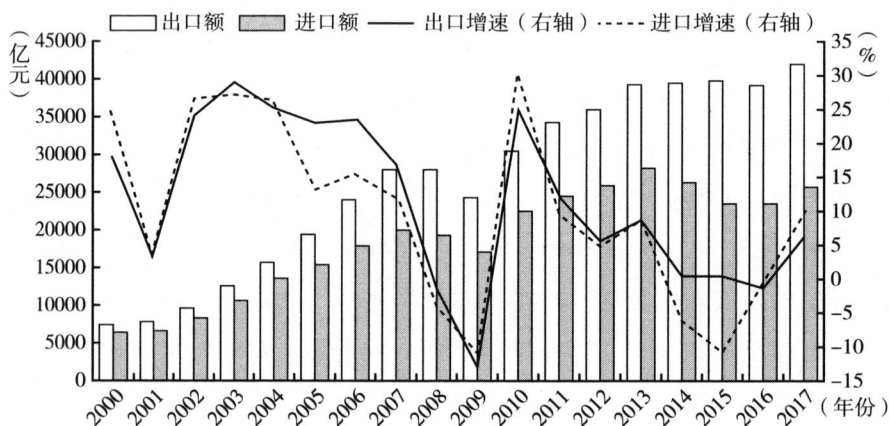

图 2 2000～2017 年广东出口、进口变动情况

另外，2017 年广东进出口贸易出现增长的一个重要原因是进出口价格大幅上升，如果剔除价格上升的因素，有可能呈零增长或负增长。因为，按美元计值，2017 年广东进出口贸易增长 5.4%、出口增长 4%；而 2017 年中国生产者购买指数和销售指数都达到 6.3%，GDP 平减指数也达到 4.2%。如果 2017 年广东进出口贸易出现量价齐升的话，那么价的升幅必定大于量的升幅。报告认为，目前广东外贸出口总体回稳向好，在外部需求回暖、国内经济稳中向好的环境中，如果不发生大的风险，广东外贸有望延续回稳向好的势头，但非常不稳固，有重新走低的可能性。

（二）广东外贸发展面临的主要困境

2017 年广东进出口双升，贸易额同比增速高于上年同期，进出口总额占全国贸易额的 1/4 左右。尽管外贸规模位居全国第一，但增速低于全国整体水平，较上年比重有所下降。近年来，广东生产要素成本上升造成比较优势减弱，传统劳动密集型产业向外转移，广东出口竞争力受到较大程度的削弱，外贸遭遇长期下行压力。

（1）外贸增长乏力。近几年，广东的对外贸易出现疲软态势，进出口都有所下滑。广东作为国内第一经济大省，对中国整体经贸发展有着重大影响。除 2009 年之外，2000～2013 年广东进出口逐年增长，占比长期居于全国首位。其中，2000～2006 年，广东省的进出口额都占全国进出口额的 30% 以上，并于"入世"后的 2002 年达到峰值的 36%，虽然 2006 年后有所下降，但是广东的进出口总量保持占全国进出口总量的 1/4 以上，在中国外贸经济发展中始终占据重要的地位，同时也为推动中国经济的发展发挥了十分重要的作用。然而近年来，世界经济低迷，国际国内的经济形势复杂严峻，贸易增速低于 GDP 的增速，下行压力明显。2014～2016 年，广东的贸易额已连续三年下降，其中进口的下降幅度更大。2017 年广东进出口虽恢复正增长，呈回稳向好态势，但进口和出口增速均低于同期全国水平，并且首次出现占比低于全国进出口总量 1/4 的状况（全年占比 24.5%）。这意味着广东对外贸易面临进一步增长乏力的困境，对广东乃至全国经济增长的拉动作用减弱。

（2）动能转换不到位。近年来，广东省政府提出了"稳增长、调结构、促平衡"方针，努力推进全省外经贸发展再上新台阶。然而外贸结构调整过程中，加工贸易与外资企业出口下降速度过快，出口出现波动，同时机电类中间产品进出口增速下降过快，这些现象反映了广东贸易转型期面临的现实问题：第一，受成本上涨和外来资金的限制，引进外资项目的过程受到阻碍，而本土成长的产业和企业相较于外资而言，欠缺扩大出口的能力；第二，近几年广东服务业发展较快，但全省范围内国际服务贸易相关企业不多，产业发展水平仍处于初级阶段；第三，近来广东加工贸易企业逐步向外转移的趋势明显，而省内能够支撑外贸增长的本土企业多为中小规模，本省的高端企业发展尚较为滞后，发展规模无法完全替代转移出去的企业，从而产生缺口。由此看来，动能转换背景下传统增长模式动力减弱是不可避免的，但新增长引擎的动力不足、传统增长引擎的快速减弱是新旧动能转换过程中出现"青黄不接"的主要原因。

（3）国际市场需求不振。广东是中国发展外向型经济的典型省份，长期以来，其外贸依存度一直处于高位，无论是全省进出口总体依存度还是出口依存度、进口依存度都远远高于全国水平。发达经济体是广东的主要贸易对象，外贸曾经引领广东乃至中国对外贸易快速发展。1995～2005年，广东主要贸易伙伴中发达经济体包括美国、日本和欧盟等，1995年出口占比分别是22.6%、11.5%和11.4%，合计占比45.5%；2005年占比分别是24%、5.8%和16.2%，合计占比45.9%。受国际金融危机的影响，2009～2014年，广东对美国、欧盟、日本的出口年均增速均低于同期广东出口整体水平（对美国、欧盟、日本的出口增速分别为7.72%、8.28%、8.29%，全省出口整体增速为12.47%），三个经济体出口份额下降，合计占比从危机前40%下降到30%，国际金融危机后经济复苏尚未完成，尤其是大多数发达经济体的通胀仍然低于目标，经济增长依然疲软。国际市场需求不振，来自发达经济体需求拉动力减弱是广东外贸发展的一个困境。

（4）在全国的对外贸易地位不断下降。一直以来，广东对外贸易对全国对外贸易的拉动作用不可小觑。处于全球化大环境下的广东，凭借国家的政策扶持，对外贸易发展迅猛，对外贸易进出口额近十年来不断攀升，从2002年的18300亿元上升到2016年的63029亿元，增长了近2.5倍。然而，广东进出口虽一直居全国首位，但是其占全国进出口的比重呈现逐年下降的态势。2002年广东占全国的比重为35.6%，2017年为24.5%，比重从略多于1/3下降为不足1/4。从进出口增长不难看出，无论是进出口总额增速还是进口、出口增速均低于全国同期水平。就2017年来说，广东进出口总额增速为8%，比全国增幅低6.2个百分点。

（5）地区发展不平衡。近年来，广东省内经济发展差距趋于缩小，贸易发展的区域结构有所改善，粤东西北地区比重有所提升。2011~2015年，珠三角地区 GDP 年均增长 8.7%，粤东西北地区 GDP 年均增长 9.7%，比珠三角地区高 1.0 个百分点，区域经济发展差异系数缩小 0.02。然而珠三角与粤东西北地区外贸发展不平衡现状仍然十分突出。2017 年 1~11 月，广东省珠三角地区进出口占全省进出口总额的 95.5%，出口占 95%，进口占 96.6%，增速分别为 9.6%、8.1%、12.1%。2017 年 1~11 月，粤东西北地区进出口、出口和进口分别增长 5%、1% 和 12.1%，各项占比为 5% 或不足 5%；尤其是东翼地区出现整体负增长。可见，贸易平衡发展特别是通过贸易促进广东省内区域平衡发展的任务非常艰巨。

（三）当前影响广东外贸出口发展的主要有利因素

（1）世界经济稳步复苏。2016 年世界经济增长出现国际金融危机后的低点，2017 年呈现较普遍的回升。全球经济增长延续良好势头，由近年来的"弱、分化"格局首次转为同步复苏态势，发达经济体整体向好，新兴经济体增长出现改善。IMF 将 2017 年全球经济增速预测由此前的 3.5% 上调至 3.6%，再上调到 3.7%；2018 年由 3.6% 上调至 3.7%，再调到 3.9%，接近国际金融危机前的平均水平。同时，IMF 于 2018 年 1 月预估 2017 年全球商品和服务贸易量增长 4.7%，远高于 2016 年的 2.5%；预测 2018 年的全球贸易量增速为 4.6% 的较高水平。世界贸易组织（WTO）也于 2017 年 9 月将 2017 年世界货物贸易量增速预期由 4 月预测的 2.4% 上调至 3.6%，较 2016 年提高 2.3 个百分点。

（2）中国经济回稳向好。2017 年，中国经济稳中有进、稳中向好态势持续，全年经济增长 6.9%。IMF 对中国 2018 年的经济增速预测值为 6.6%。国内各研究机构对中国 2018 年的经济增长速度的预测集中在 6.5%~6.8%。2018 年中国经济有望保持稳健的增长，通货膨胀率会保持在较低水平。稳健的国内宏观经济为广东 2018 年外经贸发展奠定了良好的基础。

（3）外贸发展新动能正在积聚。依托《中国制造 2025》、"互联网+"

等国家战略，在供给侧结构性改革和"一带一路"的大背景下，中国对内坚决淘汰过剩产能，为制造业升级和技术产业发展腾出空间，对外以"一带一路"倡议为支撑，加快全球产业链布局。具体来说，中国制造业数字化、网络化、智能化进程在不断推进，跨境电商、市场采购贸易、外贸综合服务等外贸新业态在蓬勃发展，竞争优势逐渐优化。同时，与诸多国家和国际组织就"一带一路"建设达成协议，在政策对接、经济走廊建设、项目合作等方面提出多项举措，经济发展空间和贸易空间逐步优化。

（4）人民币汇率有望保持稳定。虽然美联储在 2017 年上半年连续两次加息，但由于美国经济基本面并不强劲，美国的长期利率在 3 月之后已经下降了 25 个基点，且美元的实际有效汇率已经贬值 13% 以上。在美元贬值的同时，2017 年人民币对美元升值 6.7%，已经达到 1 美元兑 6.3 元人民币的水平。2018 年，随着美国经济走强，美元汇率会出现上升趋势并减轻人民币升值的压力，叠加国内经济基本面与货币政策的共同支撑，人民币汇率有望延续整体趋稳甚至偏强的运行格局，人民币兑美元的汇率会稳定在 1 美元兑 6.5 元上下。

（四）当前影响广东外贸出口发展的主要不利因素

（1）外部环境日益严峻。当前全球贸易保护主义不断升级，2016 年 6 月世界贸易组织发布的报告显示，2015 年 10 月至 2016 年 5 月，20 国集团（G20）实施了 145 项贸易限制措施，平均每月有超过 20 项新措施出台，月均新措施数量为 2009 年世界贸易组织开始监测贸易限制措施以来的最高水平。据中国商务部统计，2016 年前 8 个月中国共遭遇 20 个国家和地区发起的 85 起贸易救济调查，涉案金额高达 103.2 亿美元，案件数量同比上升 49%，涉案金额同比上升 94%。在各国特别是美国内向型政策的压力下，2017 年 3 月举行的 G20 财长和央行行长会议在联合公报中删除了反对贸易保护主义的措辞，为 G20 十年来首次未明确支持开放与自由贸易。

当前，逆全球化的潮流仍在发展，美日欧等发达国家和地区拒不接受中国的市场经济地位，为中国的贸易发展制造障碍。美国特朗普政府奉行

"美国优先"的原则，对中国的钢铁、铝制品、光伏产品等频繁发起反倾销调查，还以保护知识产权为名对中国发起"301调查"。

（2）外贸竞争优势转换尚未完成。广东外贸目前处于深刻调整期，生产要素低成本优势丧失与政策调整叠加，加工贸易出口比重持续下降，传统外贸竞争优势被大幅削弱。特别是劳动力价格和房地产价格高涨造成外贸出口压力的增加。在劳动力价格方面，近年来广东包括工人工资、社会保障费用在内的用工成本上升较快，对出口企业来讲雪上加霜，促使部分传统劳动力密集型企业关闭或外迁，部分出口订单分流到越南和内地省份。在房地产价格上，近十年来广东住宅价格与写字楼租金大幅增长，屡创新高，其中深圳的上涨幅度最大。在各种成本大幅上升的量变挤压下，本地中小加工贸易企业溃不成军，许多议价能力低的中小企业甚至面临破产压力。

（3）出口商品结构尚不合理。目前，广东出口商品存在结构较脆弱、抗风险能力较低等问题，极易受国际市场变动的影响而产生波动。广东出口发展过程中，机电产品逐步替代轻工纺织品成为出口主力军，出口商品的结构持续优化。其中高新技术产品出口快速增长就是表现之一。但是高新技术产品所占比例并不大，现在广东省出口商品中工业制成品仍占相当大比例，其中大部分还是劳动密集型产品。这种出口商品附加值较低、技术含量低、市场竞争力较薄弱，容易受国际市场的波动而产生变化，造成巨大损失。另外，出口商品结构说明广东加工贸易占据主导地位，加工贸易以外商投资为主，因此国外依然控制着大部分经济利益，压缩了国内加工获得的经济利益。

（4）出口过度依赖发达经济体。广东省出口商品主要出口到以中国香港为代表的亚洲市场和美国、欧盟、日本等发达市场，导致广东出口商品过度依赖亚洲与欧美发达经济体，这样的出口结构会限制出口市场的多元化，加剧了对外经济的不稳定性。长期以来，中国香港一直在广东省出口贸易中占1/3的比例，欧洲地区占15%，美国占25%。到2012年，广东省与中国香港贸易依然保持较快增长的趋势，与欧盟、东盟、日本贸易量下降，同时对非洲出口快速增长。2015～2017年，广东与中国香港进出口贸易额逐年下降，而对"一带一路"沿线国家进出口比重不断加大。虽然近年来广东省的出口贸易对象不断多元化，可是出口市场依然存在过于集中的状况，贸易伙伴中亚洲和欧美发达经济体处于绝对优势。

（5）利用外商投资方式不合理。近年来，广东利用外资速度放缓，实际利用外资规模停滞不前。广东利用外资的问题体现在：一是对于引进的技术不能及时消化利用；二是不能利用国外的先进技术提升中国科技水平。广东的企业往往停留在技术的一般引进阶段，存在对外国核心技术只单纯引进却不进行学习和发展的现象，引进创新的能力不足，使得广东省的工业发展一直停留在原有水平，不能得到有效的发展。外商投资量虽然大，但是不能得到有效的利用，无法掌握核心技术使得控制权在外国投资者的手中，不能获得较高的经济掌控地位，只能跟随外国投资者的步伐，难以引领经济的发展。

（6）大宗商品价格或顶部回落。国际大宗商品价格自2016年下半年开始回升，在2017年初达到阶段性高点。近期商品市场需求增长在较大程度上源于基础设施建设和企业补库存，而公共投资活动依赖财政支持。在许多国家政府债务上升、财政状况恶化的情况下，"补库存"周期性支撑作用逐渐减弱，大宗商品需求回升的基础不够坚实，价格出现周期性回落，2017年CRB现货指数已下跌13.5%。此外，全球页岩油气产业快速发展，开采成本不断降低，石油供给增长空间较大也在一定程度上抑制油价回升。

（7）系统性金融风险或将带来隐患。2017年中国经济开局良好，但第三季度部分经济指标出现回落迹象。中国当前的系统性金融风险总体可控，但影子银行、房地产泡沫、国有企业高杠杆、地方债务等"灰犀牛"风险正在累积，中国可能正在翻越20年债务上行周期的顶点，金融自由化的潮水退去之后，货币信用收缩给全球资产带来巨大的外溢性，从而影响进出口贸易。2017年中央经济工作会议设定的经济工作总基调是"稳增长、促改革、调结构、惠民生、防风险"，与2016年相比，2018年"防金融风险"的地位将更为凸显。

四　2018年广东外贸走势预测

2018年广东外贸面临的内外部环境错综复杂。国际宏观环境将继续改善，但国际贸易的竞争更加激烈；国内宏观环境基本稳定，但成本上升的趋势进一步加强；广东要素成本上升和订单流失进一步加剧，所面临的风险也在增大。在贸易环境错综复杂、贸易保护趋势未出现根本改善的背景下，外贸发展仍将承压。报告认为，2018年广东货物出口即使在全球经济复苏的背景下仍可能出现负增长，出口增长率在-5%左右；以人民币计算，出口增速的最大可能区间为0～5%。主要原因是广东内在经济结构还需要进一步调整。

第一，全球经济和贸易虽然回暖，但2018年与2017年相比，经济增长略有加快，贸易增速会略有下降。IMF2018年1月《世界经济展望》预测，世界经济的增速将由2017年3.7%提升到2018年的3.9%，加快0.2个百分点；全球货物和服务贸易量的增速将由2017年的4.7%下降到2018年的4.6%，收窄0.1个百分点。IMF同时预测，2018年的大宗商品价格指数比2017年明显收窄，石油价格的涨幅只有上年的一半不到，非燃料商品价格会出现下降。因而2018年价格上涨带来的贸易额增长将明显减小，也就是说2018年全球贸易额的增速将明显低于2017年。

用美元计算，2017年广东的出口贸易仅增长4%（按货物来源地核算只增长率3.3%），既低于全国整体7.9%的增速，也大幅低于全球贸易额的整体增速。在2017年世界经济提速0.5个百分点、全球贸易量提速2.2个百分点的大好形势下，广东出口贸易的表现不尽如人意。在2018年世界经济提速0.2个百分点、全球贸易量减速0.1个百分点的背景下，广东出口贸易的增速可能会继续下滑。

第二，从2016～2017年的月度出口数据和走势可以发现，即使去除季节性因素，广东出口额的变化也很不稳定，上半年的5～6月和下半年的10

月往往出现低点（见图3）。2014～2016年广东外贸连续三年下降，2017年回稳有进，但2017年的出口总额为6228亿美元，仍比2013年的6364亿美元少136亿美元，低2.1%。说明广东出口贸易的动能明显减弱，原因不是简单的周期问题和临时性外部冲击。广东的"外资企业＋加工贸易"的对外贸易模式的衰落将继续，一是去加工贸易化，2016年加工贸易出口下降9.8%，2017年加工贸易出口只增长2.4%；二是去外资企业化，2016年三资企业出口下降9.8%，2017年三资企业只增长2.2%。近年来，广东加工贸易出口和三资企业出口在广东整体出口中的地位持续下滑，在一般贸易和其他经济主体的出口还不能弥补下滑缺口的情况下，其结果必然是广东出口贸易的进一步走低。

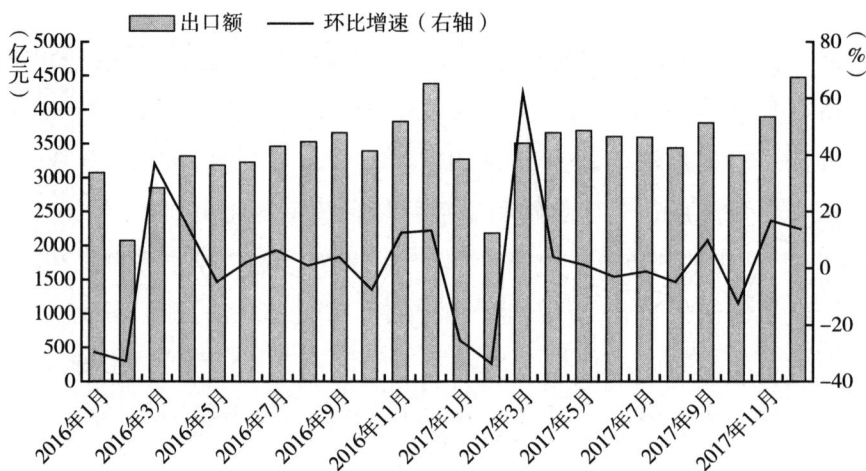

图3 2016～2017年广东逐月出口变动情况

第三，2017年人民币的持续走强不利于广东一般贸易出口的增长。2017年，人民币兑美元的市场汇率上升6.72%，人民币兑美元汇率的中间价上升6.16%。2017年人民币对美元的大幅升值抬高了2018年广东出口贸易的成本，降低了价格竞争力，对2018年以美元计价结算的出口将产生不利的影响。但因人民币汇率指数比较稳定，2017年参考国际清算银行货币篮子和参考SDR货币篮子计算的人民币汇率指数仅分别下降

0.32%和上升0.51%。综合汇率的稳定会减小市场汇率变动对出口贸易不利影响的程度。

第四，预计2018年包括石油在内的能源和工业大宗商品价格将趋稳回落，这将降低广东进口商品特别是能源、资源类商品的价格，同时间接降低出口商品的价格，从而降低进口额和出口额的增幅。预计2018年广东省贸易增速将出现"前低后高"的增长趋势，进口贸易的增幅继续大于出口贸易的增幅。

第五，贸易摩擦加剧不利于贸易进一步发展。中国目前已经成为全球遭受反倾销调查和反补贴最多的国家，广东作为中国外贸第一大省，其面对涉外经济摩擦加剧的形势不容乐观，对外贸易环境存在恶化趋势。仅2016年上半年，广东出口产品就遭遇9个国家和地区发起的贸易摩擦案件31起，同比上升25%，占全国案件数的47.7%。主要涉案企业（年出口额在10万美元以上）逾300家，同比上升15%。其中，"双反"（反倾销、反补贴合并调查）案件6起，反倾销案件16起，反补贴案件2起，美国"377知识产权"调查案件5起，保障措施案件2起。近年来，以华为、中兴为代表的龙头高新科技企业也频频遭遇美国"337知识产权"调查，负面影响深远。

在频繁遭受来自欧盟、美国、日本、加拿大等发达经济体指控的同时，近年来发展中国家和地区也频繁出现与广东的贸易摩擦。例如，2016年上半年，发展中国家对广东贸易摩擦案件共17起，占案件总量的54.8%。其中，印度、巴基斯坦、越南、马来西亚等"一带一路"沿线国家立案18起，占发展中国家立案数量的88.2%。主要涉案企业（年出口额超10万美元）共156家，占上半年贸易摩擦涉案企业的52%；涉案金额逾2.5亿美元，占新立案件涉案总金额的67.8%。反倾销是"一带一路"沿线国家与广东贸易摩擦纠纷的主要形式。2016年上半年仅印度立案数量即达9起，是除美国之外与广东发生出口产品贸易摩擦最多的国家。预计今后无论是欧美发达经济体还是"一带一路"沿线国家和地区，与广东的贸易摩擦都有很大可能加剧，不利于外贸出口。

五 政策建议

（一）加快产业结构调整

科技是第一生产力，广东在保持传统企业优势的同时，应该加快出口贸易的转型升级，积极提高自主创新能力。从广东主要出口商品来看，由于劳动密集型出口产品附加值较低，技术处于较低水平，产品质量不高，广东对外贸易结构总体层次和效益难以提升。对此，一方面应该优化出口商品结构，提高出口商品的技术和附加值。应该大力倡导产业自主创新，特别是具有发展潜力的高技术产品和作为出口主力的机电产品，通过提高产品技术和附加值来提升广东对外贸易的效益和层次。同时，对传统产业进行技术改造，通过学习运用高新技术和先进适用技术，促进劳动密集型产业向技术、资本密集型转变，力求实现"贸易—技术—新的贸易"的良性循环。另外，转变货物贸易结构的同时应该重视发展服务贸易。首先，要维持良好的市场竞争环境，做到对服务贸易的公平公正；其次，要加大扶持力度，提供政策优惠以促进服务贸易行业快速发展，鼓励服务贸易涉及的金融业、科技服务业、信息服务业、文化产业等优先发展。同时，促进这些服务贸易行业的技术创新，要顺应发展的时代要求，提高对外贸易的层次和结构，规避技术贸易壁垒。

（二）积极开拓多元化市场

广东省一直以来以亚洲和欧美发达经济体为主要的出口对象，过于集中和单一的贸易格局很容易将自身暴露在风险中，加剧了对外贸易的不稳定性，容易受到国际市场的冲击。对此，广东应该积极开拓多元化的出口市场。一方面，均衡地与主要发达国家和地区进行贸易往来；另一方面，有重点循序渐进地开拓"一带一路"沿线国家和地区以及非洲、南美等地区的市场，避免市场过于集中带来潜在隐患，要分散风险，增强应变能力，使出口市场形成多元化格局，与世界上绝大多数国家和地区建立良好的营销网络，这样不仅广东产业快速发展和外贸不断扩张的需求能够得到满足，而且政府可以通过制定差异化的贸易政策，增加在出口市场的吸引力，进一步降低对外贸易风险。

（三）加大对外投资力度

对外投资是贸易新形势下增加出口的重要渠道，广东尤其应紧抓"一带一路"建设的战略契机，加快设立广东丝路投资建设基金，鼓励和支持大中型国有企业积极赴"一带一路"沿线国家投资，通过产业投资项目带动广东中小企业配套产品出口，从政策优惠、资金支持上引导水泥、钢铁、平板玻璃、船舶等过剩产业及通信、电子等具有比较优势的企业"走出去"，并带动进口和外国投资产出的"回购"增长，进一步提升广东对外开放和合作水平。

（四）提高外商投资利用效率

广东省需要加快利用外资进行自主创新和能力提升的步伐，对于外资投入的资源积极进行研究，积极与外商进行交流，适应国际规则，熟悉国际市场的发展动向，及时对省内工业的发展动向进行调整，紧跟国际发展节奏，提高吸引外资能力，并且加以有效利用，将其转化为更巨大的经济效益。广东省应该加强自主研发创新的能力，大力发展第三产业和高新技术产业，把第三产业和高新技术产业的经济效益作为拉动经济发展的主要力量，转变长期以来通过牺牲资源环境来换取经济效益的发展方式。

（五）推进贸易出口发展方式的转变

以加工贸易为主的劳动力密集型产业在广东省传统的出口贸易中占有主导地位，广东在外贸进一步发展的过程中应该发挥跨境电商在促进出口方面的作用；同时支持具有自主专利的产品，保证高质量产品的生产，提高自主产品的市场占有率，提高国际竞争力。广东省发展对外出口贸易应该充分利用拥有自由贸易试验区的天然优势，加强与"21世纪海上丝绸之路"沿线国家相关航线建设，加大跨境电商的宣传和支持力度，在世界范围内开拓市场。利用市场网络信息，提高企业产品知名度，用质量过硬的产品征服更多的客户，使出口产品受到更多市场的信赖。

（六）推动本土企业发展成为对外贸易的主体

长久以来，外资企业主导广东出口贸易。为了扭转广东出口贸易的不利形势，推动本土企业成为广东对外贸易的主体，广东要加快国有企业改革，同时扶持民营企业。一方面，可以通过改制、重组或集团化来改革具有一定规模的国有外贸企业，增强国有企业的竞争力，促使国有外贸企业成为引领广东货物贸易出口的主力；另一方面，由于本土民营出口企业规模较小，因此政府要给予资金、技术方面的支持和政策方面的倾斜，降低民营企业进出口权的门槛，鼓励、引导和扶持更多本地的民营出口企业快速成长壮大，保持民营经济出口的领先地位，使其更自信地走向国际市场。

（七）营造良好的外贸环境

面对日趋激烈的贸易摩擦，广东省政府应营造适宜外贸发展的有利环境，支持外贸企业做大做强。一是政府应引导企业提高出口质量和企业的核心竞争力，而不是单纯"鼓励出口"。以量取胜的贸易方式不仅浪费资源，而且还会加剧贸易摩擦。因此应引导企业把好质量关，把企业的核心竞争力转化成为增加出口商品的附加值。二是政府应实施规范的出口管理制度。通过出台相应的政策与管理制度，防止本省出口企业之间的恶意竞争，避免出现低价竞销，逐步解决出口结构单一、品牌意识不明晰、环境意识淡薄、知识产权意识缺失等出口企业的弊病，鼓励本土出口企业加大研发和设计的投入，创立自主品牌。三是应大力发挥非政府组织的作用。陷入国际贸易争端时，企业自身往往独木难支，因此，应助力国际竞争能力较强的主力行业或出口额占比较高的出口行业建立行业协会，以便在本地企业陷入国际争端时，能够与政府、行业组织加强沟通，扩大影响力和影响范围，发挥市场力量和社会力量，共同应对贸易摩擦。四是培养具有综合技能的国际关系复合型人才。鼓励高等院校重点培养能洞悉国际形势、系统学习国际政治与经济相关内容、具有专业知识和语言功底的复合型人才，扩充广东人才队伍。

参考文献

［1］ IMF：《世界经济展望报告》（秋季），国际货币基金组织网站，2017年10月。
［2］ IMF：《世界经济展望报告》，国际货币基金组织网站，2018年1月。
［3］ 商务部综合司：《中国对外贸易形势报告（2017年秋季）》，商务部网站。
［4］ 肖鹞飞、罗远航：《广东外经贸形势分析报告（2016～2017)》，载《广东对外经济贸易发展报告（2016～2017)》，社会科学文献出版社，2017。

B.2
广东对外贸易制度改革逻辑及其绩效

陈万灵 陈麒宇*

摘　要： 围绕开放40年来广东对外开放体制改革过程，探讨广东外贸
体制自由化发展方向。改革开放40年来，外贸领域逐步放松
计划经济体制，沿着"外贸经营权—管理体制改革—市场机
制—国际接轨—国际高标准"线索进行了较长时间的艰难改
革，已经初步形成了国际化外贸体制；未来将对标高标准国
际规则，推动广东外贸高度开放，形成外贸开放新体系。在
外贸体制开放的激励下，广东外贸实现了崛起，多年一直引
领全国外贸发展；未来依托高标准体制机制建设，广东外贸
结构、市场结构、主体结构等调整将进一步深化，促进广东
外贸区域协调发展、外贸方式转变并推动服务贸易发展，实
现广东从外贸大省走向外贸强省跃升。

关键词： 改革开放　外贸体制　广东外贸

　　改革开放以前，广东各行各业实行严格的计划经济体制，在外贸领域实
行"统一对外、垄断经营、统负盈亏"的外贸体制。自20世纪70年代末
开始，外贸领域逐步放松计划经济体制，沿着"外贸经营权—管理体制改
革—市场机制——国际接轨——国际高标准"线索进行了较长时间的艰难
改革，已经初步形成了国际化外贸体制。

＊ 陈万灵，博士，教授，广东外语外贸大学国际经济贸易研究中心主任，主要研究领域为国际
贸易与经济发展。陈麒宇，中国人民大学经济学院硕士研究生。

一 广东对外贸易体制初步改革和新起步

尽管广东处于沿海地区，毗邻港澳，而且一直有"中国出口商品交易会"（2008 年改为"中国进出口商品交易会"，俗称"广交会"）作依托，但是高度计划经济体制限制了对外贸易优势的充分发挥。直到 1978 年党的十一届三中全会召开后，计划经济逐渐放松，体制改革实施，才有了广东外贸的新起步和一系列突破。

（一）早期放权让利与经营体制的初步改革

1979～1986 年是广东外贸体制改革起步阶段，主要围绕"下放外贸经营权"展开一系列外贸经营管理体制改革。1978 年前，整个经济体制属于计划经济体制，外贸出口经营权由各省（直辖市）口岸分公司掌握，中小城市和县级支公司负责收购产品，无出口经营权。因此，外贸公司对出口创汇的积极性不高，而且出口环节比较多，对国际市场应变能力不足。

1978 年党的十一届三中全会后，整个 20 世纪 80 年代，外贸体制改革主要围绕打破外贸部门独家垄断格局而展开，不断放权给地方政府和外贸公司。1979 年 7 月 19 日，《中共中央、国务院批转广东省委、福建省委关于对外经济活动实行特殊政策和灵活措施的两个报告》（中发〔1979〕50 号）下发，被称为"先走一步"的若干政策使广东对外贸易有了新起点。据此，广东比较早开始了从指令性计划到指导性计划的转变，率先在外贸计划、外汇、经营权、财务及企业管理等方面进行改革。

1985 年，根据原外经贸部制订的《关于设立外贸公司的条件和审批程序的暂行办法》（外经贸管体字〔1985〕130 号），广东省外经贸委制定了《关于我省设立外贸公司的条件、审批机关和审批程序的暂行规定》，批准成立了经营地方产品出口外贸公司、省内生产企业联合体和外贸企业与生产企业联合设立的工贸公司。1985 年下半年开始，广东省外贸分公司将外贸经营权下放到县级支公司，由基层外贸支公司直接面对国外市场，有效地解决了出口商品的货源、收购、销售等问题；同时对上下级公司进行了分工，分公司经营大宗出口商品，负责开拓远洋市场，支公司主要经营港澳及东南亚市场。同时，在外贸领域进行"承包经营责任制"改革，省外贸局作为外贸承包经营责任制的主要负责单位，以银行收汇、出口成本、盈亏总额三项指标为考核标准，制定外贸计划任务和调控指标；采取"条条承包、包到公司"的方式，逐层分解到省各专业外贸公司，地（市）、县口岸支公司等，构成外贸领域的承包体制（马桦、张鹏、邓辉年，2007）。

初步开放体制改革取得了一定成就，在微观上，逐步扩大了地方的外贸自主权，部分地方试行独立核算、自负盈亏等，允许一些工业部门和大型企业从事外贸经营，初步形成了多层次、多渠道的经营格局。但是，国家宏观上仍然掌握"进出口许可证"，在管理权限上统一对外，实行"统一经营和分类经营"体制。

广东"先走一步"改革，刺激了当时僵化的外贸企业，企业有了一定活力，缓慢地启动了广东外贸发展。1978 年广东进出口贸易额不到 16.02 亿美元，1979 年达到 20.22 亿美元，1980 年就上升到 25.5 亿美元，1985 年超过 50 亿美元，达到 54.61 亿美元，这短短 7 年，年均增长 19.02%。但是在全国的地位还不高，广东进出口额在全国进出口总额中占 7.73%（见本报告附表）[①]。

在广东外贸起步和发展过程中，"加工贸易"方式及其重要贡献是绕不过去的问题。中国第一家"三来一补"企业——东莞虎门镇"太平手袋厂"于 1978 年 7 月正式成立，9 月正式生产[②]，后来被称为中国利用外资和加工贸易的典范，被全国其他地方模仿。还有一个说法，广东首家加工贸易企业

---

① 本报告数据除特别说明外，均来自《广东统计年鉴》和《中国统计年鉴》（历年）。

② 东莞"太平手袋厂"于 1978 年 7 月由东莞县第二轻工业局太平服装厂与香港信孚手袋制品公司协议成立，9 月开业，是中国第一家来料加工企业，获得国家工商总局颁发的第一个"三来一补"企业牌照，编号为"粤字 001"。参阅唐志平《东莞县太平手袋厂：全国首家"三来一补"企业》，载田丰《敢为人先——改革开放广东一千个率先》，人民出版社，2015。

是 1978 年 8 月成立的"珠海香洲毛纺厂"①，是中国第一家以"补偿贸易"形式的合作企业。无论在什么地方开始，这种"三来一补"形式随后在珠三角各地蔓延和兴起，得到了 1979 年 9 月国务院《开展对外加工装配和中小型补偿贸易办法》的政策支持，广东借此优惠政策，大力发展加工贸易。这个时期主要承接香港、澳门的纺织服装、轻工业等产业的简单加工装配业务，以国有外贸企业和港澳企业为主，采购商与供货商均处于合作的"观望阶段"，加工贸易发展比较缓慢。这个时期加工贸易进出口规模不大。1979 年广东对外加工装配项目仅有 1563 宗，工缴费收入 1298 万美元，出口值 1820 万美元。之后逐年增长，1980 年为 8.2 亿美元；1981 年超过 10 亿美元，达到 13.1 亿美元；1984 年出现了"进料加工"业务，加工贸易出口突破 30 亿美元，达到 33 亿美元，其中，来料加工出口 25.7 亿美元，进料加工出口 7.3 亿美元；1985 年加工贸易出口 49.4 亿美元，其中来料加工、进料加工出口分别为 27.3 亿美元、22.1 亿美元；1986 年，广东加工贸易出口 73.8 亿美元，其中，进料加工出口（38.7 亿美元）第一次超过来料加工出口（35.1 亿美元）。② 可见，加工贸易规模已经达到相当大的规模，而且"进料加工"兴起，其增值率逐步提高，说明加工贸易逐步升级。

（二）广东外贸体制改革深化期和新突破

20 世纪 80 年代中期到 90 年代末，广东进一步完善外贸承包经营责任制和深化管理体制的改革。80 年代中期，在外贸领域按照"自负盈亏，放开经营"原则试行"承包制"，由中央核定地方的出口计划、出口收汇、上

---

① "珠海香洲毛纺厂"是中央批准的第一家补偿贸易企业，由中国纺织品进出口公司与香港永新企业有限公司合作于 1978 年 8 月创办，签订"针字第一号"协议书，1979 年 11 月正式投产，是中国第一家"中外合资企业"。叶志文：《国内首家"三来一补"企业的辉煌与没落》，《南方都市报》2015 年 10 月 14 日。

② 加工贸易 1987 年以前数据从原中国对外经济贸易合作部、广东省经济贸易委员会业务统计中推算，与统计数据不可比。据估计当时工缴费收入占加工贸易出口的比重大约为 10%。1987 年以后为海关统计数据。广东省对外贸易经济合作厅：《促进广东加工贸易转型升级研究》，中国经济出版社，2005。

缴外汇数量即外汇收入差别留成。1986 年 10 月，深圳市政府发布《深圳经济特区国营企业股份化试点暂行规定》，这是关于国营企业股份化改革的第一个规范性文件。1987 年广东省政府发布《关于深化改革增强企业活力若干问题的通知》，之后一段时间，广东着力推行和完善各种形式的承包经营责任制。首先，完善了承包经营考核制度，保证完成国家下达的出口收汇、上缴国家外汇额度基数任务，省外经贸委对企业下达了五项承包指标：出口计划、自营出口收汇、上缴外汇额度、降低出口成本、上缴出口调节基金。这些指标层层分解，最终落实到人，调动了企业积极性。广东 107 个专业外贸公司、工（农）贸公司和国营出口企业的代表从省政府接过了"1988 年外贸出口承包任务书"，广东结束了"吃大锅饭"的外贸体制（谭宏业、李创荣，1988）。其次，继续下放外贸经营权，逐步由审批制向登记制过渡；积极推动外贸公司转换经营机制，实行工贸结合、技贸结合和进出口结合，实行代理制，还进行股份制试点。由于国家下放外贸经营权，全国外贸秩序一度混乱，国务院 1989 年 5 月发出《关于清理整顿各类对外经济贸易公司的通知》（中发〔1988〕8 号），广东经过两年多时间的清理整顿保留了 1206 家外经贸企业，占全国外经贸企业总数的 31.7%，后来恢复了部分经过整顿符合条件的外贸公司的进出口经营权（马桦、张鹏、邓辉年，2007）。

随着外贸经营权的下放，实行外贸减亏增盈、外汇分成制度、出口退税政策，出口贸易得到激励，呈现快速增长态势，不断登上新的台阶，而且由于基数低，1985～1990 年广东进出口额年均速高达 50.76%。1986 年进出口额 68.1 亿美元，占全国外贸份额达到 9.22%，在全国各省份排第一位；1987 年进口和出口都突破百亿美元，进出口额达到 210.37 亿美元，占全国外贸份额"跳跃式"达到 25.45%；1988 年，达到 310.19 亿美元，1989 年达到 355.78 亿美元，1990 年为 418.98 亿美元，这三年广东外贸占全国外贸份额不断上升，分别为 30.18%、31.86% 和 36.29%[①]，达到了"三分天下有其一"的格局。

---

① 东莞数据来自东莞对外贸易经济合作局提供的材料。

这个时期加工贸易得到较快发展，其规模易占据"半壁江山"。1987年，广东加工贸易进出口额达到 135.21 亿美元，占广东进出口额的 64.25%，其中出口 67.51 亿美元，占广东出口的 66.60%；1990 年加工贸易进出口额达到 287.69 亿美元，占比为 68.66%，比 1987 年上升 4.41 个百分点，其中出口 160.08 亿美元，占比 72.05%，其增长率从 −0.21% 上升到 25.44%，加工贸易增长比较显著。

二　广东外贸体制市场化改革及其快速发展

20 世纪 90 年代，广东外贸体制进入市场机制导向的改革阶段。1992 年 1 月邓小平同志南方谈话要求加快体制改革，提出三个"有利于"，极大地促进了全国改革积极性。1992 年 10 月，党的十四大提出了"建立社会主义市场经济体制"改革总体目标，进一步坚定了改革开放信念，明确了改革开放方向，并要求深化外贸体制改革。因此，20 世纪 90 年代初期，随着外贸经营权的逐步下放，广东外贸从以国家管理为主转变为以地方管理为主。

（一）20世纪90年代广东外贸体制市场化改革

进入 20 世纪 90 年代，从政府管理体制来说，通过运用价格、汇率、利率、退税、出口信贷等经济手段调控对外贸易，改变了单一的计划管理体制，广东外贸市场化体制改革走在全国前列。主要特点是外贸企业经营权进一步放开，实行企业平等竞争，取消补贴，尝试自负盈亏的管理方式，适应市场机制的能力不断增强。

（1）广东经营主体更加独立。一是广东通过"变通"的办法推动外贸体制改革，比如超计划生产部分实行外贸公司代理出口。二是取消各项指令性外贸进出口管理计划，仅对部分出口商品配额实行公开招标。省外经贸委不再下达指令性外贸计划，只从宏观上提出指导性外贸计划安排，要求企业根据市场情况自主制定进出口计划，自负盈亏。三是获得外贸经营权的企业增多。国务院批转外经贸部文件《关于赋予生产企业进出口权有关意见》（国发〔1992〕30 号）、《关于赋予商业、物资企业进出口经营权试点意见》（国发〔1993〕76 号）。因此，参与外贸经营主体形成了国营外贸公司、国营生产企业、外资企业以及少量集体（民营）企业并存的多元化格局。

这段时间的改革使得不少企业取得外贸经营权，调动了各方面积极参与外贸。但是企业仍需经过审批才能获得经营权，并主要限于流通领域的企业。绝大多数生产企业仍然不能直接参与外贸，不能与国际市场接触和参加国际竞争，只能被动地接受外贸企业的订货，不能及时按照国际市场上适销对路的产品进行生产。广东外贸大发展仍然存在巨大限制，被称为"小经贸"格局，还有待于大幅度改革，构建"大经贸"格局。

（2）广东经营主体市场化竞争力不断增强，现代企业管理制度逐步形成。20 世纪 90 年代中后期，经过深圳股份化改革试点，广东从 1994 年起进一步放开企业经营权，加快推行外贸企业建立现代企业管理制度的改革。1994 年 5 月，广东省政府批转省体改委、省经贸委制定的《关于加快建立现代企业制度的意见》，提出国有企业改革由主要靠放权让利调整为致力于明晰产权的制度创新，开始建立现代企业制度。1995 年 12 月，广东省政府转发《关于加快我省小企业改革的意见》，提出合并兼并、股份合作制、租赁经营、出售转让、嫁接改造、易地改造、抵押承包、破产拍卖 8 种形式，加快了小型国有企业改革步伐。后来，国务院批转《关于赋予私营生产企业和科研院所自营进出口权的暂行规定》（对外贸易经济合作部令〔1998〕1 号），有力地推动了民营经济的发展。截至 1999 年，广东拥有进出口权的企业已达 3534 家，占全国外贸企业总数的 12.0%（马桦、张鹏、邓辉年，2007）。相对于广东外贸规模来说，有进出口权的企业在全国所占的比例明显偏小。

（3）外汇体制改革营造了更加市场化的营商环境。这个时期进行了以汇率并轨为核心的外贸体制改革。在外贸大包干体制下，广东省政府向中央包干两个基数——出口外汇和换汇成本，即在一定换汇成本条件下上交规定数额的外汇，超过出口外汇上交基数的外汇按一定比例留成，归广东省地方使用，但是商品进货价格、出口成交价格、流通费用及关税的变化导致地方换汇成本的波动，增加财政补贴负担，降低了地方出口创汇的积极性。因此，国务院决定从 1994 年 1 月 1 日起，实行双重汇率并轨，实行以市场供求为基础的单一的有管理的人民币"浮动汇率制度"；以银行结汇、售汇制和出口退税取代原有的外汇留成和上缴制度；实行人民币经常项目下有条件的可兑换。外汇体制改革为各类出口企业创造了平等竞争的良好环境，有助于提高出口商品的竞争力。

总体来看，广东外贸体制改革实行了渐进式的"松绑"，对国营企业经营从"放权"到"放开"，让国营企业独立经营，经营范围放宽，而且参与经营的主体资格和经营范围放宽。根据原《中华人民共和国对外贸易法》第 8 条的规定，中国的自然人不能从事对外贸易经营活动。20 世纪 90 年代"放权"改革还没有触动旧有外贸体制下外贸企业产权不转移的前提，没有扫除传统国营体制下的固有弊病，有必要将外贸权限进一步下放，让民营企业直接参与外贸。

（二）广东外贸快速增长

进入 20 世纪 90 年代，广东外贸获得了高速增长的动力。一是外贸体制的市场化转型为广东外贸高速增长奠定了体制基础。宏观上的体制改革打破了外贸进出口计划体制，消除了外贸财政补贴和出口信贷保护，营造了比较公平竞争环境；微观上围绕"搞活"外贸，进一步下放外贸经营权、推广外贸承包经营责任制和人民币汇率并轨的三大改革，打破了国营外贸企业对商品、行业和市场的垄断格局。二是世界经济出现了国际资本及产业转移新特点。外资加速流入广东，广东各地涌起"开发区热"以满足外资的需要。在外资及其开发区出口影响下，广东外贸获得了大发展机会，制成品、机电产品、高新技术产品成为出口的主要增长点，推动广东外贸规模不断扩大。

1990 年进出口达到 418.98 亿美元，1991 年突破 500 亿美元，1995 年突破千亿美元，达到 1039.72 亿美元。在 1997 ~ 1998 年东南亚金融危机的影响下，广东外贸有所回落，1997 年外贸 1301.2 亿美元，1998 年下降到

1297.98 亿美元，下降 0.25%，之后强劲反弹，1999 年达到 1403.68 亿美元，2000 年为 1701.06 亿美元，分别较上年增长 8.14%、21.19%。整个 20 世纪 90 年代，广东进出口额实现了年均 15.04% 的高速增长，占全国外贸份额再现新突破（见图 1）。

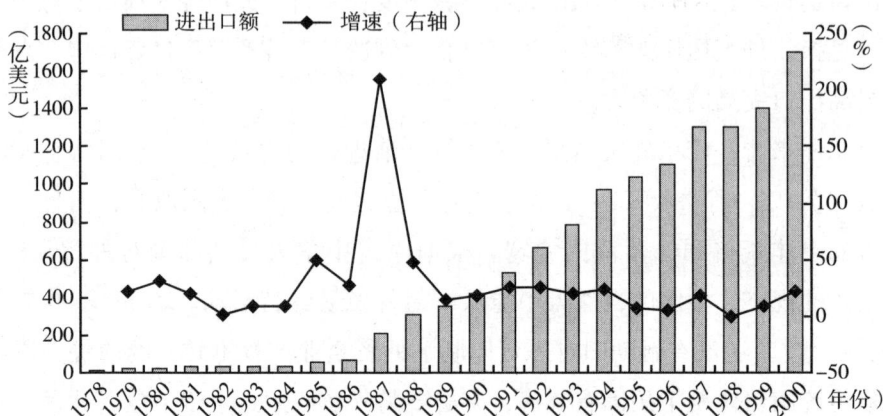

图 1　广东进出口额增长情况（1978~2000 年）

资料来源：1978~2000 年《广东统计年鉴》。

从全国看，广东外贸地位达到高峰，1990 年进出口占全国份额上升到 36.29%；1993 年达到 40.03%，最高份额是 1994 年的 40.85%，其中出口份额为 41.49%，进口份额为 40.18%，之后有所回落。这个时期广东外贸占全国份额保持在 35% 以上，成为中国外贸大省。

三　广东外贸体制国际化接轨及其超常规增长

2001 年，中国加入世界贸易组织（WTO），广东外贸体制进入对接 WTO 规则的改革阶段。2004 年 4 月对 1994 年《中华人民共和国对外贸易法》进行的修订，标志着中国对外贸易法制建设进入了一个新阶段，中国涉及外贸领域的基本法与 WTO 规则进行全面接轨改革。

（一）广东外贸体制对接 WTO 规则

进入 21 世纪，广东积极履行"入世"承诺，通过加大体制改革与国际贸易体制接轨，推动政务公开与合规性行政工作，主动建立符合国际惯例的质量、安全、环境、技术和劳工等标准。

（1）加快转变政府职能，调整外贸管理体制。在这个阶段，中国对企业外贸经营权的审批逐步放开，受理机关及其审批权限不断下放，放松条件和简化程序，并放宽经营范围。按照 WTO 要求的透明化原则，深化行政审批制度改革，累计取消省直机关审批、审核和核准事项 1558 项，下放管理事项 246 项，明显提高了政策透明度和办事效率。在维护外贸秩序方面，开始建立公共信息服务体系，进行对外贸易调查、对外贸易救济等服务内容。在放宽对外贸易经营权方面，取消了对货物和技术进出口经营权的审批，只要求对外贸易经营者进行备案登记。

（2）建立了与 WTO 规则相适应的体制机制。按照 WTO 的非歧视原则、公平竞争原则，国家层面进一步降低关税总水平，大幅减少非关税措施，促进公平贸易。广东调整和修改不符合 WTO 规定的地方性政策法规，清理一批"红头"文件及其制度（肖文峰、吴少斌，2002），深圳也废止了政府以及各部门制定的 878 份文件（李桂茹，2001）。建立健全外贸促进体系，完善检验检疫制度，实施"大通关"等贸易投资便利化措施，初步形成了高效协调的外经贸服务机制，运转高效的外经贸促进机制以及反应迅速、应对有效、反制有力的贸易摩擦应对机制。

（3）允许私营（民营）外贸企业迅速发展，多元化格局逐步形成。依据"入世"承诺，中国进一步放开了外贸经营权。2004 年修订的《中华人民共和国对外贸易法》将对外贸易经营者的范围扩大到依法从事对外贸易经营活动的个人。广东出台了《关于进一步发展私营外经贸企业的通知》（粤府办〔2000〕104 号），提出加快实施"大经贸"战略，为私营外经贸企业的发展创造公平竞争的环境，积极支持私营外经贸企业的发展，帮助申办自营进出口经营权，合理分配各类进出口配额等。外贸主体多元化进程得到加快，最后形成外贸队伍"千军万马"的大经贸格局。2003 年广东扶持民营进出口企业发展，对外贸经营资格实行从核准制向备案制转变。截至 2004 年 6 月底，全省拥有进出口资格的内资企业达到 24240 家，占全国外贸企业比例回升到 18%，其中私营企业 19638 家。至 2006 年 12 月 31 日，广东共有 66701 家对外贸易经营者，其中个体工商户 4970 家。全省对外贸易经营者数量占全国总数 299979 的 22.23%，比例明显回升。这一时期，广东对外贸易经营者新增 42461 家，是 2004 年 6 月以前历年进出口企业累计家数的 1.75 倍（马桦、张鹏、邓辉年，2007）。

（4）保护知识产权，防止侵犯知识产权的货物和技术进出口。经过 10 多年的努力，广东市场经济体制更加完善，贸易投资便利化程度大大提高，遵守国际规则、按国际规则办事的观念逐步增强，建立了透明稳定、公平公正的商业制度。特别是在知识产权保护方面，加强了对货物进出口侵犯知识产权和滥用知识产权权利的行为的法制约束，知识产权保护环境更加优化。

（5）粤港经贸合作不断深化。在 WTO 框架下，中国内地与香港和澳门签署《关于建立更紧密经贸关系的安排》（CEPA）并在此后 10 年签署了 10 个补充协议。CEPA 实施加速了粤港经贸合作从制造业向金融、商贸服务、科技等领域合作的发展。在货物贸易方面，CEPA 全面实行零关税，实现了货物贸易自由化。在服务业领域，内地不断扩大服务业开放，香港服务业企业和专业人才加快进入内地。在贸易投资便利化领域，两地海关采取"绿色关锁"等方式提高通关效率，内地取消了到香港办展览的审批，促进了两地的投资交流。CEPA 及其系列协议首先在广东试验，先后在珠海、南沙、前海建立 CEPA 试验区。当然，CEPA 的主体文件及补充协议中有部分条款仅适用于广东省，如零售业和旅游业的有关规定，这反映了粤港两地密切和特殊的合作关系。

2008 年国务院批准的《珠三角地区改革发展规划纲要》明确支持粤港澳合作发展服务业，鼓励 CEPA 在广东先行先试。2009 年 8 月，广东省委省政府出台《关于推进与港澳更紧密合作的决定》（粤发〔2009〕12 号），旨在推动粤港澳紧密合作迈上新的台阶，同时，国务院正式批复《横琴总体发展规划》，赋予珠海横琴新区"粤港澳紧密合作示范区"功能；2010年8月国务院批复《前海深港现代服务业合作区总体发展规划》，赋予深圳前海扩大金融等现代服务业开放。2010年6月，广东省在南沙成立了"实施CEPA先行先试综合示范区"，2012年国务院批准广州南沙新区及《广州南沙新区发展规划》方案。中央先后批准了34项对香港、28项对澳门服务业开放在广东先行先试，对港澳货物贸易人民币结算在广州、深圳、珠海、东莞四市试点（梁耀文，2010）。

（二）21世纪入世后广东外贸超常规增长

进入21世纪，中国对外贸易迎来了体制机制重大变革，主要是2001年中国加入世界贸易组织（WTO），对外贸易体制机制进行一系列突破。这给广东营造了一个良好的制度环境，引导广东外贸进入一个新的发展阶段，使这一时期广东出口贸易进入改革开放以来少有的基数大、速度快的"超常规"增长期。2002年广东出口额超过1000亿美元，之后又实现了"五连跳"：2005年出口额超过2000亿美元，实现翻番；2006年出口额超过3000亿美元，2008年超过4000亿美元，2011年超过5000亿美元，在2005年规模基础上再次翻番，2013年超过6000亿美元。每隔2年到3年，出口规模踏上新的千亿美元台阶，可以说，"一年一个样，隔年一台阶"。

2007年，广东外贸进出口总额达6340.35亿美元，比上年增长20.16%，其中出口总额达到3692.39亿美元，比上年增长22.29%，实现顺差超过千亿美元，达到1044.43亿美元。2007年4月，美国次贷危机爆发，其影响不断蔓延，2008年演变为国际金融危机，产生了巨大影响，广东外贸增速显著降低，较上年增长率仅为7.80%，2009年出现负增长。

2008年，广东进出口总额达6834.92亿美元，比2000年翻两番，年均增长18.99%。其中，出口额4041.88亿美元，是2000年的4.4倍，年均增长20.33%；进口总额2793.04亿美元，是2000年的3.6倍，年均增长17.25%；实现贸易顺差1248.84亿美元，是2000年的9.1倍，年均增长31.8%（见图2）。

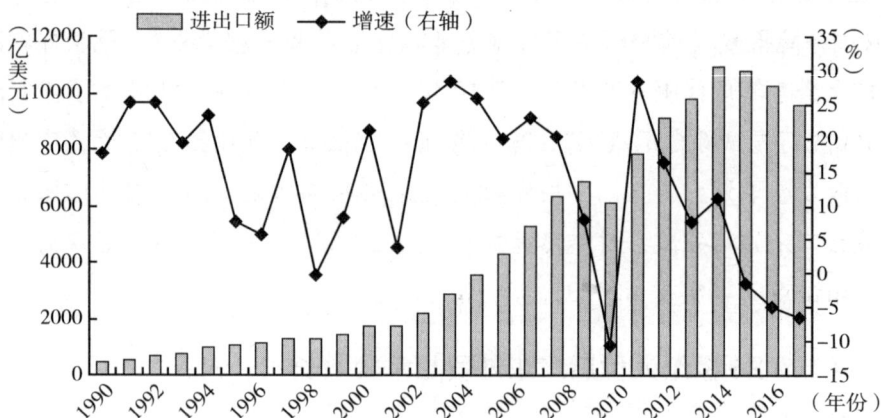

图2　广东进出口额增长情况（1990~2017年）

资料来源：1990~2017年《广东统计年鉴》。

实际上，广东外贸高速增长已经显示出疲态。这个时期，广东外贸增速已经低于全国平均水平。2000~2008年，中国对外贸易实现了年均23.48%的快速增长，其中，出口年均增长24.42%，进口年均增长22.38%。因此，广东外贸的地位逐步下降，在全国的份额从2000年的35.87%下降到2007年的29.13%。但是，2006年一般贸易出口达800亿美元，大幅增长50%，占广东出口的比重达到26.5%。2001年，广东省一般贸易规模在低于浙江五年后重新夺回全国冠军的位置。所以，这个时期广东一般贸易不稳定，社会各界认为广东外贸地位开始下降，出现了"大而不强"问题，如何成为"外贸强省"成为普遍关注的问题。

四　广东新时代对标国际高标准及其制度建设

改革开放40年来，广东作为改革开放的先行地，随着经济体制的改革深化，内外贸管理体制也发生了重要的变革，实现了从计划经济模式向市场经济模式的转变。管理主体从统一到多元化，以"放权"、"放宽"和"放开"构成了经济体制市场化演变逻辑，这也是国际经济规则的要求。在构建与国际接轨的开放型经济新体制目标下，广东在优化对内对外开放布局的同时，促进国际国内"两个市场、两种资源"自由流动将是制度变迁的方向。

（一）新时代背景：金融危机后广东外贸低速增长

受2008年国际金融风暴影响，广东外贸出口增速出现深度下滑和大幅波动。2009年出现大幅度的负增长，广东外贸实现6111.18亿美元，比上年下降10.59%，其中，出口下降11.19，进口下降9.72%；2010年出现大幅度反弹，进出口比上年增长28.44%，其中，出口增长26.25%，进口增长31.54%。之后的广东外贸增速逐渐降低，2011~2016年各年增速分别为16.36%、7.73%、10.96%、-1.40%、-5.00%和-6.60%，其中，出口增速分别为17.34%、7.95%、10.85%、1.53%、-0.41%和-6.98%。

总体来看，国际金融危机后，广东外贸萎靡不振，2008~2016年，广东外贸年均增速为4.27%，其中出口为5.03%，进口为3.11%，比国际金融危机前（2000~2008年）的年均增速分别减少了14.72个百分点、15.3个百分点和14.14个百分点。显然，广东外贸整个进入低速增长的"新常态"。但是，广东外贸在全国的份额仍然保持在25%左右，出口份额为28%左右，进口份额为22%左右，在全国仍然保持领先地位。

（二）对标国际规则与外贸体制便利化

以2008年国际金融危机为契机，广东开始了外贸转型升级及其外贸体制和机制国际化深化阶段。2008年以后，为应对美国次贷危机的冲击，广东省政府出台多项文件，力促外贸转型升级。例如，广东省先后出台《关于促进加工贸易转型升级的若干意见》（2008年）、《推进加工贸易转型升级三年行动计划（2013~2015年)》（2013年）、《促进外贸稳定增长和转型升级若干措施的通知》（2015年）等。广东在转型升级方面着力引进高端创新要素，加快推进加工贸易转型升级；由量的扩张转向质的提升，由传统业态转向新经济、新产业、新业态；对接国际贸易投资规则，加快建设国际化、法治化、市场化营商环境。

为响应国家政策，广东提出了加快构建开放型经济新体制的有效措施，2017 年 1 月，广东商务厅发布《广东省开放型经济发展"十三五"规划》，提出在更大范围、更广领域和更高层次上参与全球资源配置，打造高水平开放型经济新格局，构建与国际贸易投资规则相适应的开放型经济新体制。2014 年以来，以"广东自由贸易试验区"建立和运作为主线，广东开始实行高水平的贸易和投资自由化、便利化政策，全面实行准入前国民待遇加负面清单管理制度，大幅度放宽市场准入，扩大服务业对外开放，保护外商投资合法权益。

一是建立和完善"小政府、大市场"体制，营造公平竞争的市场环境。政府职能是保障市场在资源配置中的决定性作用，为此，广东着手清理废除妨碍统一市场和公平竞争的各种规定和做法，着手维护公平竞争的市场秩序，加强对外开放法制建设，坚持依法行政，优化市场竞争、公平贸易、科技创新、知识产权保护和用工环境，建设法治化、国际化、便利化营商环境。

二是搭建与国际投资贸易通行规则衔接的基本制度框架。广东着手推进外商投资、境外投融资等体制机制改革，构建与国际接轨的开放型经济新体制。创建公开透明、高效有序的新的贸易投资体制，包括建立与国际高标准规则接轨的贸易投资自由化、便利化制度，高开放度的投资负面清单，高标准的劳工标准、环境标准和知识产权标准等，通过贸易投资体制创新，破除贸易投资壁垒，实现资源高效率配置。

三是加快双向投资规则国际化，提升双向投资水平，提高利用外资质量和效益。广东经济经过 30 多年的高速发展，已经到了更好地利用国际市场、参与国际竞争的阶段，因此，需要加大"引进来"和"走出去"的力度，发展高水平的开放型经济，推动贸易向高端发展。在"引进来"方面，重点面向欧美等发达国家和地区，引进先进技术、关键设备、高端产业和优秀人才，加强与掌握核心技术的先进中小企业的合作，推动广东技术服务贸易发展。在"走出去"方面，以东南亚及"一带一路"为优先方向，推动更多具备条件的企业对外投资，积极探索在重点国家和地区设立产业园区，为广东企业"走出去"对外投资提供平台。同时,加快培育本土国际化企业,提高国际产能和装备制造合作的能力,提升对全球资源的优化和配置能力。

四是抓住建设自由贸易试验区的契机,进一步深化粤港澳合作。广东推进简政放权和放管结合改革,将各行业、各领域更多的改革创新举措放在自由贸易试验区"先行先试"。把 CEPA 及其补充协议纳入自由贸易试验区制度框架,有效落实粤港澳合作框架协议,进一步加强和提升粤台经贸交流合作;扩大贸易、金融、航运、科技文化和社会公共服务等领域对港澳开放,深度推进粤港澳服务贸易自由化;推动粤港澳要素自由流动和现代产业的运行机制衔接,实现粤港澳开放型经济体制的对接交融。

五是致力于建设"一带一路"战略枢纽和经贸合作中心,以贸易投资合作为重点、提升互联互通水平,推进与沿线国家农业、能源、科技、人文等多领域务实合作。充分发挥广州南沙、深圳前海、珠海横琴等开放合作区作用,深化与港澳台合作,打造粤港澳大湾区。同时,加强广州、深圳、湛江、汕头等沿海城市港口建设,强化广州等国际枢纽机场功能,推动广东与"21 世纪海上丝绸之路"沿线国家和地区的贸易往来和投资合作,力争使广东成为"21 世纪海上丝绸之路"建设的排头兵。

五 广东外贸增长方式转变:从大省到强省的建设

改革开放 40 年来,广东外贸通过体制上的不断突破,其发展历经了 20 世纪 70 年代末的缓慢起步阶段、80 年代的迅速发展阶段、90 年代的稳定发展阶段和 21 世纪高基数、高速度的超常规增长阶段,外贸规模的基数不断提升,不断推动广东从一个农业大省逐步转变为一个经济大省、贸易大省。国际金融危机后,我国经济发展进入低速增长的"新常态",广东也进入转型升级和创新发展阶段,建设外贸强省成为重要任务。在这种背景下,广东省政府发布《广东省促进外贸稳定增长和转型升级若干措施》(粤府办〔2015〕35 号),旨在适应和引领外贸发展新常态,推动广东外贸稳定增长和转型升级。

（一）广东外贸大省形成及其外贸强省建设的挑战

纵观广东40年的开放历史，外贸的发展壮大很大程度上得益于改革开放的逐步深化。外贸经历了20世纪80年代的起步和连续突破，90年代的快速增长，发展达顶高峰，在全国一直保持领先，自1986年起，广东外贸进出口总额、出口总额连续31年居全国首位。1986年进出口额68.48亿美元，占全国外贸份额达到9.22%，在全国各省排第一位；1987年进出口额达到210.37亿美元，占全国外贸份额"跳跃式"达到25.45%；1988年，广东进出口额占全国外贸份额为30.18%，之后，广东外贸占全国份额在1988~2005年连续18年保持在30%以上。1994年广东外贸在全国的地位达到顶点，占比为40.85%，其中，出口份额为41.49%，进口份额为40.18%，之后有所回落。近十年，随着其他地区对外贸易的快速发展，广东进出口总额所占比重呈现下降趋势，但仍保持在25%以上（见图3）。

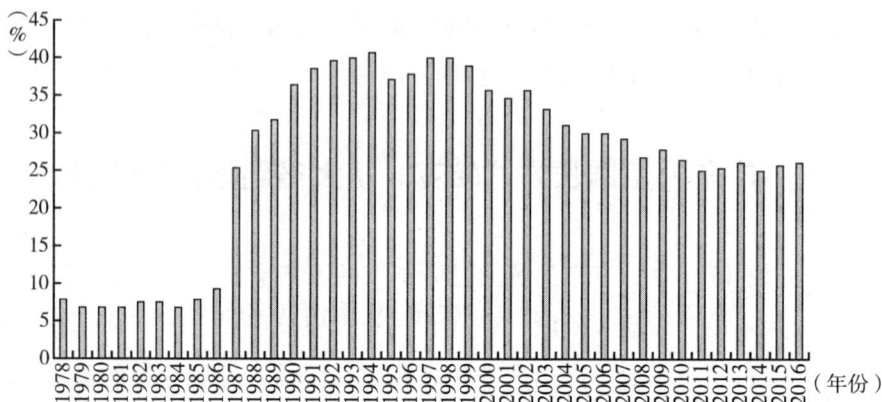

图3　广东进出口额占全国进出口额比重

资料来源：1978~2016年《广东统计年鉴》。

改革开放40年来，广东进出口额增速远远超过全国平均水平，从1979~2016年这38年数据看，广东进出口额平均增速为18.34%，全国进出口额年均增长14.6%。其中，20世纪90年代以前的大部分年份，广东外贸增速高于全国平均增速，1979～2000 年广东外贸平均增速为 23.66%，高于全国的 15.31%；21 世纪以来，广东外贸增长有所放缓，大部分年份低于全国平均增速，2000～2016 年广东外贸平均增速为 11.39%，低于全国的 13.63%。广东与全国外贸增速比较见图 4。

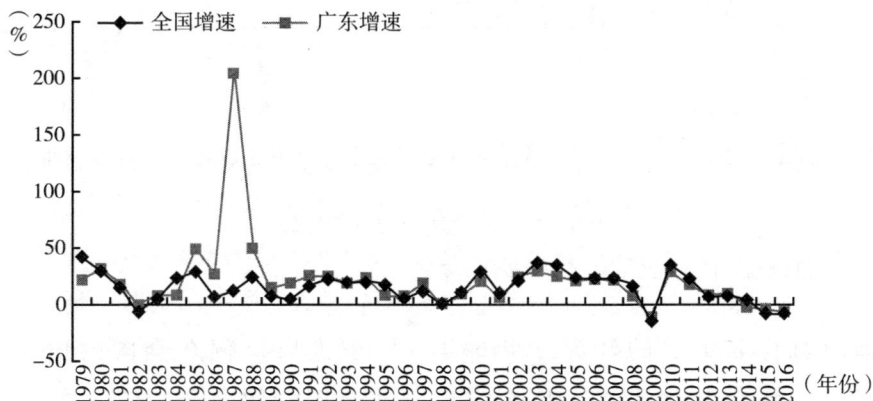

图 4 广东与全国外贸增速比较

资料来源：1979～2016 年《广东统计年鉴》。

从出口能力看，广东 40 年来出口不断登上新台阶，反映广东出口增长能力较强。1987 年广东外贸突破 100 亿美元后，每隔几年进出口值翻一番，突破一个数量级。1990 年突破 200 亿美元，达到 222.21 亿美元；1994 年突破 500 亿美元，达到 502.11 亿美元；2002 年突破 1000 亿美元，达到 1184.58 亿美元；2005 年达到 2381.71 亿美元；2011 年达到 5317.93 亿美元；2013 年达到 6363.64 亿美元。1988～2000 年，广东出口平均增速为 18.48%，大于进出口额平均增速 17.44%，也大于全国出口平均增速 15.24%；2000～2016 年，广东出口平均增速为 12.42%，大于进出口平均增速 11.39%，但是低于全国出口平均增速 14.19%。广东与全国出口增速比较见图 5。

所以，从广东进出口贸易特别是出口贸易增长能力看，广东无疑是一个外贸大省，而且具有一定竞争能力。从规模看，广东外贸在全国外贸的份额

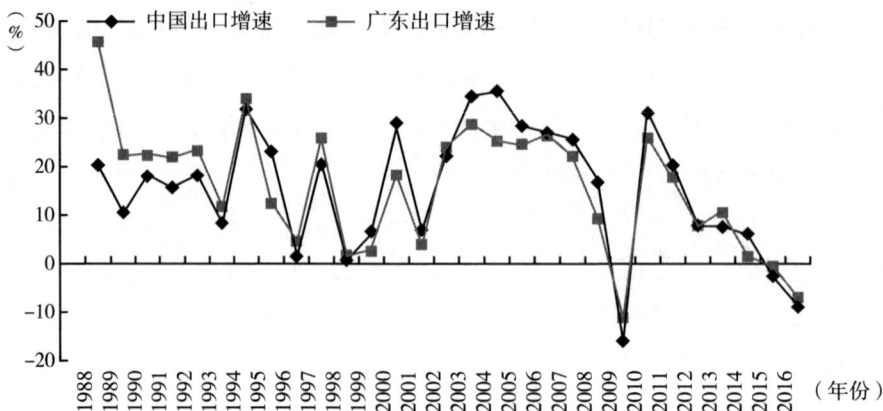

图5 广东与全国出口增速比较

资料来源：1988~2016年《广东统计年鉴》。

远远超过排名第二的江苏，2016 年，广东进出口额在全国的份额为28.76%，江苏为 14.85%；广东出口额在全国份额为 31.18%，江苏为15.78%。但是，进入 21 世纪以来，广东外贸增速低于全国平均增速，这对广东建设外贸强省提出了挑战。所以，广东未来提升外贸竞争力特别是出口竞争力具有重要意义，必须增强广东外贸可持续发展能力。

（二）外贸产品结构调整：资本与技术密集型产品份额上升

广东建设外贸强省必须培育可持续发展能力，要从发展方式转变、外贸结构转型升级方面出发。进入 21 世纪，广东不断调整优化产业结构，工业结构加速转型升级，特别是国际金融危机迫使广东加速转变外贸发展方式和突现转型升级。2008 年美国次贷危机引起国际金融危机爆发，迅速波及全球；2010 年欧洲若干国家主权债务出现危机，爆发"欧债危机"；2012 年日本发生地震并引发海啸也引起了不小的冲击，随后新兴经济体经济增速降低。之后，各国为了治理经济危机，连续几年实施"量化宽松"货币政策。在这个过程中，国际需求萎靡不振，经济结构进行深度调整。面对这样的国际经济环境，广东贯彻执行国家关于经济新常态下"保增长、调结构、促转变"的策略，一方面保持经济平稳较快发展，另一方面利用危机推动产业结构调整和增长方式转变，目的是以保持经济平稳增长的"三促进一保持"政策，促进自主创新能力提高、促进传统产业转型升级、促进现代产业体系建设。

在外贸方面，2011 年，广东省政府颁布《关于促进进口的若干意见》（粤府〔2011〕126 号），目的也是结合产业转型升级，实施积极的进口促进政策，优化进口结构，促进贸易平衡，推动广东外贸平稳增长。通过进一步优化进口贸易方式、商品结构、市场结构和主体结构，促进产业转型升级所需先进技术、先进设备和稀缺资源的进口增长，从而不断增强外贸竞争力，推动外贸增长方式转变和打造外贸强省。

改革开放前，广东出口商品以农副产品为主，占出口总额的比重逾六成，而轻纺、工矿产品出口不足四成。改革开放以来，随着轻纺工业和加工工业的快速发展，轻纺产品出口的比重逐年上升，1990 年达到 64.8%，农副产品所占比重则由改革开放初期的 38.7% 下降至 7.8%（唐英、谢洪芳，2009）。这个时期，出现了外贸粗放经营的问题，出口商品中技术含量低、高附加值商品所占比重小的问题，以及外贸出口市场单一的问题，必须进行转型升级。

20 世纪 90 年代，广东省政府及社会各界先后提出了"以质取胜"战略、"大经贸"战略、"科技兴贸"战略，推动了广东产业结构调整和优化。广东工业制成品的出口比重逐步上升，形成了以机电产品、高新技术产品为主导的出口商品格局。机电产业、高新技术产品等属于资本与技术密集型行业制成品，其比重不断上升。1993 年广东机电产品出口首次突破 100 亿美元，占当年出口总额的 36.6%；1998 年广东高新技术产品出口首次突破百亿美元，占当年出口总额的 13.7%。

进入 21 世纪，机电产品、高新技术产品成为出口的主要增长点。2000～2007 年，机电产品和高新技术产品出口年均增速分别为 26.33% 和 33.86%，高于广东出口年均增速 22.24%，带动广东出口结构优化。2008 年广东机电产品出口达到 2836.37 亿美元，占全省出口总额的 70.17%，份额比 1993 年上升 33.6 个百分点。高新技术产业逐步发展成为推动广东出口增长的新产业集群，其出口商品竞争力不断提升。2008年广东高新技术产品出口达 1486.73 亿美元，占出口总额的 36.78%，比重比 1998 年提高 23.1 个百分点，年均增长 30.6%，增速比同期出口高 12.4 个百分点。

2008 年是中国改革开放 30 周年，也是遭遇国际金融危机和外部环境深刻变化转折的一年。广东外贸进入全面调整阶段，大力推进贸易平衡发展，积极扩大资源性商品的进口，以弥补省内资源的不足，扩大高新技术设备的进口；同时，加快转变外贸增长方式，增强出口竞争力和效益，提高抗风险和应对贸易摩擦的能力。

近几年，机电产品和高新技术产品出口增速低于整体出口增速。2016 年，机电产品出口 4064.84 亿美元，高新技术产品出口 2135.92 亿美元，其增速分别分别为 -7.17% 和 -8.32%。2008~2016 年，广东出口年均增速为 5.03%，其中，机电产品出口增速为 4.6%，高新技术产品出口增速为 4.63%，机电产品和高新技术产品出口份额下降，其占比分别为 67.91% 和 35.68%。机电产品出口份额比 2008 年下降 2.26 个百分点；高新技术产品在出口份额比 2008 年下降 1.1 个百分点，比 2013 年（高位 40.29%）下降 4.61 个百分点。由此看来，广东外贸结构升级转型不稳定，调整任重而道远。

（三）广东出口市场结构：从单一结构到多元化形成

改革开放以来，广东与世界各国经贸联系越来越紧密。1978 年与广东有贸易往来的国家和地区 145 个，广东与世界各国的贸易额也不断增加。1978 年出口额超亿美元的仅有中国香港，出口额为 6.35 亿美元，占全省出口总额 45.7%。显然，广东出口集中度比较高，市场结构单一。广东依赖毗邻港澳的区位优势，在 20 世纪 70 年代末期 90 年代，借港澳地区劳动密集型产业向内地转移的投资机遇，大力发展"加工贸易"，推动了广东外贸市场的快速扩张。进入 21 世纪，广东出口超亿美元的国家和地区已超过 100 个，市场结构得到极大改善（唐英、谢洪芳，2009）。

加入 WTO 后，中国内地与港澳签署 CEPA，粤港澳三地合作水平不断提高，合作范围进一步扩展，彼此贸易额不断攀升。随着珠三角合作日益密切和近几年"一带一路"粤港澳大湾区概念的提出，广东外贸市场多元化格局逐步形成。2000 年，广东出口份额排前三位的市场为：中国香港34.30%，美国25.70%，欧盟13.68%，合计占广东出口的73.68%。而日本占8.43%，东盟占4.61%，说明广东出口市场集中度比较高。在国际金融危机前的 2007 年，广东主要出口市场为中国香港占 35.19%，美国占20.02%，欧盟占14.76%，合计占广东出口的69.97%，比 2000 年降低3.71 个百分点，日本占比也继续下降，其出口份额为4.68%，而其他市场份额增加，比如东盟市场份额上升到5.55%。

2016 年，广东出口份额排前列的市场为中国香港占30.33%，美国占16.60%，欧盟占13.52%，东盟占9.76%，日本占3.94%，韩国占3.43%，合计占广东出口的77.58%。可见，广东出口市场逐渐分散化。可以看出，日本市场份额不断下降，东盟市场份额不断上升。韩国市场从2007 年的1.62%逐步上升，最大份额是 2014 年的3.98%，接近同年的日本份额4.01%。同时，广东积极开拓拉美、非洲、中东、东欧等新兴市场。非洲市场出口占比从 2007 年的1.87%上升到 2010 年的2.66%，2016 年达到4.24%；拉美市场出口占比从 2007 年的3.58%上升到 2010 年的4.49%，2016 年达到4.25%。

广东出口市场多元化格局不断优化，中国香港是广东最大的贸易伙伴，广东则是中国香港在中国内地各省份中最大的贸易伙伴，近几年广东对中国香港出口比重下降，对其他国家出口份额有所上升。2016 年排第 7～10 位的国家和地区是：印度2.48%、墨西哥1.47%、澳大利亚1.42%、阿拉伯联合酋长国1.31%。广东通过拓展"一带一路"沿线国家贸易，助推出口市场结构优化。2016 年，广东对"一带一路"沿线国家进出口占全省进出口总额的20.6%，比 2012 年提升4.2 个百分点。其中出口占比为21.1%，比 2012 年提升5.7 个百分点；进口占比为19.7%，比 2012 年提升1.9 个百分点。可见广东出口市场正在逐步优化。

（四）外贸方式转变：加工贸易兴衰与跨境电子商务兴起

广东地处沿海地区，具有大力发展加工贸易的内在优势。改革开放以来，广东充分发挥地理优势和政策优势，利用国内外市场和资源，采取灵活的贸易方式，形成了以一般贸易、来料加工、进料加工为主，补偿贸易、租赁贸易、易货贸易、转口贸易等为辅的局面。改革开放初期，广东加工贸易以简单加工为主，出口产品主要是低附加值的劳动密集型产品（陈万灵、唐玉萍，2010）。一般贸易和加工贸易作为两种主要外贸方式，其增速此起彼伏，不断波动变化。1987～1990年，加工贸易出现快速增长，年均增长28.63%，快于广东外贸增速25.82%，其中加工贸易出口增速为33.35%。

进入20世纪90年代，加工贸易进入平稳增长期，1990～2000年，加工贸易年均增速为15.46%，略快于广东外贸增速15.04%，其中加工贸易出口年均增速为16.19%。加工贸易在广东外贸总额中占比为64.25%，1990年达到68.66%。

进入21世纪，广东加大扶持一般贸易的力度，一般贸易进出口取得长足发展。加工贸易增速放慢。2000～2008年，加工贸易年均增速为16.71%，低于广东外贸增速18.98%，远远低于一般贸易增速22.85%，一般贸易快速增长必然使其在贸易中的份额上升。2008年后，广东加工贸易在贸易中份额连续下降，2016年一般贸易方式进出口额为4162.8亿美元，加工贸易进出口额为3705.81亿美元，在贸易总额中占比分别为43.58%、38.79%，20世纪80年代以来一般贸易占比首次超过加工贸易；同时，其他贸易方式的份额不断上升，从9.88%上升到17.63%。

进入21世纪以来，加工贸易升级转型加快。反映加工贸易升级转型的增值率从1990年的25.44%上升到2000年的45.39%，2010年达到61.61%，2015年为76.73%，2016年为81.0%。2008年以来，国家进一步加强了转变贸易发展方式和完善加工贸易政策的力度，加工贸易进出口增速有所放缓，一般贸易快速发展。广东加工贸易转型升级不断深化，加工贸易产业链向纵深发展，企业技术水平和研发能力大大增强，初步实现了由贴牌加工向委托设计生产、自有品牌营销的转变，有力地推动了外贸出口结构升级和外贸增长方式转变，出口产品结构从低附加值的劳动密集型产品逐渐转向 IT 产品、高新技术产品，并逐步形成与专业化相配套的现代化企业集群，有效地带动了广东加工工业和对外贸易的发展。

随着全球互联网用户数量的不断增加，以网上交易、网络购物等贸易方式为依托的跨境电子商务在近年来呈现高速增长态势，已经成为国际贸易体系中举足轻重的组成部分。中国电子商务研究中心报告显示，2016 年，广东跨境电子商务进出口总交易额达 228 亿元，增长速度为 53.0%，规模居全国首位。其中，跨境电商出口额为 134.9 亿元，增速为 34.7%，占全国跨境电子商务出口总额的 56.7%；跨境电商进口额为 93.1 亿元，增速为 93.4%。2013 年开始，广东跨境电商主体数量在全国的份额超越浙江，成为全国最多的省份；2015 年全国跨境电商主体分布为：广东 24.7%、浙江 16.5%、江苏 12.4%、福建 9.4%、上海 7.1%、北京 5.2%。建立跨境电商海外仓业务的广东企业约有 210 家，建仓面积约达 150 万平方米，遍布欧美和"一带一路"沿线国家（地区）。

通过前期完善信息网络平台，广东跨境电商业务已经有了强大的基础，很多跨境电商此前已在广东布局，再加上广州作为跨境电商试点城市的叠加效应，跨境电商在广东的发展不断提速。一方面，广东自贸区邻近香港、澳门，拥有货源充足、送货速度更快的优势；另一方面，广东自贸区一直致力于政策创新与配套政策的实施，其中包括海关的配合以及仓储、管理、优惠等体系的落地。这是广东外贸增长和转型升级的重要基础。

（五）广东外贸主体结构调整：民营经济地位上升

改革开放以来，广东大力改革外贸体制，积极探索建立技工贸结合的外贸公司，促使国有外经贸企业向国际化、集团化、实业化、股份化的目标发展；逐步放宽外贸经营权，培育各种经营主体，形成了国有企业、集体企业、外商投资企业、私营企业和个体工商户共同发展的新局面（唐英、谢洪芳，2009）。1990 年，广东国有企业进出口额 290.58 亿美元，占全省进出口总额的 69.4%；外商投资企业进出口额 125.67 亿美元，占 30.0%。

20 世纪 90 年代，外商投资企业愈显重要，成为推动广东对外贸易发展的重要力量。广东省政府出台了《关于鼓励扩大外贸出口和利用外资的通知》（粤府〔1998〕36 号），积极鼓励外商投资企业扩大出口。外资企业出口仍占主导地位，但其低速增长态势导致出口地位持续下降。受 1998 年东南亚金融危机影响，外资企业出口增速减慢。2000～2007 年，外资企业出口年均增长 24.71%，2008 年国际金融危机后，2007～2016 年年均增长 2.45%；2014～2016 年增速依次为 -0.34%、-6.73% 和 -13.08%。

20 世纪 90 年代末期，广东开始重视以民营企业为代表的"内源型"经济发展，广东省政府及其相关部门先后出台了《关于促进个体私营经济发展的通知》（粤府〔1999〕3 号）、《关于大力发展个体私营经济的决定》（粤发〔1999〕11 号）、《关于进一步发展私营外经贸企业的通知》（粤府办〔2000〕104 号）等相关政策措施，目的是为民营外经贸企业发展创造良好的环境，促进私营外经贸企业的发展。实际上，这些政策为广东后来外贸发展奠定了坚实基础。近几年，民营企业已成为拉动全省外贸尤其是一般贸易出口的新力量。2000～2007 年，民营企业出口年均增长 56.73%，2008 年国际金融危机爆发，2008～2016 年均增长 14.28%，保持了强劲的增长态势，近两年增速维持在 5%～9%，2014 年为 5.14%，2015 年为 8.33%，2016 年增速有所回落，为 2.16%。民营企业已经成为未来出口增长的主力，得到了省政府高度重视，广东省政府发布《进一步扩大对外开放积极利用外资若干政策措施》（粤府〔2017〕125 号），目的是进一步积极利用外资，营造优良营商环境，促进内外资企业公平竞争。

相对而言，国有企业、外资企业外贸增速比较低，国有企业出口 2000～2007 年年均增长 5.58%，2008 年国际金融危机后，2008～2016 年，国有企业出口年均增长 -2.85%。2012 年之后连续负增长，2016 年深度下滑，为 -11.2%。同样，外资企业外贸也在 2014 年之后连续负增长。民营企业外贸业务迅猛发展，为广东外贸发展注入新的活力，逐步成为外贸增长的主力。从广东外贸主体构成看，国有企业出口占比相对稳定，外资企业出口占比大幅度下降，民营企业占比上升。外资企业出口占比从2007年的63.25%下降到2016年的48.23%，下降了15.02个百分点。民营企业出口占比持续上升，从2009年的22.94%上升到2016年的44.43%，提高了21.49个百分点。广东各类出口主体地位逐步发生变化，民营企业成为未来出口增长的动力来源。

（六）广东外贸区域协调发展：双转移与粤东西北外贸发展

长期以来，广东一直是全国外贸大省，但是，广东区域内部出现了不平衡的格局。广东对外贸易的出口主要集中于珠江三角洲，由于毗邻港澳，国际市场信息灵通，交通运输便捷，其发展外贸优势明显。珠三角地区进出口规模在广东总规模中的占比保持在90%以上，而粤东、粤西、粤北山区（本文以下简称"粤东西北"）欠发达地区仅占不到10%。

进入21世纪以来，2001年中国加入世界贸易组织（WTO），各地全部开放，粤东、粤西和粤北山区获得发展机会，对外贸易发展速度逐步加快。2000～2008年，粤北出口年均增速21.21%，超过了珠三角地区（20.91%），粤东、粤西出口年均增速分别为10.91%、6.81%。近几年，广东外贸不平衡格局有所改善。2008～2016年，珠江三角洲出口占比略有下降，从2008年的95.78%下降到2016年的94.40%；同期，粤东出口比重从2.29%上升到2.88%；粤西出口占比从0.81%上升到0.97%；粤北山区出口占比从1.11%上升到1.74%。

从区域城市看，广东外贸主要集中于深圳、东莞和广州三个地区。深、莞、穗出口占比从2007年的72.3%下降到2016年69.25%，其他城市出口占比上升，珠三角几个城市出口占比此起彼伏，深圳从45.70%下降到39.65%；东莞从16.30%上升到16.54%；广州从10.31%上升3.06%。同时，佛山从7.09%上升到7.85%；珠海从5.00%小幅下降到4.57%；中山从4.68%下降到4.45%；惠州从3.96%上升到4.99%。可见，外贸发展的均衡性得到一定改善，但是广东区域外贸协调发展仍是未来重点问题。

2008年，广东提出了"产业转移"和"劳动力转移"的"双转移"战略，实现珠三角劳动密集型产业向东西两翼、粤北山区转移，劳动力向第二、第三产业转移并在区域间转移，目的是实现区域协调发展。5月，广东省委、省政府颁布先后颁布《关于推进产业转移和劳动力转移的决定》（粤发〔2008〕4号）和《关于加快建设现代产业体系的决定》（粤发〔2008〕7号）文件，目的是推动广东产业转型升级，实现增长方式转型。在"双转移"战略引导下，珠三角一批劳动密集型现代制造业向粤东西北转移，同时，珠三角地区通过将劳动密集型产业转移到粤东西北地区，实现"腾笼换鸟"，引进资本密集型的技术更先进的高端产业，逐步实现珠三角产业转型升级。"双转移"战略实际上带动了外贸转移，推动粤东西北外贸快速发展。

从区域创新来看，珠江三角洲仍然是广东创新中心。近几年，充分利用广东自由贸易试验区推行了一系列制度创新，在探索体制机制创新、政府不同部门的协同管理、国际贸易监管试点以及货物贸易便利化等方面取得了创新经验，并积极在广东各地推广复制，加上广东自由贸易试验区发展现代服务业和高端制造业的产业定位，珠三角地区得到持续发展。同时，2017年3月，国务院总理李克强作政府工作报告提出，要推动内地与港澳深化合作，研究制定粤港澳大湾区城市群发展规划，发挥港澳独特优势；7月，习近平总书记亲自见证了《深化粤港澳合作 推进大湾区建设框架协议》的签署。随着粤港澳大湾区建设各项政策落实，珠三角经济强力发展，推动外贸快速增长，带动广东外贸协调发展。

（七）广东服务贸易发展与外贸转型升级

改革开放40年来，广东抓住了国际资本转移的历史机遇，大力吸引外资和发展外向型经济，成为制造业和货物贸易大省。随着国际资本向服务业转移、制造业从生产型向服务型转型升级，广东服务贸易成为广东转型升级的关键。

中国加入WTO后，其国际规则和惯例推动了广东服务贸易快速发展。2003年，中国内地与中国香港、中国澳门确定了关于建立更紧密经贸关系的安排（CEPA）并在2004～2013年连续签署了10个"补充协议"，实现了货物贸易零关税，并促进贸易便利化，重点在于放宽服务行业投资准入。

这对于广东服务贸易开放和发展起到重要促进作用，CEPA 扩大了内地服务业开放，促进了内地与港澳的服务贸易自由化。实际上，CEPA 及其"补充协议"首先在广东试验和落地实施，广东服务业向全世界开放，促进了广东与全世界服务贸易的自由化。因此，广东服务贸易获得了 CEPA 带来的发展机遇，2001 年广东服务贸易进出口额为 93.6 亿美元，2008 年达到 426.82 亿美元，年均增长 24.20%[①]。

为了进一步促进广东服务业开放和服务贸易发展，广东省人民政府先后发布《关于加快发展服务外包产业的意见》（粤府〔2012〕88 号）和《关于加快发展服务贸易的意见》（粤府〔2013〕26 号），目的是推进服务贸易发展，优化服务贸易结构和质量，把广东建成全国服务业对外开放的先行区，为转变对外贸易发展方式、提升开放型经济水平提供支撑。2008 年国际金融危机后，国际资本转移推动了服务贸易快速发展。2016 年服务贸易额为 1473.42 亿美元（9787 亿元），与 2011 年广东服务贸易额 619.86 亿美元比较，年均增长 18.01%，其中，服务出口增长 10.82%，服务进口增长 26.75%。近几年，服务外包业态发展比较快，对服务贸易发展起到重要的促进作用。2009 年离岸外包执行额为 13.71 亿美元，2016 年达到 94.78 亿美元，年均增长 31.81%[②]。

比较而言，广东服务贸易发展还不充分，存在较大空间。首先，2016年广东服务贸易额占全国服务贸易份额为 22.4%，是中国服务贸易第一大省份，但与货物贸易在全国的份额 25% 相比仍存在一定差距；其次，广东服务贸易多年逆差，近几年出现扩大的趋势，2013～2016 年逆差分别为 16.61 亿美元、211.88 亿美元、93.50 亿美元和 315.0 亿美元，说明广东服务贸易竞争力比较弱；最后，广东服务贸易额与货物贸易额之比为 15.42%，而全国服务进出口额占中国对外货物贸易总额比重达到 18.00%，广东服务贸易与货物贸易还不匹配。因此，广东服务贸易规模和竞争力有较

---

① 2008 年以前服务贸易数据来自商务部主编《中国服务贸易发展报告》（历年）。

② 2011 年之后数据来自广东对外贸易经济合作厅主编《广东商务发展报告》（历年），广东省出版集团、广东人民出版社。

大提升空间。

总体来看，从近几年国内外形势看，广东"外贸强省"建设已具备不少积极因素：一是国际需求回升，广东国际市场布局更趋多元化；二是外贸结构调整取得成效，优进优出取得积极进展；三是一般贸易占比提高，加工贸易创新发展步伐加快；四是外贸新业态蓬勃发展。跨境电子商务方式的外贸占比不断扩大；五是服务业开放不断扩大，服务贸易快速增长。广东服务贸易在外贸转型升级的过程中仍然具有重要地位，必须加快广东服务贸易发展，着力推动服务领域供给侧结构性改革，促进服务业向中高端发展，推动广东外贸转型升级。

近几年，广东采取了一系列措施推进外贸供给侧结构性改革，推动外贸稳增长、调结构和提质增效，在稳住传统竞争优势的同时，培育外贸竞争新优势，实现从外贸大省向外贸强省转变。一是在外贸方式上兼顾一般贸易和加工贸易发展，扩大一般贸易发展，同时制定《广东省促进加工贸易创新发展实施方案》（粤府〔2016〕98号），促进加工贸易发展。二是构建自主贸易促进体系，加强自主知识产权建设，优化出口质量，加强品牌建设和进口平台建设，优化进出口商品结构。三是鼓励业态创新和商业模式创新，培育外贸发展新动力。大力培育外贸发展新业态，打造外贸综合服务平台，推动旅游购物出口向市场采购贸易方式转变。抓住广州、深圳国家跨境电子商务综合试验区建设等契机，发展基于跨境电商的外贸方式。四是积极引领"一带一路"建设，大力推进"走出去"对外投资，加强国际产业合作，以投资带动出口。五是推动服务贸易与货物贸易加速融合发展，扩大服务贸易规模，优化服务贸易结构和质量。六是加大政策资源向外贸的倾斜，出台《广东省促进外贸回稳向好实施方案》等相关文件，强化政策支撑和服务企业的作用。

参考文献

[1] 陈万灵、唐玉萍：《世界经济危机对广东加工贸易及经济增长的影响分析》，《国际商务》2010年第1期，第15~14页。

[2] 广东省对外贸易经济合作厅：《促进广东加工贸易转型升级研究》，中国经济出版社，2005。

[3] 广东对外贸易经济合作厅主编《广东商务发展报告》，广东省出版集团、广东人民出版社，2017。

[4] 李桂茹：《积极主动适应入世挑战　深圳审查1700份红头文件》，《中国青年报》2001年11月30日。

[5] 梁耀文：《梁耀文厅长介绍我省外经贸工作情况》，广东人大网，2010年1月30日，http://www.rd.gd.cn/pub/rdweb/dhl/rdhyzy2/syjsc/jzzdh/201001/t20100130_98044.html。

[6] 马桦、张鹏、邓辉年：《广东外贸经营权改革历程回眸》，《大经贸》2007年第5期，第76~79页。

[7] 谭宏业、李创荣：《广东外贸发展对外贸体制改革的启迪》，《广州对外贸易学院学报》1988年第4期，第30页。

[8] 唐英、谢洪芳：《日新月异、蓬勃发展的对外贸易——建国60年广东对外贸易发展情况综述》，广东统计信息网，2009年9月4日，http://www.gdstats.gov.cn/tjzl/tjfx/200909/t20090904_69445.html。

[9] 唐志平：《东莞县太平手袋厂：全国首家"三来一补"企业》，载田丰《敢为人先——改革开放广东一千个率先》，人民出版社，2015。

[10] 肖文峰、吴少斌：《广东再次清理政府规章和规范性文件27件被废止》，新华网，2002年1月3日。

[11] 叶志文：《国内首家"三来一补"企业的辉煌与没落》，《南方都市报》2015年10月14日。

本文附录

附表　广东外贸增长及其地位变化

单位：亿美元

年份	广东				中国		
	进出口	出口	进口	差额	进出口	出口	进口
1978	16.02	13.98	2.04	11.94	206.4	97.5	108.9
1979	20.22	17.79	2.43	15.36	293.3	136.6	156.8
1980	25.89	22.33	3.56	18.77	381.4	181.2	200.2
1981	30.84	24.19	6.65	17.54	440.2	200.1	220.2
1982	30.75	22.74	8.01	14.73	416.1	223.2	192.9
1983	33.30	23.99	9.31	14.68	436.2	222.3	213.9
1984	36.32	25.15	11.17	13.98	535.5	264.1	274.1

续表

年份	广东				中国		
	进出口	出口	进口	差额	进出口	出口	进口
1985	54.61	30.35	24.26	6.09	696.0	273.5	422.5
1986	68.48	42.90	25.58	17.32	738.5	309.4	429.1
1987	210.37	101.40	108.97	-7.57	826.5	394.4	432.1
1988	310.19	148.17	162.02	-13.85	1027.9	475.2	552.7
1989	355.78	181.13	174.65	6.48	1116.8	525.4	591.4
1990	418.98	222.21	196.77	25.44	1154.4	620.9	533.5
1991	525.21	270.73	254.48	16.25	1356.3	718.4	637.9
1992	657.48	334.58	322.90	11.68	1655.3	849.4	805.9
1993	783.44	373.94	409.50	-35.56	1957.0	917.4	1039.6
1994	966.63	502.11	464.52	37.59	2366.2	1210.1	1156.1
1995	1039.72	565.92	473.80	92.12	2808.6	1487.8	1320.8
1996	1099.60	593.46	506.14	87.32	2898.8	1510.5	1388.3
1997	1301.20	745.64	555.56	190.08	3251.6	1827.9	1423.7
1998	1297.98	756.18	541.80	214.38	3239.3	1837.6	1401.7
1999	1403.68	777.05	626.63	150.42	3606.3	1949.3	1657.0
2000	1701.06	919.19	781.87	137.32	4742.9	2492.0	2250.9
2001	1764.87	954.21	810.66	143.55	5096.5	2661.0	2435.5
2002	2210.92	1184.58	1026.34	158.24	6207.7	3256.0	2951.7
2003	2835.22	1528.48	1306.74	221.74	8509.9	4382.3	4127.6
2004	3571.29	1915.69	1655.60	260.09	11545.5	5933.3	5612.3
2005	4280.02	2381.71	1898.31	483.40	14219.1	7619.5	6599.5
2006	5272.07	3019.48	2252.59	766.89	17604.0	9689.4	7914.6
2007	6340.35	3692.39	2647.96	1044.43	21765.7	12204.6	9561.2
2008	6834.92	4041.88	2793.04	1248.83	25632.6	14306.9	11325.7
2009	6111.18	3589.56	2521.62	1067.93	22075.4	12016.1	10059.2
2010	7848.96	4531.91	3317.05	1214.86	29740.0	15777.5	13962.4
2011	9133.34	5317.93	3815.41	1502.52	36418.6	18983.8	17434.8
2012	9839.47	5740.59	4098.88	1641.71	38671.2	20487.1	18184.1
2013	10918.22	6363.64	4554.58	1809.06	41589.9	22090.0	19499.9
2014	10765.84	6460.87	4304.97	2155.90	43015.3	23422.9	19592.3
2015	10227.96	6434.68	3793.28	2641.41	39530.3	22734.7	16795.6
2016	9552.86	5985.64	3567.21	2418.43	36628.88	20836.16	15792.72

资料来源：《广东统计年鉴》（历年）和《中国统计年鉴》（历年）。

广东开放40周年纪念专题

The 40th Anniversary for Guangdong Opening – up

B.3

广东对外开放40年制度变迁研究[*]

周骏宇　周胜男[**]

摘　要： 本文将改革开放以来广东的对外开放划分为四个阶段：初期阶段、深化阶段、"入世"后过渡期阶段、后金融危机阶段，并从外贸体制、外资管理体制、"走出去"对外投资管理体制三个方面对广东对外开放40年制度变迁的历程、特点、不足进行了分析。此外，本文总结了40年来广东区域开放体系的变革及对外开放对广东非正式制度变迁的影响。

关键词： 对外开放　广东开放　制度变迁

---

[*]　本文是广东外语外贸大学专项委托项目"广东构建开放型经济新体制支撑'两个前列'的路径与政策"的阶段成果。

[**]　周骏宇，湖北荆州人，经济学博士，广东外语外贸大学经济贸易学院教授、广州国际商贸中心研究员，主要从事国际贸易、制度经济学研究。周胜男，女，湖南益阳人，广东外语外贸大学经济贸易学院研究生。

一 广东对外开放的历程与阶段

广东地处中国南端，素有中国"南大门"之称，下辖21个地级以上市，改革开放以来取得了举世瞩目的成就。1978～2016年，广东在对外贸易、利用外资、"走出去"等方面都走在全国前列。广东对外开放的历程可以划分为初期阶段、深化期阶段、"入世"后过渡期阶段、后金融危机阶段四个阶段。

（一）初期阶段

从1978年12月党的十一届三中全会召开至1992年邓小平同志南方谈话，这是对外开放的早期摸索和探索期。

1979年，中央决定发挥广东毗邻港澳、华侨众多的优势，让广东在改革开放中先行一步。5月，中共广东省委向党中央、国务院上报《关于试办深圳、珠海、汕头出口特区的初步设想》和《关于发挥广东优势条件，扩大对外贸易，加快经济发展的报告》；7月，中共中央、国务院批转《广东省委、福建省委关于对外经济活动实行特殊政策和灵活措施的两个报告》（中发〔1979〕50号），主要内容包括：外汇收入和财政实行定额包干、一定五年不变的办法；在国家计划指导下，物资、商业实行新的经济体制，适当利用市场的调节；在计划、物价、劳动工资、企业管理和对外经济活动等方面，扩大地方管理权限；试办深圳、珠海、汕头经济特区，积极吸收侨资、外资，引进国外先进技术和管理经验等。[①] 实行特殊政策和灵活措施拉开了广东改革开放和创办经济特区的序幕。

广东采取多种优惠政策和措施，鼓励发展中外合资、合作企业、外商独资企业，逐步形成多种经济成分共同发展的多层次所有制结构。率先引进港

---

① 钟坚、郭茂佳、钟若愚：《中国经济特区文献资料（第一辑）》，社会科学文献出版社，2010，第328页。

澳商资本，创办"三来一补"企业。"三来一补"是指来料加工、来样加工、来件装配和补偿贸易，是一种贸易形式，统称"加工贸易"。外资企业与广东劳动力结合，推动了广东经济发展。1979～1992年，全省地区生产总值年平均增长13.1%，进出口总额年增长23.2%。1992年，广东地区生产总值达到2218亿元，广东已与161个国家和地区建立了经济贸易关系，有1/3的工业品销往国外。1992年广东外贸出口总额180.5亿美元，比1978年增长12倍；全省实际利用外资48.6亿美元，比1979年增长52.4倍。

（二）深化期阶段

从1992年小平同志南方谈话到2001年中国加入世界贸易组织（WTO），是广东对外开放的第二个阶段，主要是围绕建立和完善社会主义市场经济体制深化开放体制改革。

1992年，邓小平同志南方谈话对深圳特区改革开放的经验给予充分的肯定。同年，党的十四大决定在把实行社会主义市场经济体制写入党章，奠定了在全国实行社会主义市场经济的基础。在邓小平同志南方谈话和党的十四大精神鼓舞下，广东进一步加大特区对外开放的力度，积极转变政府管理体制和改善投资软环境，构建对外开放体制。中央坚持进一步开放的决心给广东开放开发极大的支持，广东涌起"开发区热"，1996年，广东省政府颁布实行《广东省经济开发试验区管理暂行规定》，批准51家经济开发试验区继续完善综合投资环境，构建与社会主义市场经济相适应的行政管理体制和企业体制。[①] 1996年，广东省政府发布《广东省国民经济和社会发展第九个五年计划纲要》，提出进一步扩大对外开放，积极参与国际经济合作和竞争，扩大对外贸易、扩大货物出口，拓展无形商品的出口。在开放领域方面，加大对能源、交通和通信等基础项目的建设力度，扩大资源开发等领域

---

① 《广东改革开放纪事》编纂委员会编《广东改革开放纪事：1978～2008（上）》，南方日报出版社，2008，第119～120页。

的开放，大胆吸引外资，并进一步研究和完善各种利用外资的办法。1998年6月，广东省人民政颁布《关于鼓励扩大外贸出口和利用外资的通知》（粤府〔1998〕36号），提出了一系列鼓励企业出口和引进外资的措施，包括落实出口退税、鼓励企业出口创汇、深化外经贸企业改革、支持来料加工业务、鼓励外商投资企业扩大出口、鼓励民营企业利用外资等发展进出口贸易的政策与措施。

这个时期，广东外贸体制改革取得了一定成效，逐步建立现代化"大经贸"队伍和现代企业制度，推动外贸企业自主经营、自负盈亏、自我约束、自我发展；推动出口商品从初级产品向制成品转变，再向高技术产品发展转变。1992～2001年广东进出口占全国30%～40%，连续16年居全国首位。出口额从180.5亿美元增长到954.3亿美元，增长4倍。

（三）"入世"后过渡期阶段

从2001年到至2008年国际金融危机：是广东对外开放的第三个阶段，总体上广东进一步对接WTO规则，改革外贸外资体制。

2001年中国"入世"，广东进一步深化对外开放的体制改革。在2002年省九次党代表大会上，强调要实施"外向带动战略"，适应加入WTO的要求，发展外向型经济，积极参与经济全球化，建设全方位、多层次、宽领域、高水平的开放格局，带动了广东经济发展，2007年广东全省GDP为30606亿元，约占全国的1/8。

从2001年加入WTO以来，广东对外贸易规模屡屡实现重大突破，连续数年以2位数以上的增速发展。进出口总额由2002年的2211亿美元增加到2007年的6340亿美元，5年增长1.9倍。对外贸易快速增长推动贸易规模不断扩大，进出口总额继续名列全国第一，占全国30%以上。

2003年6月，中央政府和中国香港特别行政区政府共同签署了《内地与香港关于建立更紧密经贸关系安排》（CEPA），在货物贸易方面，2004年1月1日起，273个内地税目涵盖的香港产品（按照原产地规则）都可享有零关税优惠。随着CEPA实施，广东与港澳经济联系更紧密，粤港合作也进入全新的阶段。

在利用外资方面，努力改善投资软、硬环境，扩大招商引资。2004年广东新签外商直接投资合同金额193.6亿美元，增长43.6%；实际使用外资金额100.1亿美元，增长34.1%。香港服务业加快投资广东物流、会展、广告、咨询等行业，第三产业实际吸收外资达21.5亿美元。新增具有独立法人资格的外商研发中心11家，集中在电子信息、医药研究、汽车技术等领域。

广东在实施"走出去"战略方面，鼓励本土优秀企业到国外投资，同时重视在技术经验层面引进外资；积极参与国际市场竞争，扩大开放领域和格局，在90多个国家和地区设立非金融类企业达到1804家。

（四）后金融危机阶段

2008年国际金融危机至今是广东对外开放的第四个阶段，总体特征是力促转型升级，对外开放不断向高水平深化发展。

2008年美国次贷危机爆发，迅速波及全球。广东外贸也受到较大的冲击，次年外贸出现衰退，较上年下降10.59%，此后又遭遇"欧债危机"的冲击。

在国际金融危机影响下，传统粗放的发展模式已不可持续，广东适时提出"保增长、调结构、促转变"的策略。2008年下半年制定"三促进一保持"（促进提高自主创新能力、促进传统产业转型升级、促进建设现代产业体系，保持经济平稳增长）措施，坚定不移地推进产业转型升级，以此提升开放型经济的发展水平，一方面保持经济平稳较快发展；另一方面利用危机推动产业结构调整和增长方式转变。

首先，广东省委认识到调整产业结构的难度，2009年8月，在国家发改委的支持下制定和实施了《珠三角地区改革发展规划纲要（2008~2020年）》，提出"构建开放合作新格局"，大胆探索，先行先试，全面推进经济体制、政治体制、文化体制、社会体制改革，在重要领域和关键环节率先取得突破。积极推动广东加工贸易转型升级，将东莞确定为"全国加工贸易转型升级示范区"，支持加工贸易企业在珠三角地区延伸产业链；扶持一批有规模、有优势的加工贸易企业从贴牌生产（OEM）、委托设计（ODM）向自主品牌（OBM）转型，增强设计研发能力和品牌营销能力，增加内销业务等。

其次，广东省委省政府先后发布《关于推进产业转移和劳动力转移的决定》（粤发〔2008〕4号）、《关于加快建设现代产业体系的决定》（2008年7月）和《广东省现代产业体系建设总体规划（2010~2015年）》（2010年10月）等政策文件，目的是鼓励珠三角企业向省内山区和东西两翼转移，积极推进产业转移和劳动力转移（"双转移"战略，俗称"腾笼换鸟"战略），为珠三角转型升级腾出空间，加快发展先进和优势产业，并促进东西两翼和粤北山区积极发展。

最后，2017年01月广东省商务厅发布《广东省开放型经济发展"十三五"规划》，提出了打造高水平开放型经济新格局，构建与国际贸易投资规则相适应的开放型经济新体制，重点将广东自由贸易试验区建设成全国新一轮改革开放先行地，建设广州南沙"一带一路"倡议枢纽和广州国际经贸合作中心。以"境外合作区"为载体，推动合作转移。广东在尼日利亚合作建立了"尼日利亚广东经济贸易合作区"，成为广东加工贸易向外转移的一个重要平台，也成为异地再造加工贸易优势的重要途径。

2016年，广东全年实现货物贸易进出口总额6.3万亿元，占同期全国进出口总额的25.9%。广东企业在80多个国家和地区设立非金融类企业达1527家，协议投资47.3亿美元，累计完成境外工程承包和劳务合作营业额102.8亿美元。从出口份额来看，广东占全国的比重由2000年的37.48%下降至2009年的30.16%。

二　广东外贸体制变迁

改革开放以来，广东外贸体制主要经历了以下变化。

（1）下放外贸经营权（1980年）。20世纪80年代初，外贸体制改革主要是打破外贸部门一家垄断的局面，放权给地方和工厂企业。1978年，中国只有12家企业拥有进出口贸易经营权。随着权力的下放，广东外贸出口企业数量也有所增加。

（2）出口承包经营责任制（1987年）。1988年开始由国家核定地方的出口计划、出口收汇和上缴中央外汇数量。广东推行承包经营，层层分解落实到人，调动了企业积极性。1991年实行企业平等竞争，取消补贴，自负盈亏。同时加强承包责任制，建立考核制度。

（3）汇率并轨（1994年）。1994年，中国开始了以汇率并轨为核心的新一轮外贸体制改革。国务院决定，从1994年1月1日起，实现双重汇率并轨，实行以市场供求为基础的单一的有管理的人民币浮动汇率制度；以银行结汇、售汇制和出口退税取代原有的外汇留成和上缴制度；允许人民币在经常项目下的兑换。外汇体制改革为各类出口企业创造了平等竞争的良好环境，有助于提高广东出口商品的竞争力。

（4）对接WTO规则（2001年）。2001年，中国加入世界贸易组织（WTO），广东外贸体制改革进入了以WTO规则为基础的全面对接改革阶段。主要内容包括：一是在非歧视原则、公平竞争原则下调整和修改不符合WTO规定的地方性政策法规；二是加快外贸主体多元化步伐，允许私营外贸企业迅速发展；三是转变外贸主管部门职能，从以行政领导为主转变为以服务为主；四是保护知识产权，防止侵权知识产权的货物和技术进出口。

（5）放开外贸经营权（2004年）。"入世"以后，中国修订了外贸法。2004年依据"入世"承诺，中国放开了外贸经营权。根据原外贸法第八条的规定，中国的自然人不能够从事对外贸易经营活动。新修订的外贸法将对外贸易经营者的范围扩大到依法从事对外贸易经营活动的个人。

（6）外贸转型升级（2008年）。2008年以后，为应对美国次贷危机的冲击，广东省出台多项文件，力促外贸转型升级。例如，2008年出台《关于促进加工贸易转型升级的若干意见》；2013年出台《广东省推进加工贸易转型升级三年行动计划（2013~2015年）》；2015年出台《广东省促进外贸稳定增长和转型升级若干措施的通知》；等等。

（7）构建开放型经济新体制（2016 年）。2016 年，为响应国家政策，广东提出"加快构建开放型经济新体制是广东适应和引领新常态、进一步推动经济社会转型升级的主攻方向"。着力引进高端创新要素，加快推进加工贸易转型升级；由量的扩张转向质的提升转变，由传统业态转向新经济、新产业、新业态转变；对接国际贸易投资规则，加快建设国际化、法治化、市场化营商环境。

改革开放以来，广东对外贸易蓬勃发展。1978 年广东对外贸易总额不足 16 亿美元，2017 年已达 9542 亿美元。不过，在外贸体制方面广东仍存在一些不足。一是所有制结构方面，2016 年广东外资企业进出口额占比达 48.2%，本土企业国际化程度还较低。二是贸易发展可持续性低，全省加工贸易进出口额占比 38.8%，出口商品仍处于国际分工产业链的低端，拥有自主品牌、自主知识产权的出口产品少。三是奉行出口数量鼓励型的外贸政策，整体仍停留在"鼓励出口，以量取胜"的阶段。

三　广东外资管理体制变迁

改革开放以来，广东吸收利用外资获得长足进展。2016 年，广东全年新签外商直接投资项目 8078 个，比上年增长 14.9%；合同外资金额 866.75 亿美元，比上年增长 54.5%。实际使用外商直接投资金额 233.49 亿美元（见表1）。

在利用外资管理体制变革方面，广东呈现如下特点。

（1）利用港澳资本和国外资金发展多种所有制。广东拥有香港粤籍同胞 400 多万人，海外华侨华人 2000 多万人，归侨、侨眷约 1200 万人，共 3600 多万人。1978~2008 年，海外侨胞、港澳同胞在广东捐赠总额折合人民币近 400 亿元。1978~2001 年，广东利用外资 1410.9 亿美元，其中 70% 是港澳同胞与侨胞投资的。

改革开放头 10 年，广东共签订各种形式的利用外资合同 8.81 万个，实际利用外资 79.29 亿美元，已注册的外资投资企业 8124 家，占全国同类企

表1　2016年广东分行业外商直接投资及其增长速度

单位：亿美元，%

行业名称	合同外资金额	比上年增长	实际使用金额	比上年增长
农、林、牧、渔业	8.88	36.80	1.11	41.30
采矿业	6.18	762.10	0.13	-54.10
制造业	104.99	-24.20	57.76	-43.80
电力、燃气及水的生产和供应业	29.46	315.50	8.21	60.90
建筑业	8.30	928.60	5.39	-21.30
交通运输、仓储和邮政业	8.40	-23.50	5.27	11.20
信息传输、计算机服务和软件业	52.64	101.30	34.11	402.50
批发和零售业	61.91	15.20	18.54	0.70
住宿和餐饮业	6.53	125.30	0.64	-48.60
金融业	419.79	197.30	19.64	40.20
房地产业	35.49	-52.10	36.23	-48.60
租赁和商务服务业	91.08	13.00	40.50	41.50
科学研究、技术服务和地质勘查业	22.68	55.50	4.28	-25.50
水利、环境和公共设施管理业	0.06	-91.90	0.56	121.50
居民服务和其他服务业	-0.24	-119.90	0.30	-77.70
教育	0.38	471.20	0.14	813.60
卫生、社会保障和社会福利业	3.87	812.60	0.02	-94.60
文化、体育和娱乐业	6.35	890.70	0.66	-36.00
总　计	866.75	54.50	233.49	-13.10

资料来源：广东省统计局。

业的六成以上。至1992年全省已有2.6万家"三资"企业和一大批"三来一补"企业。

"十一五"期间（2006～2010年）广东引资规模不断扩大，累计新批外商直接投资项目34944个，合同外资金额1293.05亿美元，比"十五"期间（2000～2005年）增长36.8%；实际利用外资905.99亿美元，比"十五"期间增长41.8%。

（2）积极引进和吸收国外先进技术。1979～1992年，全省累计更新改造投资580.57亿元，用汇50多亿美元，完成技改项目1.8万项。全省七成以上的老企业得到改造，全省工业企业总体技术水平与国际先进水平的差距比改革开放前缩短了近 20 年。至 2002 年，全省累计引进设备 300 万台/套，生产线 7000 条。

（3）超国民待遇向国民待遇转化。"超国民待遇"指外商投资企业享有各种高于内资企业的待遇。例如，在经济特区，一段时期内，三资企业所得税每年为 15%，并对投资时间较长或技术先进企业实行两年免征、三年减半政策；企业进口生产设备、原材料及办公用具（如汽车）等可免缴工商统一税。

自 2008 年 1 月起，广东将内外资企业所得税税率统一为 25%，此前（外资税率 15%，内资税率 33%）；自 2010 年 12 月起，中国统一内外资企业城市维护建设税和教育费附加制度，原外商投资企业的维护建设税和教育费附加豁免被取消。

（4）市场准入范围不断扩大。总体上，广东对外企的市场准入范围不断扩大。早期集中在制造业，后来放宽到服务业，例如，1992 年试办利用外资经营商业和房地产业。"十一五"期间，广东服务业新签外商直接投资项目 18260 个，合同外资金额 548.79 亿美元，占广东合同外资总额的比重为 42.4%。当前，在广东自由贸易试验区，已推行对外企市场准入的"负面清单"制度，非禁即入，备案管理。

（5）"双转移"战略。2008 年，中共广东省委省政府出台《关于推进产业转移和劳动力转移的决定》，正式实施"双转移"战略。具体是指珠三角劳动密集型产业向东西两翼、粤北山区转移；而东西两翼、粤北山区的劳动力，一方面向当地第二、第三产业转移，另一方面其中的较高素质劳动力向发达的珠三角地区转移。部分三资企业响应这一政策，向东西两翼、粤北山区转移。

（6）转型升级政策。通过"双转移"战略腾出空间，引进和发展高新技术产业，目的是改变高投入、高消耗、高排放的粗放型增长方式，换来质量与效益、经济与社会协调的增长方式，俗称"腾笼换鸟"战略。"腾笼换鸟"战略显示广东利用外资从引资向选资发展。鼓励传统企业异地转移，腾出空间，引入或培育"吃得少、产蛋多、飞得远"的"好鸟"。同时，欢迎传统企业就地转型，多地政府配套出台扶持企业转型升级的政策。比如，东莞对合格条件的企业予以最高 30 万元的转型升级辅助资金。

（7）引资引智并重。广东在充分利用外资的同时，开始利用海外国外人力资本。2014 年、2015 年广东聘请境外来中国大陆工作的专家分别为 13.21 万人次、12.99 万人次，占全国比重分别为 21.3%、20.8%，聘请境外专家人数居全国第一位。2010~2015 年，广东累计引进海外人才 3.7 万人，其中诺贝尔奖获得者、发达国家院士、终身教授等 129 人，入选中央"外专千人计划" 19 人；新增留学回国人员 2.1 万人，累计留学回国人员 9 万多人，总量居全国前列；实施各类引智项目近 1000 个，带动引进海外专家超过 3000 人次。

广东外资管理体制也存在一些不足：对外资的歧视性市场经济准入壁垒仍然存在，外商投资进入的深度不足；外资来源较为单一，目前来源于香港的资金约占广东全部外资的六成，来自欧盟、美国等国家（地区）的投资占比很低；外商引进统筹规划机制不健全，引进方式（以绿地投资为主）比较单一；处于要素禀赋低端，跨国企业对广东投资仍以资源导向型和成本导向型为主，仍以制造业为主，例如，全国外资研发机构 40% 以上集中在长三角地区，30% 以上分布在环渤海地区，仅有 18% 分布在珠三角地区；应对国内区域竞争不力，2000 年广东利用外资额分别是北京的 5.4 倍、上海的 2.2 倍，但到 2008 年已仅为北京的 3.8 倍、上海的 1.3 倍。

四 广东"走出去"对外投资管理体制变革

改革开放以来，广东对外直接投资从无到有、从小到大，快速增长。2005 年广东对外投资金额约为 2.07 亿美元，2014 年已达 96.01 亿美元。反映了广东外经贸合作已由原有单纯的"引进来"发展为"引进来"与"走出去"并重。

2016 年，广东经核准境外投资新增中方协议投资额 282.76 亿美元，新增中方实际投资额 206.84 亿美元，比上年增长 94.31%（见表 2）。对外承包工程完成营业额 181.64 亿美元；对外劳务合作新签劳务人员合同工资总额 6.55 亿美元，劳务人员实际收入总额 8.92 亿美元；承包工程和劳务合作年末在外人员共 8.48 万人。

表 2 广东历年非金融类对外直接投资状况

单位：亿美元，%

年份	金额	较上年增速	年份	金额	较上年增速
2005	2.07	—	2011	36.34	127.13
2006	6.30	204.35	2012	52.88	45.51
2007	11.41	81.11	2013	59.43	12.39
2008	12.43	8.94	2014	96.01	61.55
2009	9.23	−25.74	2015	106.45	10.87
2010	16.00	73.35	2016	206.84	94.31

资料来源：2005~2010 年《中国对外直接投资统计报告》与《广东统计年鉴》。

在"走出去"对外投资管理体制变革方面，广东呈现如下特点。

（1）管制不断放松。早期，中国企业对外投资存在较为严重的管制。企业"走出去"要经过多部门、多层次（地方初审后报中央审批）的审批，手续繁杂，审批时间过长（通常一个项目审批需要 4~6 个月时间，长的要花上一两年）。由于中国外汇管制严格，企业在境外投资、用汇的审批程序也很烦琐，限制很多。

随着时间的推移，这些状况有了很大的改观。国家已将中方投资额 1000 万美元以下的境外企业核准权限下放，简化核准程序，提高办事效率。当前，广东自由贸易试验区已推行企业"走出去"投资备案制管理。

（2）对外投资领域逐渐扩大。广东对外投资早期集中在建筑工程、资源开发、劳务输出等领域，现在在家用电器、摩托车、金属制品、家用机械等领域都有比较大的规模，还涉及房地产业及咨询业、金融中介、批发零售业、农业和渔业等。

南方石化集团在刚果（布）的油田收购项目（1.4 亿美元）是广东首个境外石化开采项目。湛江华大在柬埔寨协议投资 4.5 亿美元的甘蔗种植和制糖项目是现代化的境外农业种植加工一体化项目。TCL 在国外设立了 20 多家企业，其中，在美国洛杉矶建立研发中心，由 300 多名专家组成研发队伍。华为在软件业大国印度设立了研究所，拥有以印度人为主的科研人员近千人。

（3）对外投资方式多元化。从之前的绿地投资、建立营销网络等，发展到以参股、并购、股权置换、兼并收购和集群式投资等方式开展合作投资，多元化格局初步形成。2014 年，民营企业实施境外参股并购项目 103 个，金额 9.1 亿美元，分别占同期民营企业对外投资项目数和金额的 7.6% 和 10.3%。

（4）所有制构成以民营企业为主。广东"走出去"企业以民营企业为主体。2014 年，广东民营企业协议投资新设境外企业 1354 家，新增中方协议投资额 88.3 亿美元，分别占同期全省对外投资企业数和金额的 83.2% 和 70.7%。

（5）对"走出去"的财税扶助。随着广东企业实力的增强，越来越多的粤企走出去对外投资。广东也出台了相关的政策予以规范或鼓励。

广东省财政自 2007 年起，每年安排"走出去"专项资金 3000 万元，对企业"走出去"进行专项扶持。2012～2014 年每年安排 2 亿元扶持粤企跨国经营和投资跨国公司重点项目。

（6）提供综合服务。广东建立了全省企业境外投资综合服务平台，以一站式窗口加网上服务的形式，为企业境外投资提供前期风险预警、国别产业政策、投资准入、市场信息、国民待遇、日常经营中遇到的问题等一系列服务。

从投资管理体制的不足来看，就所有制而言，首先，广东民营企业是境外投资的主力军，其他所有制企业"走出去"不多；其次，"走出去"企业近九成为中小企业，全球化布局能力较弱，在经营规模、技术创新、国际竞争力等方面与国际巨头存在较大差距；再次，外贸政策与"走出去"企业不匹配，例如，三资企业不能出口非自产的生产所需配料，只能委托国内其他公司出口，这增加了企业的经营成本；最后，对外投资区域过于偏重港澳，中国香港是广东投资高度聚集的地区，占广东对全球投资的 70.6%，占对亚洲投资的 93.2%。

五　广东区域开放体系的变革

（一）建立经济特区

1979 年 7 月，中共中央、国务院正式批准广东实行特殊政策和灵活措施，试办深圳、珠海、汕头三个出口特区。特区成为中国改革开放的试验场和排头兵，发挥了改革开放"四个窗口"（技术的窗口、管理的窗口、知识的窗口、对外政策的窗口）的作用。尤其是深圳，充分利用毗邻香港的优势，敢想敢干，大胆创新，为全国提供了不少新经验，推动了全国改革开放。当前，深圳已发展成中国的重要经济中心、开放中心和创新中心。

（二）珠江三角洲开发开放

1985 年国务院批准珠江三角洲经济开发区，有 9 个市、29 个县被列为珠江三角洲经济开发区。珠江三角洲开发具有以下特点：一是以销定产，海外需要什么，就制造什么；二是建设工业卫星镇，一共有 240 多个；三是大力发展乡镇企业，扩大出口。2001 年，珠江三角洲以占全省 23.2% 的土地，贡献了全省 GDP 的 78.5%。

（三）形成广东全方位对外开放的格局

广东区域开放由 1980 年深圳、珠海、汕头经济特区开始，到 1984 年广州和湛江经济技术开发区以及后来增设惠州大亚湾经济技术开发区（1993 年）、广州增城经济技术开发区（2010 年）、珠海经济技术开发区（2012 年），不断扩大开放区域。珠江三角洲毗邻港澳，区位优越，其工业化和城市化进程更早更快，客观上形成了珠三角、东西两翼和北部山区三个不同层次的经济区域。珠江三角洲开发之后，广东继续开放粤北、粤东广大山区，使开放区由沿海向山区层层推进。20 世纪 90 年代，广东已拥有三个经济特区，两个沿海开放城市，21 个地级城市及其区域都实行沿海开放区政策，形成了多层次、多形式的全面开放格局。

（四）建设高层级的开放平台

广东对外开放在区域上通过设立"开放功能区"的方式协调各区域开放，比如"开发区""高新技术区""出口加工区""保税区"等。根据2012年度国家级开发区土地集约利用评价情况，广东拥有30个国家级开放功能区，此外，广东还设立了省级开放开发区69个。广东近两年还开设更高开放水平的自由贸易试验区开放平台——粤港澳大湾区平台。

（1）广东自由贸易试验区。广东自由贸易试验区于2015年4月挂牌成立。广东自由贸易试验区承载着制度创新、改革先行先试、产业发展、外贸发展等重任，是新时期广东对外开放的重要平台。广东需要高标准推进自由贸易试验区建设，系统推进各项改革试点任务，力图把广东自由贸易试验区建设成投资贸易自由、规则开放透明、监管公平高效、营商环境便利的国际高标准自由贸易园区。广东自由贸易试验区挂牌半年，形成了首批60项制度创新经验，其中27项改革创新经验向全省复制推广，17个制度创新案例供各地借鉴推广。2016年4月，自由贸易试验区挂牌1年，新增企业超过5.6万家（其中外企3000余家），地区生产总值超2000亿元，增速超40%。南沙、前海和横琴三大片区共吸引合同外资1865亿元，占全省同期总额的51%；90%以上的外商投资实现了备案管理，并实行备案文件自动获取制。

（2）粤港澳大湾区。2017年，中央正式提出粤港澳大湾区概念。粤港澳大湾区指的是由广州、佛山、肇庆、深圳、东莞、惠州、珠海、中山、江门9市和香港、澳门两个特别行政区形成的城市群，是继美国纽约湾区、美国旧金山湾区、日本东京湾区之后的世界第四大湾区，是广东继续向港澳开放、参与全球竞争的重要空间载体。广东需要积极推动将大湾区建设成粤港澳专业服务集聚区、粤港澳科技成果产业化平台、粤港澳人才合作示范区，引领区域开放合作模式创新与发展动能转换。

在构建区域开放体系方面，广东也存在不足。主要体现在：与港澳台合作深度不够；缺乏与周边地区规范化、稳定化和长效化的区域合作机制；珠三角与粤东、粤西、粤北地区开放落差较大，例如，"十一五"期间，珠江三角洲地区合同外资金额 1116.42 亿美元，占全省比重为 86.3%；东西两翼合同外资金额 89.50 亿美元，粤北山区 78.62 亿美元，合计只占 13.7%。

六 对外开放与广东的非正式制度变迁

非正式制度，或称"非正式规则"，是社会共同认可的不成文的行为规范，包括风俗习惯、伦理规范、道德观念、意识形态等无形的约束规则。虽然非正式制度是非正式的规范，但其已经内化于行动之中，也可以在很大程度上约束每个个体的行为。

对外开放对广东的非正式制度变迁也产生了深刻的影响。以对离婚的认知为例，中华人民共和国成立以后，在很长一段时间内道德观念都谴责婚姻离异，排斥个人正当的感情愿望。离婚对社会稳定不利和离婚是当事人思想品质有问题等观点左右着社会对婚姻的认知。在这些观念的支配下，离婚被视为不光彩的事。

随着对外开放的扩大，人们的视野更加开阔，不自觉地受到外部道德价值观的影响。人们对情感、性、个体的认识都发生了深刻的变化，开始意识到，情感应当是双方相互愉悦的爱情、性关系与物质生活三者的高度统一，每个人都有权对自己的情感生活方式做出选择。于是，社会上有更多的人开始意识到婚姻裂变是一种正常的社会现象，舆论的宽容使更多婚姻存在问题的夫妇鼓起勇气选择离婚。中国 1978 年离婚率约为 0.6‰，广东 2005 年离婚率为 0.74‰，2015 年已达 1.65‰。省内越开放的地方离婚率越高，例如，2015 年深圳离婚率为 5.36‰，广州为 2.76‰，珠海为 3.68‰。

参考文献

[1]《广东改革开放纪事》编纂委员会编《广东改革开放纪事：1978～2008（上）》，南方日报出版社，2008，第 119～120 页。

［2］ 何一鸣：《产权管制放松与制度绩效变迁——来自广东经济非均衡转轨的证据》，《产经评论》2010 年第 2 期。

［3］ 胡汝银：《中国改革的政治经济学》，载盛洪主编《中国的过渡经济学》，上海三联书店、上海人民出版社，1994。

［4］ 隆国强、邱薇：《中国经济开放度研究》，《国际贸易》2010 年第 5 期。

［5］ 裴长洪：《中国开放型经济新体制的基本目标和主要特征》，《经济学动态》2014 年第 4 期。

［6］ 谢思佳：《加快构建广东开放型经济新体制》，《南方日报》2016 年 5 月 11 日。

［7］ 杨少文、熊启泉：《1994～2011 年的中国经济开放度——基于 GDP 份额法的测算》，《国际贸易问题》2014 年第 3 期。

［8］ 岳茂宗：《广东开放型经济 30 年的跨越之旅》，《国际商报》2008 年 12 月18 日。

［9］ 张二震、戴翔：《关于构建开放型经济新体制的探讨》，《南京社会科学》2014年第 7 期。

［10］ 张幼文：《从廉价劳动力优势到稀缺要素优势——论新开放观的理论基础》，《南开学报（哲学社会科学版）》2015 年第 6 期。

［11］ 钟坚、郭茂佳、钟若愚，《中国经济特区文献资料（第一辑）》，社会科学文献出版社，2010，第 328 页。

［12］ 诺思：《制度、制度变迁与经济绩效》，上海三联书店，2008。

［13］ Bulent, U. , *Trade Openness and Economic Growth Panel Evidence*, Applied Economics Letters. 2015, (22): 163 – 167.

［14］ Edwards, S. , "Openness, Productivity and Growth: What do We really know", *The Economics Journal*. 1998, 108: 383 – 398.

［15］ Harrison, A. , "Openness and Growth: A Time-Series, Cross-Country Analysis for Developing Countries", *Journal of Development Economics*, 1996, 48: 419 – 447.

［16］ Lloyd, P. J. , D. Maclaren. , "Measures of Trade Openness Using CGE Analysis", *Journal of Policy Modeling*, 2002, (24): 67 – 81.

［17］ Maynar, d. , J. Smith. , *Evolution and the Theory of Games*, Cambridge: Cambridge University Press, 1982.

［18］ Squall, J. , K. Wilson. , "A New Measure of Trade Openness", *The World Economy*, 2011, (1): 1745 – 1770.

B.4
广东加工贸易40年回顾及未来展望

刘帷韬　刘德学*

摘　要： 改革开放40年来，广东加工贸易经历了起步、迅速发展、巩固提高、转型升级四个阶段，现正迈入创新发展阶段。本文从广东发展加工贸易的自身优势、发展情况及其所带来的经济效应三个角度入手，对1978～2017年40年间广东加工贸易的变动情况进行了回顾。我们发现，虽然广东加工贸易的增值率在不断上升，但其地位正逐步被一般贸易所取代，并且其进出口市场正逐步从港澳地区转向欧美等地，另外，加工贸易对广东进出口的增长、国际收支平衡以及劳动力就业的影响逐渐减弱。最后，我们对未来广东加工贸易的创新发展进行了展望。

关键词： 广东开放　加工贸易　创新发展

一　引言

第二次世界大战后，随着欧洲和日本经济复苏，英美等发达国家资本产业向日本、欧洲等国家和地区转移，推动欧洲、日本等地区经济快速发展。20世纪60年代，美国、欧洲和日本经济快速发展到一定阶段，资本和产业

* 刘帷韬，暨南大学经济学院博士研究生，中级经济师；刘德学，博士，暨南大学经济学院教授，广东外语外贸大学国际经济贸易研究中心研究员。

开始向东亚和南美转移，新加坡、韩国、中国香港和中国台湾、南美和非洲的部分国家等利用本国的劳动力优势大力引进外国资本，纷纷在境内划分出各种形式的"出口加工区"发展对外贸易，带动经济快速增长。20世纪70年代起，新加坡、韩国、中国香港和中国台湾"四小龙"的资本及产业开始向外转移。当时，中国大陆实施改革开放，积极改善政治经济环境，承接了来自"四小龙"的资本和产业。1979年9月，国务院颁布《开展对外加工装配和中小型补偿贸易办法》，广东和福建两省借助优惠政策，并依靠自身毗邻港澳台的地理优势，大力发展加工贸易。其余各省借鉴其成功经验，也纷纷出台相应优惠政策，1992年7月海关总署颁布《对外商投资企业进出口货物监管和征免税办法》，此后中国加工贸易进入快速发展时期。

改革开放近40年来，广东从一个农业大省逐步转变为一个贸易大省、经济大省，其经济腾飞在很大程度上得益于加工贸易的兴起和发展。在这40年中，广东的加工贸易历经了20世纪70年代的缓慢发展阶段、80年代的迅速发展阶段、90年代的稳定发展阶段，21世纪进入转型升级阶段，目前即将进入创新发展阶段。在这40年中，广东加工贸易发展带来的产业布局调整、经营主体多元化发展、出口商品结构转变以及人才素质的提高等都使得加工贸易在广东对外贸易中占据主体地位，并在对外贸易这驾拉动广东经济增长的"马车"中处于领头的地位，在这期间，加工贸易一直扮演着重要的角色。

"两头在外"的加工贸易极易受到国际环境因素变化的影响。目前，美国的"先进制造业国家战略计划"、德国的"工业4.0战略"、英国的"工业2050战略"以及印度、东南亚等新兴代工制造业基地的兴起和TPP、TTIP等协议的达成都将对全球经贸格局和贸易投资自由化进程产生重大影响。随着外部环境的改变，"加工贸易兴则广东兴"这一现象也在逐步发生转变。国际金融危机后，广东加工贸易发展有所减缓。2010年，广东一般贸易进出口额占进出口总额的34.2%，加工贸易占56.9%，而2015年，广东一般贸易进出口额已占42.2%，而加工贸易仅占进出口总额的 43.1%。

本文将对广东加工贸易发展进行阶段性的总结，首先，从广东发展加工贸易的自身优势入手，分别从地理优势、劳动力优势、政策优势以及投资环境优势四个方面进行剖析；其次，回顾广东加工贸易 40 年发展过程，在此基础上，进一步从进出口增长、国际收支平衡、劳动力就业以及国内配套能力角度，分析广东发展加工贸易的经济效应；最后，对广东加工贸易的未来发展进行展望，为加工贸易调整升级提出相应建议。

二 广东发展加工贸易自身优势剖析

自 1978 年改革开放以来，对外贸易逐渐成为中国经济发展的"三驾马车"之一。加工贸易对处于特色社会主义发展中的中国而言，是全球化背景下发展自身工业化道路的新选择。

2002 年，中国加入世界贸易组织（WTO）后，各省份获得了更多参与国际市场的机会，广东对外贸易在全国的比重开始下降。从广东进出口占比的变化中不难发现，其出口占比一直高于进口占比，这与中国采取的出口替代与进口替代的贸易战略有关。可以看出，广东一直实行的是以出口替代为主，出口替代与进口替代同时进行的策略。在广东内部的进出口贸易占比中，也能发现此种现象（见图 1）。加工贸易正是把出口替代与进口替代结合起来的有效方式。在出口端最为重要的加工贸易，其在广东的发展得益于多种内在优势。广东所具有的加工贸易优势不仅体现在地理因素和劳动力成本上，还包括政府提供的优惠政策和投资环境。

（一）广东发展加工贸易的地理优势

广东作为沿海地区，具有大力发展加工贸易的内在优势。首先，广东地处沿海，毗邻港澳，地理区位优势明显。全省海岸线总长 3368 公里，具有通往世界各地的优良港口，广州、深圳港口的集装箱吞吐量居全国前十位。其次，广东拥有华侨的数量全国最多，遍布世界各地。20 世纪 70 年代末改

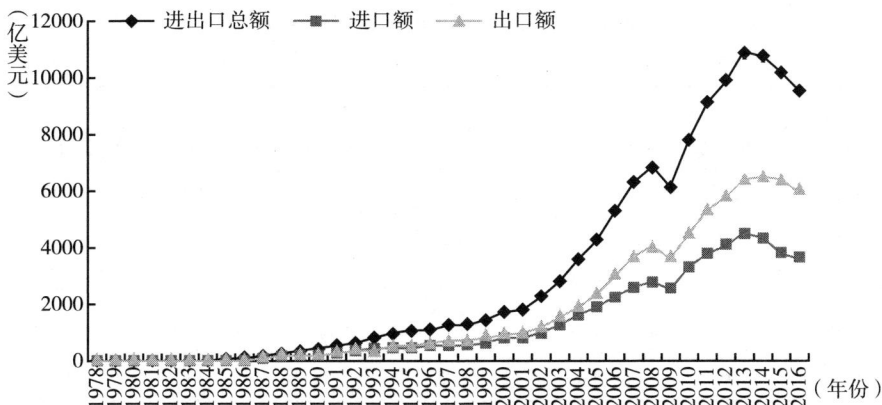

图1 广东对外贸易发展情况

资料来源：根据 1978~2016 年《广东统计年鉴》整理。

革开放初期，广东出台优惠政策吸引侨乡投资家乡。另外，广东也是"21世纪海上丝绸之路"的重要发祥地之一。可见，广东具有天然优势利用外资，也具有发展加工贸易的良好天然地理优势。实际上，加工贸易的投资者主要以港、澳、台商人居多，毗邻港澳台的广东具有明显的地理优势。

从近几年发展看，广东等沿海地区经济环境和经济基础更加优越。《中国城市发展报告（2003~2004）》首次提出了"组团式城市群"概念，在随后近 20 年的发展中，中国形成了二十大城市群，其中世界级城市群为京津冀城市群、长江三角洲城市群和珠江三角洲城市群，分别临渤海、东海、南海，具有极佳的港口优势。对于提高利用外资质量，推动高端产业发展具有重要推动作用。

从广东对外贸易进出口市场结构变化可以看出，广东的进口贸易逐步从港澳地区转移到欧盟和美国地区（见表1），说明广东进口产品的质量尤其是进口中间品的质量在不断提升。反观其出口端，广东出口到港澳地区的比重一直高于其出口到欧盟和美国的比重。但从上述三个地方进口以及出口的比重均呈下降趋势。这表明广东对外贸易的扩展边际在逐步增加，贸易伙伴数量在逐年递增。

表1　广东对外贸易进出口市场结构

单位：%

年份 \ 地区	进口占比			出口占比		
	港澳地区	欧盟	美国	港澳地区	欧盟	美国
1995	12.8	8.1	7.4	39.3	11.4	22.6
2000	6.8	9	6.8	34.9	13.7	25.7
2005	3.4	7.1	4.7	35.7	12	24
2010	1.8	7.9	4.4	34	14.7	18.5
2016	0.7	3.8	3.2	30.6	13.5	16.6

资料来源：根据1995年、2000年、2005年、2010年和2016年《广东统计年鉴》整理。

（二）广东发展加工贸易的劳动力优势

中国参与国际贸易的比较优势主要体现在廉价的劳动力、土地以及丰富的生产原材料。对外贸易发展带动地区经济增长，在很大程度上提高了当地就业率水平，就业增加为加工贸易的进一步发展提供了机会，可以说，两者具有相辅相成的关系。GDP增长率高的年份，往往就业率增速也较高，并且不断增加的从业人数也为广东扩大对外贸易规模提供了相应的劳动力（见表2）。

（三）广东发展加工贸易的政策优势

1978年8月，珠海香洲毛纺厂的建立揭开了广东乃至全国发展加工贸易的序幕。随后，广东借助国家政策支持，沿着政府工作导向，依次出台了关于加工贸易的相关规定，从最初的大力发展作为劳动密集型产业的对外贸易，到以进料加工逐步取代来料加工，形成"两头在外""大进大出"的发展模式，再到由OEM（贴牌生产）转向ODM（委托设计生产）再转向OBM（自主品牌营销），广东制定的这一系列政策措施强有力地促进了其加工贸易的发展（见表3）。

表2 广东劳动力增长情况

单位：%，万人

年份	GDP 增长率	从业人数	GDP 增长对 就业增长贡献率	年份	GDP 增长率	从业人数	GDP 增长对 就业增长贡献率
1978	—	2275.95	—	1998	9.728562	3783.87	81.97
1979	12.63923	2304.95	29	1999	8.437582	3796.32	12.45
1980	19.25576	2367.78	62.83	2000	16.11309	3989.32	193
1981	16.30683	2423.79	56.01	2001	12.08426	4058.63	69.31
1982	17.06847	2521.38	97.59	2002	12.15333	4134.37	75.74
1983	8.481407	2569.7	48.32	2003	17.34667	4395.93	261.56
1984	24.40407	2637.49	67.79	2004	19.05995	4681.89	285.96
1985	25.86214	2731.11	93.62	2005	19.575	5022.97	341.08
1986	15.61363	2811.92	80.81	2006	17.86729	5177.02	154.05
1987	26.83924	2910.99	99.07	2007	19.51744	5341.5	164.48
1988	36.45726	2994.72	83.73	2008	15.79664	5471.72	130.22
1989	19.56256	3041.27	46.55	2009	7.326226	5688.62	216.9
1990	12.85951	3118.1	76.83	2010	16.56954	5870.48	181.86
1991	21.4409	3259.2	141.1	2011	15.66142	5960.74	90.26
1992	29.27376	3367.21	108.01	2012	7.327418	5965.95	5.21
1993	41.74559	3433.91	66.7	2013	9.321522	6117.68	151.73
1994	33.14059	3493.15	59.24	2014	8.539541	6183.23	65.55
1995	28.44824	3551.2	58.05	2015	7.377542	6219.31	36.08
1996	15.20163	3641.3	90.1	2016	9.201024	6279.22	59.91
1997	13.74637	3701.9	60.6				

资料来源：根据 1978~2016 年《广东统计年鉴》整理。

表3 近年广东加工贸易政策实施情况

年份	相关政策
1999	《关于鼓励扩大外贸出口和利用外资的通知》
2000	《积极发展境外加工贸易业务的若干意见》
2000	《境外加工贸易企业资金管理暂行办法》
2004	《关于进一步优化投资环境做好招商引资工作的若干意见》
2008	《关于促进加工贸易转型升级的若干意见》
2010	《关于确定加工贸易转型升级重点市的通知》
2011	《中华人民共和国海关总署、广东省人民政府共同建设全国加工贸易转型升级示范区推进转变发展方式合作备忘录》

年份	相关政策
2013	《广东省推进加工贸易转型升级三年行动计划(2013～2015年)》
2014	《广东省支持外贸稳定增长实施方案》
2016	《广东省促进加工贸易创新发展实施方案》
2016	《广东省促进外贸回稳向好实施方案》

资料来源：广东省人民政府门户网站，http://www.gd.gov.cn/。

（四）广东发展加工贸易的投资环境优势

改革开放后，中国一系列开放政策吸引了大量外资，广东凭借良好的区位优势吸引了大量外商来粤投资。20世纪80年代，广东外商投资合同个数、合同外资额以及实际利用外资额快速上升。1992年邓小平同志南方谈话后，外商投资信心极大提升，这段时间外商投资大幅度上升。随着中国改革开放进程的进一步加深，尤其是在加入WTO后，广东投资软规则逐渐向国际规则靠拢，进一步吸引大批外商增资。2008年国际金融危机后，外商投资有所下滑，随后逐步恢复，近几年保持稳定，实际利用外资增速放缓（见表4）。广东利用外资保持相对稳定，说明广东具有良好的投资环境，这也为广东加工贸易的发展提供了非常好的内部支撑。综合以上地理、劳动力、政策以及投资环境优势，广东加工贸易才得以实现长足发展。

表4 广东利用外资情况

单位：个，万美元

年份	签订项目	合同外资额	实际利用外资	年份	签订项目	合同外资额	实际利用外资
1979	1642	22889	9143	1985	13621	256521	91910
1980	5048	138920	21419	1986	9417	183480	142829
1981	6803	167507	28837	1987	6999	201750	121671
1982	8171	155916	28103	1988	7662	382748	243965
1983	11318	72660	40685	1989	6636	362311	239915
1984	17452	144489	64379	1990	7196	316751	202347

年份	签订项目	合同外资额	实际利用外资	年份	签订项目	合同外资额	实际利用外资
1991	8507	580152	258250	2004	10530	2217800	1289900
1992	12916	1986673	486147	2005	11786	2675695	1517358
1993	19012	3489660	965225	2006	11276	2838923	1780780
1994	11956	2638753	1144664	2007	11705	3646583	1961771
1995	9345	2610480	1210037	2008	8980	3071447	2126657
1996	5955	1744639	1389943	2009	5693	1824109	2028688
1997	17737	964527	1420519	2010	6022	2516987	2102646
1998	15459	1237802	1509945	2011	7289	3485492	2232847
1999	14824	871592	1447383	2012	6263	3544579	2410578
2000	16879	1108598	1457466	2013	5740	3666273	2532719
2001	13198	1580386	1575526	2014	6175	4339446	2727751
2002	11706	1890108	1658946	2015	7033	5614566	2702512
2003	11472	2446711	1894081	2016	8078	8673350	2340689

资料来源：根据1979~2016年《广东统计年鉴》整理。

三 广东加工贸易发展情况分析

（一）广东加工贸易发展整体情况

第二次世界大战之后，各国进入了生产力高速发展的和平期，其间科学技术的大幅度提升以及产业结构的进一步调整促使全球化进程加快，国际分工也日趋明显。从最初的产业间分工到产业内分工再到如今的产品内分工趋势，以及中国在全球价值链地位的逐步提升，都使得加工贸易的发展形势发生了一定转变。广东作为中国加工贸易重镇，其对外贸易变化情况在很大程度上反映了加工贸易的现实。

自1987年起，广东加工贸易额一直大于一般贸易额。自从中国加入世界贸易组织（WTO）后，两种贸易方式间的差距逐步缩小，而在2015年，两者占广东对外贸易的比重几乎相同，从2016年开始，一般贸易开始超过加工贸易（见图2和附表1）。

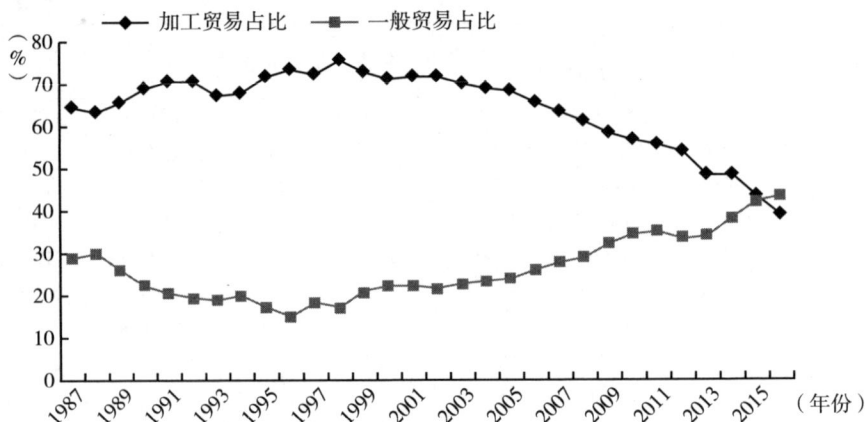

图2　广东对外贸易发展趋势

资料来源：根据1987~2016年《广东统计年鉴》整理。

　　广东加工贸易额的绝对值从1987年开始不断上升，但进口端和出口端分别占对外贸易的比重在发生变化，由最初以进口加工贸易为主逐渐转向以出口加工贸易为主，并且进出口两者间的差距在逐年扩大。这从说明广东的加工贸易正在逐步摆脱低端的加工环节，并且也意味着广东的出口产品在逐步为国外所认可，而且加工贸易的增值率（出口、进口的差值与进口之比）也在不断上升，这意味着在当前国际分工愈加细化的经济全球化背景下，广东以加工贸易形式进行的国际贸易能获得比以往更多的利润，其加工贸易已逐步从生产链低端走向生产链高端。

　　自1978年珠海香洲毛纺厂开始从事加工贸易以来，迄今为止，广东加工贸易已走过了40个年头，其间经历了1979~1987年的起步阶段、1988~1993年的迅速发展阶段、1994~1998年的巩固提高阶段、1999~2007年的转型提升阶段、2008~2014年的转型升级阶段，现已迈入创新发展阶段（见附表2）。

　　加工贸易可以分为来料加工和进料加工两种方式。来料加工指的是外商提供全部生产原材料，由国内加工企业按其要求进行加工装配，成品交由外商销售的模式；进料加工指的是由国内具有外贸经营权的单位用外汇购买生产原材料，成品返销国外市场的模式。通过这两种方式的份额对比，可以进一步看到不同阶段广东加工贸易发展的特点。

1993年前，广东加工贸易还处于起步阶段和迅速发展阶段，注重劳动密集型产业的发展，坚持"两头在外""大进大出"的加工贸易模式，因此，发展来料加工优于进料加工。1994年开始的以外汇体制改革为核心的对外贸易体制改革，不断完善的出口退税制度，和更加健全的对外贸易法规，促使进料加工开始超过来料加工，逐步占据加工贸易的主导地位。2002年，"入世"成功后，广东的加工贸易开始从外延扩张型转为注重量与质均衡发展、产品种类与技术含量同时进步的模式，开始了转型升级之路。广东进料加工占比不断提升，也促进加工贸易增值率不断提升（见附表1）。

广东对外贸易发展为中国贸易水平的提升做出了巨大贡献（见表5）。1987年，国家再次强调"把经济体制改革继续推向前进，搞好改革开放"①，并进一步对特区经济提出"提高对外资的吸引力和产品外销的竞争力"②，之后，广东的对外贸易在全国比重开始逐步上升，1992～1999年，其占比为40%左右，可以说彼时全国贸易的中心在广东。

（二）广东各类企业加工贸易发展情况

加工贸易是一种贸易方式，不同性质企业运用加工贸易的模式也有所不同。早期广东加工贸易主要以港澳台资在内陆设立的"三来一补"企业为主。借助良好的地理优势、劳动力成本优势、政策支持以及逐步完善的投资环境，广东与世界各国各地区均建立了贸易往来关系，形成了全方位、多领域的对外开放格局。根据现有的2000～2016年数据，可以将广东从事加工贸易的企业分为三类：外商投资企业、国有企业和私营企业（见表6）。

---

① 《坚持四项基本原则是搞好改革、开放的根本保证》，《人民日报》1987年1月1日。
② 《1987年经济特区工作会议纪要》。

表5　广东外贸在全国外贸中份额变化

单位：%

年份	广东总贸易占比	广东进口占比	广东出口占比	年份	广东总贸易占比	广东进口占比	广东出口占比
1978	7.8	1.9	14.3	1998	40.1	38.6	41.2
1979	6.6	1.6	12.5	1999	38.9	37.8	39.9
1980	6.7	1.6	12.3	2000	35.9	34.7	36.9
1981	6.9	3.0	10.8	2001	34.6	33.3	35.9
1982	7.4	4.2	10.2	2002	35.6	34.8	36.4
1983	7.6	4.4	10.8	2003	33.3	31.7	34.9
1984	7.0	4.4	9.6	2004	30.9	29.5	32.3
1985	8.4	6.7	11.1	2005	30.1	28.8	31.3
1986	9.4	6.1	13.9	2006	29.9	28.5	31.2
1987	25.5	25.2	25.7	2007	29.1	27.7	30.3
1988	30.2	29.3	31.2	2008	26.7	24.7	28.3
1989	31.9	29.5	34.5	2009	27.7	25.1	29.9
1990	36.3	36.9	35.8	2010	26.4	23.8	28.7
1991	38.7	39.9	37.7	2011	25.1	21.9	28.0
1992	39.7	40.1	39.4	2012	25.4	22.5	28.0
1993	40.0	39.4	40.8	2013	26.3	23.4	28.8
1994	40.9	40.2	41.5	2014	25.0	22.0	27.6
1995	37.0	35.9	38.0	2015	25.9	22.6	28.3
1996	37.9	36.5	39.3	2016	25.9	22.5	28.5
1997	40.0	39.0	40.8				

资料来源：1978～2016年《中国统计年鉴》《广东统计年鉴》；国家统计局国民经济综合统计司《新中国五十五年统计资料汇编1949～2004》，中国统计出版社，2005。

表6　广东各类企业加工贸易发展及其份额变化情况

单位：亿美元，%

年份	加工贸易总额	外商投资企业		国有企业		私营企业	
		金额	占比	金额	金额	占比	金额
2000	1211.51	771.74	63.70	439.17	36.25	0.6	0.05
2001	1269.46	827.1	65.15	439.5	34.62	2.86	0.23
2002	1587.09	1080.2	68.06	497.64	31.36	9.25	0.58
2003	1990.39	1442.55	72.48	481.46	24.19	66.38	3.34
2004	2453.38	1823.5	74.33	523.14	21.32	106.74	4.35
2005	2921.08	2274.6	77.87	513.04	17.56	133.44	4.57

续表

年份	加工贸易总额	外商投资企业		国有企业		私营企业	
		金额	占比	金额	金额	占比	金额
2006	3461.11	2783.17	80.41	518.67	14.99	159.27	4.60
2007	4033.92	3216.99	79.75	606.55	15.04	210.38	5.22
2008	4171.47	3339.49	80.06	589.11	14.12	242.87	5.82
2009	3559.41	2896.59	81.38	433.15	12.17	229.67	6.45
2010	4462.36	3648.48	81.76	504.05	11.30	309.83	6.94
2011	5077.35	4118.8	81.12	554.44	10.92	404.11	7.96
2012	5299.13	4212.45	79.49	574.99	10.85	511.69	9.66
2013	5267.19	4269.1	81.05	476.92	9.05	521.17	9.89
2014	5202.62	4210.27	80.93	377	7.25	615.35	11.83
2015	4403.31	3820.68	86.77	133.96	3.04	448.67	10.19
2016	3705.81	3190.63	86.10	113.51	3.06	401.67	10.84

资料来源：根据2000～2016年《广东统计年鉴》整理。

从加工贸易主体看，外商投资企业始终是广东发展加工贸易的重要主体，其占广东加工贸易的比重从2000年的63.7%上升到2016年的86.1%，其不断增长的比重对应国有企业加工贸易业务的逐年下降。国有企业的加工贸易比重呈逐年下降趋势，到2016年，其加工贸易仅占广东的3.06%。反观私营企业，其经营方式则较为灵活，加工贸易占广东的比重从最初的0.05%上升至10.84%。从目前情况看，外商投资企业将依旧保持广东加工贸易的主体地位，私营企业也将逐步跟上，而国有企业的加工贸易业务将逐渐消失。

从加工贸易方式来看，加工贸易主要基于其大量的进料加工业务，不过来料加工业务占比也在不断上升（见表7）。而其进料加工业务中，最为重要的又是进料加工出口，进料加工进口所占比重相对而言并不大。这从一个侧面反映了广东当前加工贸易所处价值链环节还有待提升，并且应加大对中间品的进口，借助其所带来的溢出效应促进本国企业的技术升级。

表7 外商投资企业加工贸易构成情况

单位：%

年份	加工贸易	进料加工	来料加工	进料加工进口	进料加工出口	来料加工进口	来料加工出口
2000	63.70	96.15	7.78	39.61	95.90	8.66	7.19
2001	65.15	96.27	9.90	38.43	95.83	10.44	9.53
2002	68.06	97.06	11.24	40.24	96.56	11.76	10.87
2003	72.48	97.38	11.51	39.65	96.92	11.91	11.23
2004	74.33	97.21	12.67	39.59	96.76	13.62	12.01
2005	77.87	96.97	15.99	38.67	96.54	16.98	15.28
2006	80.41	96.88	19.39	38.41	96.49	20.34	18.71
2007	79.75	96.42	21.34	37.17	96.16	21.14	21.49
2008	80.06	96.34	25.17	35.49	96.16	25.13	25.20
2009	81.38	95.83	29.74	35.36	95.79	27.64	31.07
2010	81.76	93.60	31.10	35.31	94.06	27.97	33.12
2011	81.12	89.23	38.49	33.32	91.18	34.43	41.03
2012	79.49	84.33	46.68	30.90	87.15	42.88	49.07
2013	81.05	84.77	51.92	30.71	87.81	46.63	55.42
2014	80.93	84.44	54.26	30.36	87.04	50.28	57.16
2015	86.77	90.74	58.56	31.52	91.43	59.27	58.04
2016	86.10	89.75	58.22	30.95	90.09	58.11	58.30

资料来源：根据2000～2016年《广东统计年鉴》整理。

国有企业的来料加工业务和进料加工业务均呈下降趋势，并且这两种业务的进出口占比也在不断下降（见表8）。

表8 国有企业加工贸易构成情况

单位：%

年份	加工贸易	进料加工	来料加工	进料加工进口	进料加工出口	来料加工进口	来料加工出口
2000	36.25	3.79	92.18	3.43	4.04	91.30	92.78
2001	34.62	3.49	89.92	2.90	3.87	89.35	90.29
2002	31.36	2.48	87.94	1.82	2.94	87.30	88.39
2003	24.19	1.83	78.92	1.26	2.23	77.70	79.78
2004	21.32	1.72	74.15	1.16	2.10	71.92	75.71
2005	17.56	1.65	69.11	1.09	2.02	67.08	70.55

续表

年份	加工贸易	进料加工	来料加工	进料加工进口	进料加工出口	来料加工进口	来料加工出口
2006	14.99	1.56	64.75	1.10	1.86	62.65	66.22
2007	15.04	1.63	62.00	1.27	1.85	61.32	62.47
2008	14.12	1.52	56.60	1.21	1.70	56.03	56.97
2009	12.17	1.31	50.96	1.07	1.45	52.12	50.22
2010	11.30	2.33	49.66	3.58	1.56	52.13	48.07
2011	10.92	4.99	42.11	10.01	1.82	45.67	39.89
2012	10.85	7.54	33.33	16.56	1.84	36.72	31.19
2013	9.05	6.54	28.72	14.76	1.41	34.63	24.81
2014	7.25	5.03	24.05	10.82	1.50	31.64	18.49
2015	3.04	1.49	14.06	1.43	1.53	11.47	15.98
2016	3.06	1.69	13.52	1.22	1.95	11.04	15.32

资料来源：根据 2000～2016 年《广东统计年鉴》整理。

私营企业加工贸易的增加主要来自来料加工业务的增加，而其来料加工业务的增长又主要源于来料加工进口的增加，当然其来料加工出口占比也呈上升趋势（见表9）。

表9　私营企业加工贸易构成情况

单位：%

年份	加工贸易	进料加工	来料加工	进料加工进口	进料加工出口	来料加工进口	来料加工出口
2000	0.05	0.06	0.04	0.05	0.06	0.04	0.03
2001	0.23	0.25	0.19	0.18	0.29	00.21	0.17
2002	0.58	0.46	0.82	0.41	0.50	00.94	0.74
2003	3.34	0.79	9.57	0.69	0.86	10.40	9.00
2004	4.35	1.08	13.18	0.98	1.14	14.46	12.28
2005	4.57	1.38	14.90	1.28	1.44	15.94	14.17
2006	4.60	1.56	15.87	1.42	1.66	17.01	15.07
2007	5.22	1.95	16.66	1.89	1.99	17.54	16.04
2008	5.82	2.14	18.23	2.14	2.14	18.84	17.83
2009	6.45	2.86	19.30	3.02	2.76	20.24	18.70
2010	6.94	4.07	19.24	3.56	4.38	19.89	18.81

年份	加工贸易	进料加工	来料加工	进料加工进口	进料加工出口	来料加工进口	来料加工出口
2011	7.96	5.78	19.40	3.85	7.00	19.90	19.08
2012	9.66	8.13	19.99	3.58	11.01	20.39	19.74
2013	9.89	8.69	19.36	5.34	10.78	18.74	19.77
2014	11.83	10.53	21.70	9.01	11.45	18.08	24.34
2015	10.19	7.77	27.38	9.10	7.04	29.26	25.99
2016	10.84	8.56	28.26	9.68	7.96	30.85	26.38

资料来源：根据 2003~2016 年《广东统计年鉴》整理。

从上述的分析中我们可以看到，外商投资企业长期以来一直占据广东加工贸易的主体地位，主要依靠的是其进料加工业务，其中主要是进料加工出口业务。而私营企业加工贸易的提升主要来自来料加工业务的增加，并且最主要的是来料加工进口业务。而国有企业的加工贸易呈下降趋势。

（三）广东不同行业贸易竞争指数情况

除不同所有制企业间的差异外，行业间亦存在差异，通过构建贸易竞争指数，可以深入了解不同行业间的差异。

行业的贸易竞争指数构造如下：

$$TCI_i = \frac{(X_i - M_i)}{(X_i + M_i)}, TCI_i \in [-1,1] \tag{1}$$

其中，TCI_i 为行业 i 的贸易竞争指数，X_i 为行业 i 的出口额，M_i 为行业 i 的进口额。该指数比 RCA（显性比较优势指数）更具体，能更好地对进出口两端对产品竞争力的影响进行整体考虑。$TCI_i = 1$ 说明行业 i 具有比较优势，$TCI_i = -1$ 说明行业 i 处于比较劣势，$TCI_i = 0$ 说明行业 i 与世界市场中其他同类行业呈水平分工状态。

比较各行业具体的贸易竞争指数（见附表3），可以发现广东不同行业的贸易竞争力存在一定差异，其中贸易竞争力最大的亦即处于比较优势的行业为鞋帽伞杖、加工羽毛、人造花、人发制品行业；贸易竞争力最小亦即处于比较劣势的行业为与动植物初级加工有关的行业。在本文所呈现的21年行业贸易竞争力变化中，食品、烟草及制品，皮革、毛皮及其制品、旅行用品、手提包，纺织原料及纺织制品，鞋帽伞杖、加工羽毛、人造花、人发制品，石材制品、陶瓷产品、玻璃及其制品，机械、电气设备、电视机及音响设备，车辆、航空器、船舶及有关运输设备几个行业一直处于竞争优势地位。当然，也有部分行业竞争力在不断提升，例如，化工产品，木浆、纸、纸板及制品和贱金属及其制品行业。

四 广东加工贸易经济效应分析

广东对外贸易早期以增强出口创汇能力、实现外汇收支平衡为目标，为经济均衡发展做出了重要贡献。1978年以来，广东加工贸易从无到有、从小到大，吸引了大量外资，对广东的国民经济发展产生了巨大的影响。下面应用1988~2016年统计数据，深入分析广东加工贸易对进出口增长、国际收支平衡、就业增长以及国内配套能力的影响。

（一）广东加工贸易对进出口增长的影响

加工贸易在2015年前一直占据广东对外贸易的"半壁江山"，其占比一直高于一般贸易。从加工贸易在广东外贸增长的地位看，除2008年金融危机以及2013年受发达国家实行制造业回流影响外，广东加工贸易的进口和出口一直呈上升趋势，其对进口和出口增长的贡献率在金融危机发生前呈上升趋势，但在金融危机发生之后，世界经济形势发生了较大转变，广东以往所拥有的劳动力成本优势开始丧失，大量加工贸易企业迁移或倒闭。也正是在金融危机前后，加工贸易的占比开始急速下降，一般贸易的占比开始上升（见表10）。

表10　广东加工贸易对进出口增长的影响

单位：亿美元，%

年份	加工贸易进口增量	对外贸易进口增量	加工贸易增长对进口增长的贡献率	加工贸易出口增量	对外贸易出口增量	加工贸易增长对出口增长的贡献率
1988	31.68	53.05	59.72	30.35	46.77	64.89
1989	4.92	12.63	38.95	30.24	32.96	9175
1990	23.36	22.12	105.61	31.98	41.08	77.85
1991	39.80	57.71	68.97	44.36	48.52	91.43
1992	43.22	68.42	63.17	48.18	63.85	75.46
1993	24.12	86.60	27.85	38.74	39.36	98.42
1994	60.41	55.02	109.80	70.78	128.17	55.22
1995	28.77	9.28	310.02	60.62	63.81	95.00
1996	13.94	32.34	43.10	48.80	27.54	177.20
1997	51.64	49.42	104.49	76.75	152.18	50.43
1998	5.93	−13.76	−43.10	35.30	10.54	334.91
1999	25.06	84.83	29.54	20.37	20.87	97.60
2000	73.21	155.24	47.16	113.82	142.14	80.08
2001	10.73	28.79	37.27	47.22	35.02	134.84
2002	150.79	215.68	69.91	166.84	230.37	72.42
2003	153.71	280.40	54.82	249.59	343.90	72.58
2004	188.15	348.86	53.93	274.84	387.21	70.98
2005	173.31	242.71	71.41	294.39	466.02	63.17
2006	206.87	354.28	58.39	333.16	637.77	52.24
2007	194.98	395.37	49.32	377.83	672.91	56.15
2008	−14.37	145.08	−9.90	151.92	349.49	43.47
2009	−229.74	−271.42	84.64	−382.32	−452.32	84.52
2010	378.47	795.43	47.58	524.48	942.35	55.66
2011	255.59	498.36	51.29	359.40	786.02	45.72
2012	88.15	283.47	31.10	133.63	422.66	31.62
2013	−17.36	455.70	−3.81	−14.58	623.05	−2.34
2014	−36.26	−249.61	14.53	−28.31	97.23	−29.12
2015	−405.52	−511.69	79.25	−393.79	−26.19	1503.59
2016	−272.4100	−226.0700	120.50	−425.09	−449.04	94.67

资料来源：根据1988~2016年《广东统计年鉴》整理。

（二）广东加工贸易对国际收支平衡的影响

1978~1990 年，广东还处于贸易逆差阶段。从 1994 年开始，加工贸易发展进入巩固提高阶段后，广东对外贸易逐步由贸易逆差转变为贸易顺差，在这期间，加工贸易充分利用了流入外资资源，在出口创汇方面做出了非常大的贡献（见表11）。

表 11 广东加工贸易对国际收支平衡的影响

单位：%

年份	进料顺差/外贸顺差	来料顺差/外贸顺差	加工贸易顺差/外贸顺差
1987	−48.349	50.1982	1.8494
1988	−36.534	47.148	10.6137
1989	152.9321	215.1235	368.0556
1990	67.0204	60.6132	127.6336
1991	118.7077	109.1692	227.8769
1992	159.5034	2	359.5034
1993	−79.612	−79.584	−159.196
1994	91.3541	86.8316	178.1857
1995	63.3956	43.8884	107.284
1996	97.366	55.7375	153.1035
1997	53.9668	29.577	83.5438
1998	55.3503	32.4237	87.774
1999	68.6012	53.3772	121.9785
2000	100.0437	63.1445	163.1882
2001	117.0951	64.4305	181.5256
2002	117.4103	57.4065	174.8167
2003	121.886	46.1081	167.994
2004	131.2738	45.2805	176.5543
2005	95.9537	24.0877	120.0414
2006	75.3302	16.8042	92.1345
2007	69.7739	15.3845	85.1584
2008	68.4307	16.1045	84.5352
2009	68.4121	16.1554	84.5675
2010	71.3333	15.0256	86.3589

续表

年份	进料顺差/外贸顺差	来料顺差/外贸顺差	加工贸易顺差/外贸顺差
2011	64. 2947	12. 4398	76. 7344
2012	63. 6251	9. 3738	72. 9989
2013	59. 7106	6. 6891	66. 3997
2014	51. 7264	4. 3597	56. 0861
2015	43. 1586	3. 0628	46. 2213
2016	41. 3773	2. 7923	44. 1696

资料来源：根据 1987 ~ 2016 年《广东统计年鉴》整理。

可以看到，在 1988 ~ 1993 年的迅速发展阶段，除 1993 年外，广东加工贸易顺差大多是对外贸易顺差的一倍以上。而且在随后的巩固提高阶段和转型提升阶段，加工贸易一直保持对全省国际收支平衡的重要作用。同时，还可以发现，加工贸易所带来的贸易顺差大部分来自进料顺差，而广东加工贸易中进料加工主要来自外商投资企业，当然这也得益于其间广东出台的各种引资政策大大提高了外资流入。

（三）广东加工贸易对就业增长的影响

40 年来广东加工贸易发展给就业带来重要影响。加工贸易带来了新进技术，促使企业扩大生产，从而促进了就业岗位的增加。下面借助 GDP 增长模型测算加工贸易对就业的影响。

采用国民经济平衡等式，可以获得加工贸易对地区生产总值增长率的贡献。

$$Y = C + I + (X - M) \tag{2}$$

其中，Y 为地区生产总值，C 为当地居民消费水平，I 为当地投资水平，X 和 M 分别为当地出口额和进口额。将进出口额区分为加工贸易方式和其他方式，可以得到：

$$Y = C + I + (X_p - M_p) + (X_o - M_o) \tag{3}$$

其中，X_p 和 M_p 分别代表加工贸易的出口额和进口额，X_o 和 M_o 分别代表其他贸易方式的出口额和进口额。在此基础上，可以得出地区生产总值的增长率。

$$\Delta Y/Y_{t-1} = \Delta C/Y_{t-1} + \Delta I/Y_{t-1} + \Delta(X_p - M_p)/Y_{t-1} + \Delta(X_o - M_o)/Y_{t-1} \tag{4}$$

其中，$\Delta Y/Y_{t-1}$ 为地区生产总值增长率，$\Delta C/Y_{t-1}$、$\Delta I/Y_{t-1}$、$\Delta(X_p - M_p)/Y_{t-1}$ 和 $\Delta(X_o - M_o)/Y_{t-1}$ 分别为消费、投资、加工贸易方式和其他贸易方式对地区生产总值增长率的贡献。

借助上式所得的地区生产总值增长率，可以进一步测算出加工贸易对就业的影响。

$$W_t = [(p_t - p_{t-1})/p_{t-1}]/\Delta Y \tag{5}$$

其中，W_t 为就业弹性，p_t 和 p_{t-1} 分别为 t 期和 $t-1$ 期的就业人数。进一步可以获得：

$$R\_work_t = \frac{[\Delta(X_p - M_p)/Y_{t-1}]}{\Delta Y} * \Delta Y * W_t * p_{t-1} \tag{6}$$

其中，R_work_t 为加工贸易带来的新增就业岗位个数，$\Delta Y * W_t * p_{t-1}$ 为地区生产总值增长带动的就业增长个数。通过上述计算，可以得到加工贸易对地区生产总值增长率的贡献以及加工贸易对就业的影响（见表12）。

表12　广东加工贸易对就业增长的影响

单位：万个，%

年份	加工贸易对地区生产总值增长率的贡献	加工贸易新增就业岗位	加工贸易新增就业岗位占全省比重
1988	-0.58468	-1.3428	-0.1604
1989	8.157004	19.40996	41.697
1990	2.349956	14.03997	18.2741
1991	1.399212	9.208046	6.5259
1992	1.394422	5.144933	4.7634
1993	3.29424	5.263449	7.8912
1994	1.722285	3.078647	5.1969
1995	5.94294	12.12685	20.8904
1996	4.906505	29.08085	32.2762
1997	3.05131	13.45151	22.1972
1998	3.131617	26.38608	32.1899
1999	-0.45515	-0.6716	-5.394

年份	加工贸易对地区生产总值增长率的贡献	加工贸易新增就业岗位	加工贸易新增就业岗位占全省比重
2000	3. 63413	43. 52904	22. 5539
2001	2. 812325	16. 13026	23. 2726
2002	1. 103453	6. 876758	9. 0794
2003	5. 877456	88. 62263	33. 8823
2004	4. 528554	67. 94276	23. 7595
2005	5. 31248	92. 56605	27. 1391
2006	4. 586216	39. 54191	25. 6682
2007	5. 482386	46. 2019	28. 0897
2008	3. 979195	32. 80259	25. 1901
2009	− 2. 87983	− 85. 2602	− 39. 309
2010	2. 525527	27. 71907	15. 242
2011	1. 526497	8. 797516	9. 7469
2012	0. 551676	0. 392257	7. 5289
2013	0. 030708	0. 499841	0. 3294
2014	0. 078814	0. 604984	0. 9229
2015	0. 10626	0. 519669	1. 4403
2016	− 1. 30603	− 8. 50385	− 14. 194

资料来源：根据 1988 ~ 2016 年《广东统计年鉴》整理。

截至 2011 年，加工贸易对广东地区生产总值增长的贡献保持在 1% 以上。从 2012 年开始，加工贸易对广东经济的贡献开始下滑。同样的，2011 年前，加工贸易带来的就业岗位增加占全省就业岗位增加的比重基本在 10% 以上，说明加工贸易在此阶段为广东创造了大量的就业机会，这一点从就业岗位数量的增加中也可看出。但从 2012 年开始，加工贸易带来的就业岗位数量急剧下降，加工贸易企业甚至在 2016 年开始大规模裁员，这与目前贸易方式的转型升级、国外制造业回流、区域贸易兴起不无关系。

（四）广东加工贸易对国内配套能力的影响

外商投资企业是广东加工贸易的主体，并且主要采取以进料加工为主的加工贸易方式。可以从加工贸易的国内配套能力和内需率进行分析，采用以下几个指标来衡量。

内需率 =（进料出口额 – 进料进口额）/ 进料进口额
国内配套能力 =（进料出口额 – 进料进口额）– 利润 – 非原材料成本
利润 =（进料出口额 – 进料进口额）× 5%
非原材料成本 =（进料出口额 – 进料进口额）× 10%

自中国加入 WTO 后，国内配套能力开始逐步提高，这意味着广东加工贸易与相关产业的关联度在逐渐提高，这将有力带动原材料和零部件的出口，有效延伸加工贸易产业链；同时，内需率不断上升也进一步表明进料加工在带动广东供应链和增值服务发展方面具有重要作用（见图4）。

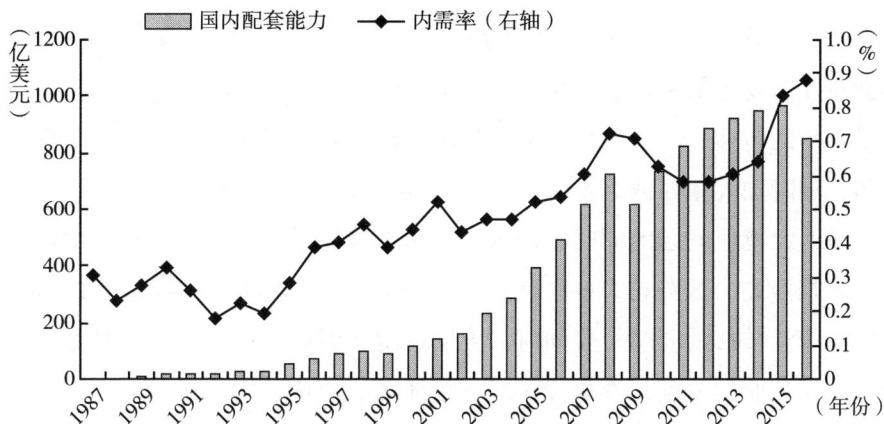

图3 广东进料加工贸易对国内配套能力和内需率的影响

资料来源：根据 1987～2016 年《广东统计年鉴》整理。

五 结论与未来展望

通过对广东加工贸易近40年发展的回顾，可以发现广东加工贸易发展的几个特点。第一，广东加工贸易占全国加工贸易比重较大，其进出口顺差不断扩大。第二，广东加工贸易的进出口市场正逐渐由港澳台地区向欧盟、美国等地转移。第三，广东加工贸易开始由转型升级阶段转入创新发展阶段。第四，一般贸易开始超过加工贸易，成为广东对外贸易发展中最主要的贸易方式。第五，广东加工贸易的增值率在不断提升，进料加工业务已大大超过来料加工业务。

第六，从事加工贸易最多的企业为外商投资企业，私营企业的加工贸易在逐步上升，国有企业已无太多从事加工贸易的企业。第七，广东加工贸易对进出口增长、国际收支平衡和劳动力就业的影响已逐渐减弱，但进料加工业务的增长带来的国内配套能力和内需率的提高将有助于其产业链的进一步延伸。

结合上述结论和当前国内外经济形势，未来广东加工贸易的发展应该从最初的"大进大出"模式走向"优进优出，进出良性互动"模式，从以往的追求速度忽略质量转为降速提质，并综合考虑环境因素，走绿色高质的创新发展路子。具体来说，可以从以下几个方面着手。

（1）在保持原有自身优势的基础上，依照政策引导，找寻符合加工贸易创新发展规律的新优势。例如，借助不断深化的城市职能分工体系，进行加工贸易的转移，将珠三角地区的加工贸易企业逐步向粤东、粤西沿海地区转移，同时加大东西两翼及北部山区高素质人才向珠三角地区的转移，在解决粤东西北就业问题的同时，加快珠三角地区加工贸易企业的创新发展，既发挥粤东西北的低劳动力成本优势，又加强珠三角地区的技术实力。另外，在进行产业转移的同时，要同时加大引进附加值高、技术创新强的深加工型加工贸易企业的力度，着重优化珠三角地区的产业结构。

（2）应充分发挥毗邻港澳的优势，积极融入粤港澳大湾区的建设与发展。借助自由贸易试验区和"一带一路"建设的契机，制定有利于加工贸易创新发展的外资引入负面清单措施，加快建设全球加工贸易结算中心。另外，还需加强与周围国家和地区基础设施的互联互通，加强与"一带一路"沿线国家在海洋、能源、金融、旅游等领域的合作。粤西地区要借助机会加大对基础设施的投资，增加沿海港口建设，成为"21世纪海上丝绸之路"重要承接点，着力打造中国－东盟自由贸易港，打通与东盟合作的新桥梁，成为两者海上合作的桥头堡，以进一步推动广东加工贸易的发展。

（3）当前广东加工贸易以外商投资企业的进料加工业务为主，在今后广东加工贸易的发展中，应进一步降低私营企业从事加工贸易的门槛，出台相关措施鼓励私营企业进行高端的深加工生产。促进私营企业向多元化方向发展，最终推动国内企业成为高端加工贸易的主体。另外，还需鼓励高技术外资的流入，禁止低端外资的进入。

（4）加快实现加工贸易产业链的升级，促使加工贸易由低端的OEM（贴牌生产）向OBM（自主品牌）转变。牢牢把握"微笑曲线"的两端——研发和品牌这两个附件值最高的环节。广东加工贸易企业应在遵循比较优势原则的基础上，发挥"干中学"效应，通过促进加工贸易高新技术的发展、开展技术创新和品牌建设、发展自主知识产权等措施，使加工贸易企业在参与全球价值链分工时逐步向上下游延伸，从而提高其参与产品生产国际分工的附加价值。

（5）继续保持加工贸易政策制定的连续性和实施的稳定性。2017年国家新出台的《外商投资产业指导目录》第一次以负面清单的形式面向外商投资企业，进一步拉近了中国与世界发达国家间的距离，保持良好的政策和制度环境是当前广东推动加工贸易创新发展的关键。同时，还应加强海关、税务、外经贸、工商、质检等职能部门的协调沟通，建立完善的加工贸易支持服务体系，并探索新的加工贸易管理模式。

参考文献

［1］陈恩、刘青：《广东加工贸易转型升级影响因素的实证分析》，《广东社会科学》2007年第5期，第19~24页。

［2］陈万灵、唐玉萍：《世界经济危机对广东加工贸易及经济增长的影响分析》，《国际商务（对外经济贸易大学学报）》2010年第1期，第5~14页。

［3］陈延林：《广东加工贸易转型升级对策研究》，《华南师范大学学报（社会科学版）》2008年第2期，第50~54页。

［4］房慧玲：《广东"双转移"的重头戏：推动加工贸易转移－关于广东加工贸易转移研究》，《南方经济》2010年第2期，第74~82页。

［5］林吉双、汪则翰：《广东省加工贸易转型与升级的对策研究》，《广东外语外贸大学学报》2010年第5期，第59~62页。

［6］李晨：《我国加工贸易转型升级的路径选择》，《产业经济研究》2010年第4期，第82~90页。

［7］裴长洪、彭磊：《加工贸易转型升级："十一五"时期我国外贸发展的重要课题》，《宏观经济研究》2006年第1期，第6~13页。

[8] 彭玲:《广东加工贸易企业转型升级发展战略》,《北方经贸》2013年第4期,第2~5页。

本文附录

附表1　广东加工贸易发展情况

单位:亿美元,%

年份	对外贸易总额	加工贸易	加工贸易进口额	加工贸易出口额	加工贸易进口占比	加工贸易出口占比	加工贸易增值率
1987	210.37	135.16	67.65	67.51	50.05	49.95	-0.21
1988	310.19	197.19	99.33	97.86	50.37	49.63	-1.48
1989	355.78	232.35	104.25	128.1	44.87	55.13	22.88
1990	418.98	287.69	127.61	160.08	44.36	55.64	25.44
1991	525.21	371.85	167.41	204.44	45.02	54.98	22.12
1992	657.48	463.25	210.63	252.62	45.47	54.53	19.94
1993	783.44	526.11	234.75	291.36	44.62	55.38	24.12
1994	966.63	657.30	295.16	362.14	44.90	55.10	22.69
1995	1039.72	746.69	323.93	422.76	43.38	56.62	30.51
1996	1099.60	809.43	337.87	471.56	41.74	58.26	39.57
1997	1301.20	937.82	389.51	548.31	41.53	58.47	40.77
1998	1297.98	979.05	395.44	583.61	40.39	59.61	47.58
1999	1403.68	1024.48	420.5	603.98	41.05	58.95	43.63
2000	1701.06	1211.51	493.71	717.8	40.75	59.25	45.39
2001	1764.87	1269.46	504.44	765.02	39.74	60.26	51.66
2002	2210.92	1587.09	655.23	931.86	41.28	58.72	42.22
2003	2835.22	1990.39	808.94	1181.45	40.64	59.36	46.05
2004	3571.29	2453.38	997.09	1456.29	40.64	59.36	46.05
2005	4280.02	2921.08	1170.4	1750.68	40.07	59.93	49.58
2006	5272.07	3461.11	1377.27	2083.84	39.79	60.21	51.30
2007	6340.35	4033.92	1572.25	2461.67	38.98	61.02	56.57
2008	6834.92	4171.47	1557.88	2613.59	37.35	62.65	67.77
2009	6111.18	3559.41	1328.14	2231.27	37.31	62.69	68.00
2010	7848.96	4462.36	1706.61	2755.75	38.24	61.76	61.48
2011	9133.34	5077.35	1962.2	3115.15	38.65	61.35	58.76
2012	9839.47	5299.13	2050.35	3248.78	38.69	61.31	58.45
2013	10918.22	5267.19	2032.99	3234.2	38.60	61.40	59.09
2014	10765.84	5202.62	1996.73	3205.89	38.38	61.62	60.56
2015	10227.96	4403.31	1591.21	2812.1	36.14	63.86	76.73
2016	9552.86	3705.81	1318.8	2387.01	35.59	64.41	81.00

资料来源:根据1987~2016年《广东统计年鉴》整理。

附表 2   广东来料加工和进料加工发展及比重变化情况

单位：亿美元，%

年份	来料加工总额	进料加工总额	来料加工占比	进料加工占比
1987	107.52	27.64	79.55	20.45
1988	148.73	48.46	75.42	24.58
1989	151.06	81.29	65.01	34.99
1990	167.9	119.79	58.36	41.64
1991	204	167.85	54.86	45.14
1992	239.58	223.67	51.72	48.28
1993	244.68	281.43	46.51	53.49
1994	268.92	388.38	40.91	59.09
1995	278.29	468.4	37.27	62.73
1996	288.49	520.94	35.64	64.36
1997	328.92	608.9	35.07	64.93
1998	335.59	643.46	34.28	65.72
1999	391.77	632.71	38.24	61.76
2000	444.89	766.62	36.72	63.28
2001	457.29	812.17	36.02	63.98
2002	536.3	1050.79	33.79	66.21
2003	577.22	1413.17	29.00	71.00
2004	664.07	1789.31	27.07	72.93
2005	688.98	2232.1	23.59	76.41
2006	735.49	2725.62	21.25	78.75
2007	895.88	3138.04	22.21	77.79
2008	954.46	3217.01	22.88	77.12
2009	778.41	2781	21.87	78.13
2010	845.32	3617.04	18.94	81.06
2011	811.41	4265.94	15.98	84.02
2012	680.49	4618.64	12.84	87.16
2013	596.63	4670.56	11.33	88.67
2014	605.65	4596.97	11.64	88.36
2015	543.68	3859.63	12.35	87.65
2016	429.11	3276.7	11.58	88.42

注：本文中加工贸易包括来料加工和进料加工两种。因此，在统计中存在一般贸易占比与加工贸易占比总和小于1的情况。

资料来源：根据1987~2016年《广东统计年鉴》整理。

附表3 广东各行业贸易竞争指数（TCI）

行 业	1996 年	1997 年	1998 年	1999 年	2000 年	2001 年	2002 年	2003 年	2004 年	2005 年
活动物；动物产品	0.3995	0.4135	0.3315	-0.1442	-0.1733	-0.1300	-0.0780	0.0508	0.2499	0.3610
植物产品	0.1782	0.1372	0.0946	0.0146	-0.1182	-0.1651	-0.1920	-0.4247	-0.4881	-0.4186
动、植物油脂及蜡	-0.3817	-0.2618	-0.3638	-0.4529	-0.5488	-0.4865	-0.6396	-0.8782	-0.9045	-0.8617
食品、烟草及制品	0.5167	0.4221	0.4447	0.4041	0.4343	0.4242	0.4737	0.4219	0.3689	0.4323
矿产品	-0.3774	-0.2587	-0.2443	-0.5179	-0.6565	-0.6839	-0.7102	-0.7636	-0.7694	-0.8098
化工产品	-0.3808	-0.3631	-0.3731	-0.4615	-0.4874	-0.4829	-0.5122	-0.5087	-0.5249	-0.4597
塑料、橡胶及其制品	-0.4421	-0.3773	-0.3635	-0.4139	-0.4108	-0.4130	-0.4160	-0.4001	-0.4151	-0.3807
皮革、毛皮及其制品，旅行用品、手提包	0.3482	0.4204	0.4080	0.3729	0.3651	0.3684	0.3849	0.3880	0.2745	0.2797
木及木制品，草柳编结品	-0.1847	-0.2091	-0.2717	-0.3348	-0.3109	-0.2623	-0.1987	-0.1482	-0.0850	0.0303
木浆、纸、纸板及制品	-0.5058	-0.4691	-0.4447	-0.4891	-0.4496	-0.4295	-0.4012	-0.3577	-0.2985	-0.2237
纺织原料及纺织制品	0.2479	0.3661	0.3498	0.3310	0.3082	0.2620	0.2926	0.3231	0.3617	0.4547
鞋帽伞杖、加工羽毛、人造花、人发制品	0.9232	0.9480	0.9598	0.9643	0.9676	0.9681	0.9727	0.9711	0.9653	0.9693
石材制品、陶瓷产品、玻璃及其制品	0.4153	0.4513	0.4219	0.4153	0.3552	0.3151	0.4362	0.4441	0.4715	0.5811
珠宝首饰、硬币	0.0091	0.0263	0.0703	0.0971	-0.0898	0.4151	0.3331	0.3069	0.2734	0.2557
贱金属及其制品	-0.3847	-0.3103	-0.3077	-0.3123	-0.2855	-0.2613	-0.2371	-0.2583	-0.2439	-0.2056
机械、电气设备、电视机及音响设备	0.0335	0.1032	0.1533	0.0854	0.0761	0.1084	0.0711	0.1060	0.1191	0.1514
车辆、航空器、船舶及有关运输设备	0.0980	0.0906	0.3216	0.4627	0.4540	0.3865	0.0674	0.1454	0.1518	0.1446
仪器、医疗器械、钟表及乐器	0.2449	0.3086	0.3358	0.2688	0.2215	0.1813	0.0875	-0.0925	-0.1966	-0.1786
杂项制品	0.8877	0.9273	0.9376	0.9441	0.9492	0.9410	0.9400	0.9296	0.9298	0.9351
艺术品、收藏品及古物	0.9552	0.9829	0.9762	0.9202	0.8899	0.8131	0.9383	0.9588	0.9491	0.8862
特殊交易品及未分类商品	0.8263	0.6404	0.1795	-1.0000	#DIV/0!	-0.9005	-0.9940	-0.9729	-0.8859	-0.7835

附表 3 广东各行业贸易竞争指数（TCI）（续）

行　业	2006 年	2007 年	2008 年	2009 年	2010 年	2011 年	2012 年	2013 年	2014 年	2015 年	2016 年
活动物；动物产品	0.1505	-0.2362	-0.3455	0.0193	-0.0805	-0.0307	-0.0486	-0.0749	-0.1368	-0.0978	-0.2920
植物产品	-0.4826	-0.4808	-0.6044	-0.6298	-0.6435	-0.6369	-0.6804	-0.7193	-0.7646	-0.7769	-0.7327
动、植物油脂及蜡	-0.8736	-0.9365	-0.8765	-0.8630	-0.8459	-0.8633	-0.8250	-0.6758	-0.7069	-0.8346	-0.7130
食品、烟草及制品	0.4398	0.4870	0.3948	0.3107	0.2158	0.2363	0.2226	0.1324	0.0992	0.0249	0.0601
矿产品	-0.7614	-0.7153	-0.6017	-0.5598	-0.6459	-0.6138	-0.6521	-0.6453	-0.6624	-0.5585	-0.5509
化工产品	-0.4329	-0.4139	-0.3429	-0.3347	-0.3290	-0.3210	-0.3623	-0.3551	-0.2768	-0.2306	-0.2220
塑料、橡胶及其制品	-0.3659	-0.3429	-0.3281	-0.3461	-0.3665	-0.2929	-0.2750	-0.2407	-0.1806	-0.1007	-0.0749
皮革、毛皮及其制品、旅行用品、手提包	0.2681	0.3324	0.4177	0.4323	0.4219	0.4669	0.4676	0.4798	0.5230	0.5899	0.3853
木及木制品、草柳编结品	0.1469	0.1692	0.2077	0.1366	-0.0350	-0.1589	-0.1819	-0.2649	-0.3589	-0.2272	-0.3114
木浆、纸、纸板及制品	-0.1014	-0.0404	-0.0035	0.0671	-0.0025	-0.0020	0.0136	0.0734	0.1654	0.2161	0.2374
纺织原料及纺织制品	0.6054	0.6513	0.6144	0.6284	0.6478	0.6812	0.6747	0.6675	0.7116	0.7412	0.7707
鞋帽伞杖、加工羽毛、人造花、人发制品	0.9665	0.9638	0.9599	0.9680	0.9738	0.9705	0.9662	0.9698	0.9675	0.9677	0.9541
石材制品、陶瓷产品、玻璃及其制品	0.6245	0.6227	0.6517	0.6683	0.5926	0.5628	0.4667	0.4496	0.5649	0.6503	0.5947
珠宝首饰、硬币	0.2226	0.2209	0.2264	0.1483	0.2498	0.5282	0.7068	0.6039	0.2904	0.4006	0.2630
贱金属及其制品	-0.1186	-0.1263	-0.0686	-0.2035	-0.2146	-0.1560	-0.0881	-0.0263	0.1002	0.2399	0.0000
机械、电气设备、电视机及音响设备	0.1673	0.2023	0.2316	0.2251	0.2145	0.2227	0.2284	0.2075	0.2389	0.2459	0.2169
车辆、航空器、船舶及有关运输设备	0.0679	0.1652	0.2607	0.0781	0.1877	0.2925	0.2916	0.3086	0.3307	0.3643	0.4569
仪器、医疗器械、钟表及乐器	-0.1965	-0.3080	-0.2392	-0.1649	-0.1709	-0.1549	-0.1052	-0.0760	-0.0532	-0.0006	0.0253
杂项制品	0.9402	0.9221	0.9287	0.9276	0.9132	0.9256	0.9269	0.9351	0.9348	0.9456	0.9453
艺术品、收藏品及古物	0.9666	0.8492	0.8940	0.9310	0.8380	0.7399	0.8318	0.7992	0.7668	0.6919	0.8392
特殊交易品及未分类商品	-0.8884	-0.8836	-0.6289	-0.7997	-0.9560	-0.9978	-0.9983	-0.9989	-0.9985	-0.9969	0.0056

资料来源：根据 1996～2016 年《广东统计年鉴》整理。

B.5
改革开放40年广东服务业
利用外资分析与展望

魏作磊　詹迁羽　王锋波*

摘　要： 基于对广东利用外资和全球 FDI 的数据及其现状分析，把广东利用外资划分为三个阶段：1979～1992 年，实际利用外资增长速度快，但主要集中在制造业，服务业总体开放水平低；1993～2006 年，实际利用外资金额大幅度提高；2007～2016 年，服务业超过工业成为吸引外资的主要产业，金融业、商务服务与租赁等生产服务业所占比重有了显著提高。但是，服务业利用外资还存在行业结构层次低、外商直接投资区域分布不均衡等不足。然后，从全球服务业资本流动特点来看，全球 FDI 主要流入金融保险和商务服务等行业；主要流入地为发达经济体和发展中经济体，主要流出地为发达经济体和亚洲发展中经济体；制造业海外分支机构是服务业 FDI 的重要形式。最后，从优化服务业利用外资行业结构、改善外商直接投资空间分布结构、拓宽服务业外资来源地等角度提出了进一步扩大广东利用外资水平的对策建议。

关键词： 服务业　FDI　广东

---

* 魏作磊，博士，广东外语外贸大学经贸学院教授，主要从事服务业、服务贸易及其宏观经济领域教学和研究。詹迁羽，女，服务经济与贸易方向硕士研究生；王锋波，服务经济与贸易方向硕士研究生。

引　言

　　跨国资本向服务业集中成为 21 世纪以来全球资本流动的突出特征，服务业全球化目前已成为经济全球化的重要表现形式。扩大服务业对外开放是当前中国经济对外开放的重中之重，进一步扩大引进外资也是中国政府重点推动的工作。① 改革开放以来，广东吸引外商直接投资增长迅速，每年实际利用外资规模从 1979 年的不足 1 亿美元增长到 2016 年的 233.5 亿美元，② 外商直接投资成为广东经济保持快速增长的主要推动力。但是从行业分布来看，1979～2016 年广东实际利用外商直接投资的 62.7% 集中在工业，服务业所占比重只有 36.3%。目前，服务业占广东地区生产总值比重已超过50%，从发达国家实践经验来看，广东开始步入服务经济时代，服务业将成为广东经济增长主要推动力。在改革开放 40 年来临之际，回顾广东服务业利用外资发展特点，寻找扩大服务业利用外资突破点对广东进一步扩大对外开放、构建开放型经济新体制以及建设服务经济强省具有重要意义。

　　从目前的存量文献来看，学者们从不同视角对广东省（服务业）利用外资进行了分析。林若（1999）分三个阶段回顾了改革开放 20 年（1978～1998 年）广东省对外开放的历程，并从解放思想、实事求是等六个方面总结了广东对外开放经验。周训清（1994）对 1979～1997 年广东利用外资的总体情况和特征进行了定量分析，结果认为利用外资对广东经济持续增长、扩大就业、发展外向型经济起了重要推动作用，同时他还从外资投向分布、来源结构以及管理工作中存在的问题进行了探讨并提出了建议设想。黄朝永（2000）对广东外资的空间分布进行了研究，结果表明，20 世纪 80 年代至

---

① 2017 年，中央经济工作会议提出"加强引进外资工作，更好发挥外资企业对促进实体经济发展的重要作用"，2017 年 7 月 28 日李克强总理主持召开国务院常务会议，重点内容是部署加大引进外资力度，营造更高水平对外开放的环境。

② 本文 2016 年的广东投资数据来自当年《广东国民经济和社会发展统计公报》，其他广东数据除特别说明外均来自各年《广东统计年鉴》。

90 年代初，广东外资集中于沿海、经济特区和中心城市，进入 90 年代中期，外资集聚中心增加和出现外资分布核心区，以深圳为中心的外资单核集聚先被以深圳和广州为中心的双核集聚取代，然后被以珠江三角洲沿海经济开放区为中心的核心地区集聚取代。同时外资还从部分城市市区向郊县扩散转移，流入市区的外资比重持续下降。韩胜飞、梁捷和王炜（2011）分析了广东服务业利用外资的整体现状、外资进入对广东经济的影响及外资进入的影响因素，并对电信、银行和物流三个对广东经济转型升级有着重要作用的具体行业进行了专门分析，进而总结了广东服务业引进外资的经验和不足并提出了进一步扩大服务业开放的建议。钟晓君和夏励嘉（2015）在国际产业加速转移以及国际资本投资结构变动背景下分析了广东服务业利用外资的特征，分析表明广东服务业利用外资数量和质量呈逐年提高态势，利用外资进程中存在的突出问题是外商直接投资在广东各服务行业间分布不均，但随着中国"入世"效应的进一步显现以及广东服务业的进一步扩大开放，服务业的市场准入将进一步降低，服务业外商直接投资在各服务行业分布不均的格局有望在一定程度上得以缓解，未来有可能形成以服务业为主体的引资结构。

在现有文献基础上，本文将对改革开放 40 年来广东省服务业实际利用外商直接投资情况进行分析。首先回顾改革开放以来广东省服务业利用外资的基本特征，其次分析广东省服务业利用外资存在的突出问题，再次总结当前全球服务业 FDI 流动的特征趋势，最后提出扩大广东服务业利用外资的对策建议。

一 改革开放以来广东服务业利用外资的基本特点

改革开放以来，广东服务业利用外商直接投资呈明显的阶段性特征（见图 1）。1992 年之前是服务业利用外商直接投资的起步阶段，每年实际利用外资规模很小，最多年份不到 5 亿美元。1993～2006 年，服务业实际利用外资较前一阶段明显增长，年均达到 29.3 亿美元，由于这一阶段工业尤其是制造业实际利用外商直接投资也保持快速发展，服务业占全省实际利用外商直接投资比重没有明显上升，在 24.8% 上下波动。2007～2016 年是广

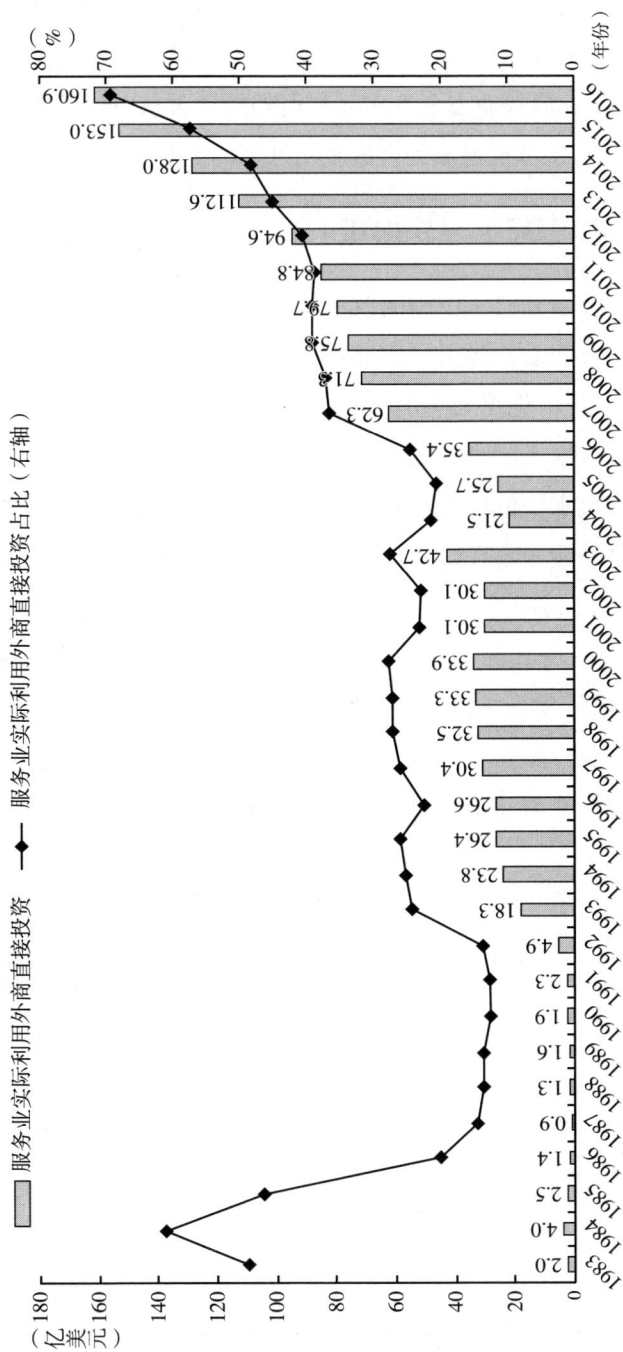

图1 1983~2016年广东服务业实际利用外商直接投资金额与比重

资料来源：1983~2016年《广东统计年鉴》。

107

东服务业利用外商直接投资大发展时期，每年实际利用外资从 2007 年的 62.3 亿美元增加到 2016 年的 160.9 亿美元，该阶段一个显著特征是全省实际利用外资开始向服务业集中，服务业占全省实际利用外资比重从 2007 年 36.4% 提高到 2016 年的 68.9%，服务业已成为全省吸引外资的主要领域。

（一）起步时期（1979～1992 年）

党的十一届三中全会开启了中国的改革开放，外商外资进入中国步伐加快。广东地处改革开放前沿，吸引利用外资工作走在全国前列，每年实际利用外资从 1979 年的不足 1 亿美元上升到 1992 年的 48.6 亿美元，年均增长达到 35.8%。但是由于人们对服务业认识不够、市场经济发育不足、产业结构层次不高、城市化水平低以及全球产业转移集中在制造业等多种因素，与工业相比，广东服务业开放程度总体上仍处在很低的水平。从改革开放到 1992 年服务业每年实际利用外商直接投资都不足 5 亿美元，多数年份占全省实际利用外商直接投资比重不足 20%。从服务业内部来看（见表 1），1979～1992 年全省累计实际利用的外商直接投资主要集中在房地产、公用、居民服务和咨询业，商业、饮食业、物资供销和仓储业，交通运输、邮电通信业等围绕基础设施与商品流通的资本和劳动密集型服务业领域。无论

表 1　1979～1992 年广东累计实际利用外商直接投资行业分布

单位：%

行业	各行业占全社会实际利用外商直接投资比重	各行业占服务业实际利用外商直接投资比重
交通运输、邮电通信业	2.7	12.6
商业、饮食业、物资供销和仓储业	5.5	26.0
房地产、公用、居民服务和咨询业	10.8	50.9
卫生、体育和社会福利事业	0.1	0.4
教育、文化艺术和广播电视事业	0.1	0.3
科学研究和综合技术服务事业	0.0	0.2
其他行业	2.1	9.7
合　计	21.3	100

资料来源：1979～1992 年《广东统计年鉴》。

从实际利用外商直接投资规模还是从行业分布结构来看，这一阶段全省服务业利用外资都处于刚起步的低水平阶段。

（二）稳定增长时期（1993~2006年）

1992年1月邓小平同志南方谈话和同年10月党的十四大提出的社会主义市场经济体制改革总体目标进一步明确了改革开放方向、坚定了改革开放信念、加快了改革开放步伐。受此鼓舞，广东掀起了利用外资新高潮，1994年全省实际利用外资突破100亿美元大关，2006年达到178.1亿美元，该阶段平均每年实际利用外资规模超过了整个20世纪80年代实际利用外资的总和。尽管服务业实际利用外商直接投资规模较前一阶段大幅度提高，但是这一阶段制造业仍然是吸引外商直接投资的主要领域，服务业占全省实际利用外商直接投资比重并未显著提高，在20%~30%浮动（平均24.8%）。从服务业内部来看（见表2），1993~2006年全省累计实际利用的外商直接投资较前一阶段范围有所扩大，金融保险业，科学研究和综合技术服务业、地质勘察，文体卫生、教育、社会福利等实际利用外商直接投资比重有所上升，但房地产业，批发零售与住宿餐饮，交通运输、仓储及邮电通信业等行

表2 1993~2006年广东累计实际利用外商直接投资行业分布

单位：%

行业	各行业占全社会实际利用外商直接投资比重	各行业占服务业实际利用外商直接投资比重
交通运输、仓储及邮电通信业	4.0	16.3
批发零售与住宿餐饮	2.4	9.8
金融保险业	0.2	0.7
房地产业	11.8	47.6
社会服务业	3.4	13.6
文体卫生、教育、社会福利等	0.7	2.9
科学研究和综合技术服务业、地质勘察	0.4	1.5
其他行业	1.9	7.5
合　计	24.8	100

资料来源：1993~2006年《广东统计年鉴》。

业仍然是服务业利用外商直接投资的主要领域，其中房地产业占比达
47.6%。制造业产业链两端的各类专业服务业吸引外商直接投资发展缓慢。

（三）快速发展时期（2007~2016年）

21世纪以来，全球资本流动不断向服务业集中①。2001年12月，中国
正式加入WTO，服务业对外开放步伐加快。2007年10月党的十七大提出加
快转变经济发展方式、推动产业结构优化升级、发展现代产业体系、提高服
务业比重和水平。在一系列有利因素促进下，服务业发展得到了政府空前重
视，服务业对外开放步伐进一步加快，广东服务业利用外资也迈上新台阶。
全省服务业实际利用外商直接投资从2006年的35.4亿美元跃至2007年的
62.3亿美元，然后一路攀升直到2016年的160.9亿美元。与以前明显不同
的是，这一阶段服务业占全省实际利用外商直接投资比重逐步提高，从
2007年的36.4%提高到2016年的68.9%，超过工业成为利用外商直接投资
的主要领域。另外，服务业利用外资的行业结构也不断优化（见表3），金
融业，租赁和商务服务业，信息传输、计算机服务和软件业，科学研究、技
术服务和地质勘察业等与产业升级关系密切的生产服务业实际利用外商直接
投资较前一阶段有了显著提高，房地产业实际利用外商直接投资比重下降明显。

表3　2007~2016年广东实际利用外商直接投资行业分布

单位：%

行业	2007年	2008年	2009年	2010年	2011年	2012年	2013年	2014年	2015年	2016年	平均
交通运输、仓储和邮政业	8.4	9.9	5.6	7.1	8.7	8.3	5.4	3.4	3.1	3.3	5.6
信息传输、计算机服务和软件业	3.4	3.9	3.1	5.3	6.0	2.8	2.4	2.9	4.4	21.2	6.5
批发和零售业	10.8	15.9	25.7	25.0	24.8	29.5	24.2	25.0	12.0	11.5	19.8

---

① 联合国贸易和发展会议（UNCTAD）发布的《2004年世界投资报告》的主题为"转向服务业"（*The Shift Towards Services*）。

行业	2007年	2008年	2009年	2010年	2011年	2012年	2013年	2014年	2015年	2016年	平均
住宿和餐饮业	3.4	3.7	2.2	1.9	2.5	1.1	1.7	1.1	0.8	0.4	1.6
金融业	0.4	0.1	0.6	0.9	1.9	2.3	8.7	14.1	9.2	12.2	6.5
房地产业	56.4	46.5	39.0	41.3	33.6	30.4	30.0	33.9	46.0	22.5	36.3
租赁和商务服务业	8.6	11.7	12.5	11.4	13.7	14.1	17.1	13.8	18.7	25.2	16.0
科学研究、技术服务和地质勘察业	4.8	4.2	8.8	5.3	6.3	5.6	4.5	3.8	3.8	2.7	4.6
水利、环境和公共设施管理业	0.2	0.4	0.7	0.4	0.5	0.7	2.9	0.5	0.2	0.3	0.7
居民服务和其他服务业	0.8	2.6	0.6	0.4	0.7	1.6	1.7	0.8	0.9	0.2	1.0
教育	0	0	0	0	0	0	0	0	0	0.1	0
卫生、社会保障和社会福利业	0.1	0.2	0.1	0	0	0.2	0.4	0	0	0	0.1
文化、体育和娱乐业	2.7	0.9	1.2	1.1	1.0	3.4	1.1	0.1	0.2	0.4	1.0
公共管理和社会组织	0	0	0	0	0	0	0	0.6	0.7	0	0.2
合 计	100	100	100	100	100	100	100	100	100	100	100

资料来源：2007~2016年《广东统计年鉴》。

二 广东服务业利用外资存在的问题

改革开放尤其是1992年以来，广东积极扩大对外开放，服务业吸收利用外资发展迅速，对广东弥补服务业发展资本短缺、学习国际服务业先进技术与管理经验、促进本地服务市场竞争，提高服务业竞争力发挥了重要作用。但是与广东制造业利用外资水平、全球服务业资本流动态势以及构建开放型经济新体制的要求相比，目前广东服务业利用外资仍存在行业结构层次低、区域发展不平衡、资金来源地单一以及受片面政绩观制约等问题。

（一）服务业利用外资行业结构层次低

服务业资本跨国流动活跃是当前经济全球化的一个突出特征。如果从服务业内部行业来看，商务服务、金融保险、交通运输、信息通信等生产服务业是跨国资本流向集中的行业。图2是2010～2016年全球服务业绿地投资和跨境并购的行业分布。可以看出，除了水、电与煤气及建筑服务行业，全球服务业绿地投资主要发生在商务服务，金融保险，交通、仓储、通信等服务业，这几个行业占全球服务业跨境并购的79.8%。全球资本流动向服务业集中是全球经济一体化向纵深发展的必然趋势。交通、通信和信息技术的快速发展加速了全球生产要素流动自由流动，带来了国际产业分工格局的深刻变化，促进了全球市场融合不断深化。跨国公司全球配置资源活动加快了价值链、供应链与产业链跨境整合，促进了以服务外包为代表的服务业跨国投资快速发展。

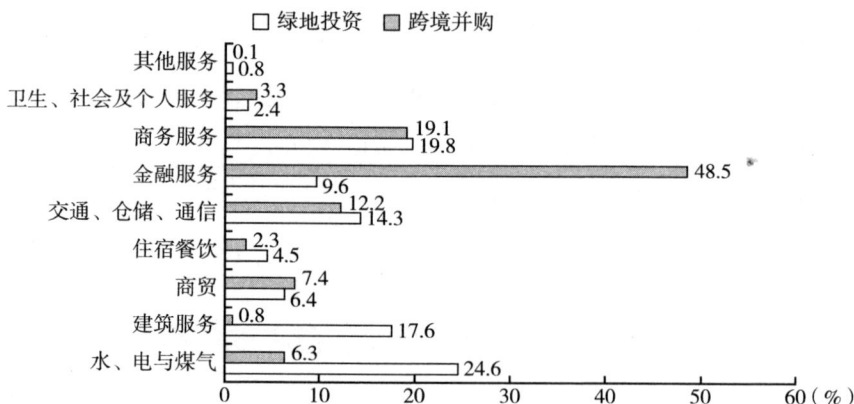

图2　2010～2016年全球服务业绿地投资与跨境并购行业分布

资料来源：2010～2016年《广东统计年鉴》。

近年来，广东服务业利用外资增长迅速，目前已超过工业成为利用外资第一大行业，但是从服务业内部行业构成来看，服务业引进外资层次有待提升。广东服务业实际利用外商直接投资总额超过50%集中在批发和零售业、房地产业等传统服务业（见图3）。与全球资本流动趋势对比，广东金融业、租赁和商务服务业等各种专业化生产服务业利用外商直接投资水平不高。广东已成为全球重要的制造业基地，但粗放式经济发展方式仍很突出，珠三角企业被困于国外跨国公司全球价值链封闭系统的局面仍未根本改变，产业总体水平仍处于全球价值链的低端制造环节。生产服务业发展落后是广东产业链向两端高附加值环节攀升、推进供给侧结构性改革的主要制约因素，也是广东构建现代产业体系的突出短板。加快生产服务业发展需要广东省进一步扩大服务业对外开放，尤其是与产业升级密切相关的专业生产服务业。

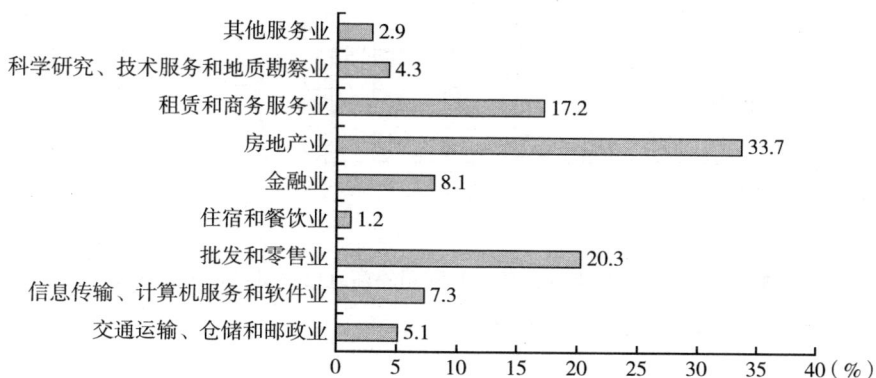

图3 2010~2016年广东服务业累计实际利用外商直接投资的行业分布

资料来源：2010~2016年《广东统计年鉴》。

（二）外商直接投资区域分布不均衡

广东地处中国改革开放前沿，吸引利用外资工作走在全国前列。1979~2016年全国实际利用外商直接投资金额共计17655.23亿美元，其中广东省占22.7%，达到4008.49亿美元。虽然广东利用外资水平总体上走在全国前列，但是全省各地区之间存在巨大差距。图4是2005~2015年珠三角实际利用外商直接投资占广东省的比重。可以看出，近十年来广东实际利用外商直接投资主要集中在珠三角，最多的年份珠三角占95.3%，最少的年份也占88.3%，10年间珠三角平均占90.9%，而粤东西北地区近十年实际利用外商直接投资不到全省的 10%。这说明与珠三角地区相比粤东西北地区利用外资水平很低，显然粤东西北地区服务业利用外资水平也很低。服务业开放的不均衡不利于广东省全面深化对外开放和区域经济均衡协调发展，也不利于广东省全面率先实现小康和在建设现代化道路上走在全国前列。

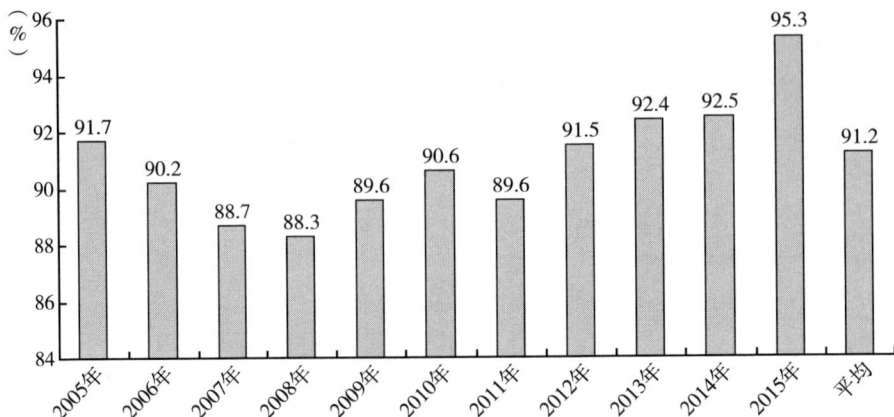

图4 2005～2015年珠三角实际利用外商直接投资占广东省比重

资料来源：2005～2015年《广东统计年鉴》。

（三）外商直接投资资金来源单一

通过学习先进技术经验、带动市场竞争来促进国内服务业发展，进而带动国内产业优化升级是服务业引进外资的主要目的。美日欧等发达国家和地区是全球服务业发达地区，也是中国服务业招商引资和学习借鉴的主要对象。但是从外商投资来源地看（见表4），1979～2015年广东实际利用外商直接投资的 75.8% 来自亚洲地区，其中中国香港占 63.2%，2015年亚洲地区更占 84.4%。同期来自美日欧等发达国家和地区的外商直接投资合计所占比重只有 10% 左右，2015年只有 6.1%。投资来源地结构单一尤其是美日欧发达地区外商直接投资比重偏低不利于广东服务业开放水平的提升，不利于广东向美日欧等发达国家和地区服务业学习借鉴，不利于广东承接全球生产服务外包促进制造业升级。

表4 1979~2015 年广东实际利用外商直接投资来源分布

单位：%

年份	1979~2015	2010	2011	2012	2013	2014	2015
亚洲	75.8	73.4	75.3	76.9	77.4	77.6	84.4
其中:中国香港	63.2	63.8	64.4	62.8	64.9	63.8	76.2
日本	3.5	2.5	3.2	4.7	3.5	3.2	1.7
新加坡	2.8	2.3	2.1	5.0	4.1	4.7	1.8
中国台湾	2.3	1.2	0.9	1.0	0.5	0.9	0.4
中国澳门	2.0	1.5	1.7	1.1	1.5	1.4	2.7
韩国	1.1	1.0	1.5	1.5	2.2	3.3	1.3
欧洲	3.7	3.9	3.5	3.1	6.5	5.4	3.1
北美洲	2.9	2.0	1.8	2.6	1.9	1.2	1.3

资料来源：1979~2015 年《广东统计年鉴》。

（四）短期政绩约束下服务业开放战略缺失

1994 年中国实施的分税制改革极大调动了地方政府发展经济的积极性，追求地区生产总值和财政收入快速增长成为各级地方政府发展经济的主要驱动力。通过工业园区形式大力招商引资是改革开放尤其是 1992 年以来中国各级政府大力推动工业和地方经济发展的重要举措，也是 GDP 政绩考核和增加地方财政收入双重压力驱动下中国经济快速发展的一个重要经验（周黎安，2007）。但是，这在激励、调动地方政府发展经济积极性的同时也带来了一些不利于长期经济可持续发展的负面效应。总体上看，缺乏服务业开放战略安排。

首先，保持地区生产总值与税收快速增长的行政考核压力使地方政府在制定产业发展战略时往往缺乏整体产业链观念，招商引资过程中更愿意将政策资源投向那些固定资产投资规模大、对当地税收贡献大、经济效益见效快的产业，对于固定资产投资规模小、直接经济效应显现慢但对制造业产业链整体素质提升有重要意义的生产服务业关注不够，这也是长期以来广东省实际利用外资主要集中于工业和房地产业的深层次原因。

其次，轻资产重人才是生产服务业尤其是知识和技术密集型服务业行业的重要行业特征，这一特征使得生产服务业短期内往往难以形成对地区生产总值的直接贡献，因而也通常难以纳入地方政府招商引资政策资源的优先考虑范围。

再次，与工业产品可跨区域甚至漂洋过海进行贸易不同，服务产品具有无形性、不可储存性、生产消费同时性等特性，服务产品跨区域远距离可贸易性较差，这就要求服务产品生产必须接近需求者，服务的客户主要以本地企业为主，且只有客户和业务量超过一定规模才能支撑生产服务业生存发展①，这使得通过招商引入的生产服务业往往需要经历比较长的培育期才能稳定发展并对地方税收和地区生产总值产生直接影响，但是政府官员对任期内经济绩效的优先关注使得地方政府很难将招商重点放在经济效益显现慢的生产服务业领域。

最后，生产服务业具有很强的人力资本密集型特点，服务业通过技术（知识）溢出带动制造业效率提升更多是通过专业人才来实现的。因此，相对制造业，生产服务业对产业发展环境的要求更高，尤其是对围绕聚集服务消费人气和积累人力资本的公共服务配套环境要求更高。片面追求显性的GDP政绩和地方财税使地方政府将更多政策资源用于制造业、房地产业、产业园区等固定资产投资规模大、商业属性强、税收贡献大的行业，教育、医疗、公共交通等需要大量政策资源支持的地区生产总值和税收贡献不大、非营利性行业发展普遍存在短板。这已成为地方政府吸引专业人才促进生产服务业发展的突出制约因素。

三　全球服务业 FDI 的流动特点

跨国资本流动向服务业集中是 21 世纪以来全球资本流动的一个突出特征，服务业全球化目前已成为经济全球化的重要表现形式。跨国公司主导的外商直接投资（FDI）是国际资本向服务业流动的主要形式，外商直接投资

---

① 李江帆：《第三产业经济学》，广东人民出版社，1990，第 80～81、163～178 页。

主要包括绿地投资（Greenfield Investment）和跨境并购（Cross-border M&As）两种形式。下面本文结合《2017年世界投资报告》对当前全球服务业 FDI 的流动特点进行分析①。

（一）全球 FDI 继续保持向服务业流动态势

截至2015年，全世界 FDI 存量的2/3集中在服务业，这与全球服务经济发展趋势基本一致。受全球金融危机影响，2008～2010年，全球服务业跨境并购和绿地投资发生额及其所占比重均有所下降，两者所占份额由2008年的53%和51%分别下降到了2010年的40%和41%。2011～2014年，服务业跨境并购和绿地投资基本平稳。2014～2016年，服务业绿地投资和所占比重均逐渐上升，服务业跨境并购份额虽有所下降，但并购金额保持上升，由2014年的2025亿美元上升到了2016年的3831亿美元，到2016年服务业在全球跨境并购和绿地投资所占份额分别达到了44%和58%，仍占据主导地位（见图5）。总体来看，资本长期向服务业转移这一趋势在金融危机爆发之后达到稳定状态。

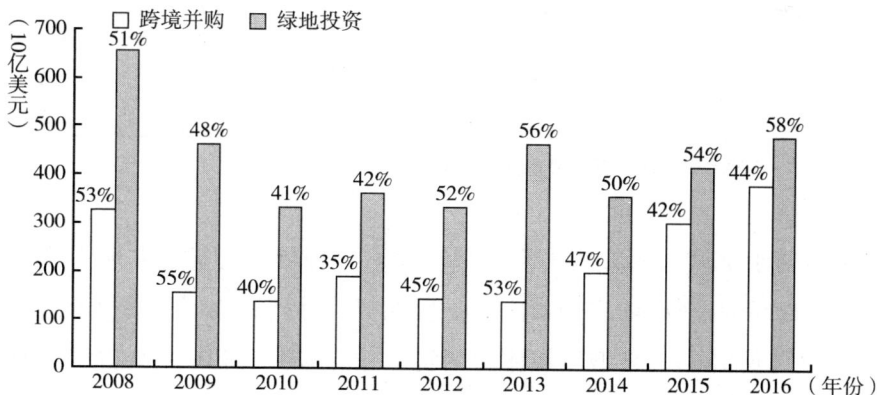

图5　全球服务业跨境并购和绿地投资发生额所占比重

资料来源：2008～2016年《广东统计年鉴》。

---

① 本节所用数据来自联合国贸易和发展会议发布的《2017年世界投资报告》。

（二）全球服务业 FDI 主要流向发达经济体和发展中经济体

从总量来看，全球服务业 FDI 流入量由 2015 年的 7250 亿美元上升到了
2016 年的 8643 亿美元，增加了 19.2%。从流入区域分布来看，发达经济体
和亚洲发展中经济体是全球服务业 FDI 的主要集中地。全球服务业 FDI 流入
发达经济体和亚洲发展中经济体的总量（比重）分别由 2015 年的 4104 亿美
元（56.7%）和 2250 亿美元（31.1%）上升到了 2016 年的 4868 亿美元
（56.4%）和 2359 亿美元（27.3%），流入额分别增加了 18.6% 和 4.8%。
2016 年发达经济体和亚洲发展中经济体吸引的服务业 FDI 占全球服务业 FDI
流入量的比重超过了 80%，成为全球服务业资本主要流入地（见表 5）。

表 5 2015～2016 年各经济体全球服务业 FDI 流入量及份额

单位：百万美元，%

经济体/地区	服务业 FDI 流入量		占比	
	2015 年	2016 年	2015 年	2016 年
发达经济体	410386	486815	56.7	56.4
非洲发展中经济体	35442	80866	4.9	9.4
亚洲发展中经济体	225014	235873	31.1	27.3
拉丁美洲及加勒比地区	38089	50054	5.3	5.8
转型经济体	15203	10302	2.1	1.2

资料来源：UNCTAD《2017 年世界投资报告》。

从服务业 FDI 流入方式来看，只有发达经济体以跨境并购形式流入的
FDI 超过以绿地投资形式流入的外资，其余经济体外资来源的主要形式均为
绿地投资（见图 6）。转型经济体和欠发达经济体引入 FDI 主要以绿地投资
为主，亚非发展中经济体和非洲发展中经济体的绿地投资分别是跨境并购的
7.8 倍和 7.2 倍，拉丁美洲和加勒比地区这一比例是 4.7 倍。从各投资方式
FDI 流入的增长率来看，发达经济体、拉丁美洲和加勒比地区两种方式均呈
上升趋势，而转型经济体两种投资方式均呈下降趋势。以绿地投资方式进入
的 FDI 在亚洲发展中经济体、非洲发展中经济体和欠发达经济体分别同比增

长 92.4%、13.6% 和 0.13%，以跨国投资方式进入的 FDI 分别同比下降 779.8%、34.5% 和 52.0%。

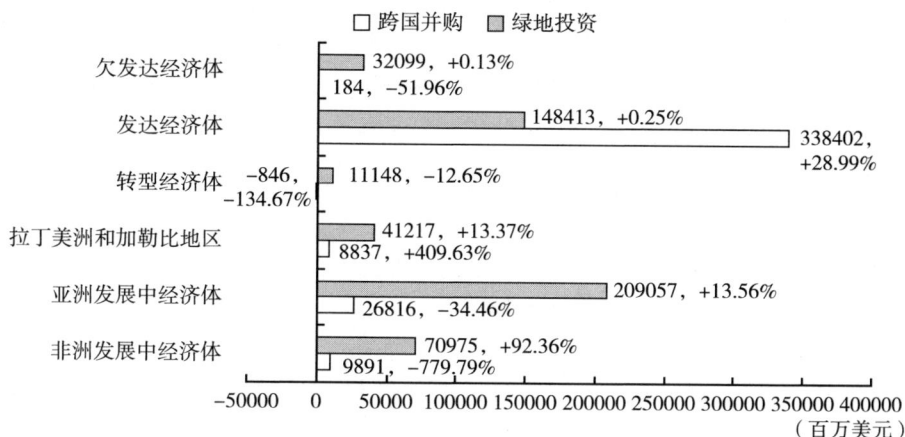

图6　2016年服务业 FDI 流入方式及增长率

资料来源：2016 年《广东统计年鉴》。

（三）发达经济体和亚洲发展中经济体是全球服务业 FDI 主要流出地

从服务业 FDI 的流出总量来看，发达经济体和亚洲发展中经济体是服务业 FDI 的流出地区，二者合计占全球服务业 FDI 流出总量比重超过 96%，其他经济体所占比重不足 4%（见表 6）。从增长率来看，2016 年来自非洲发展中经济体和转型经济体 FDI 流出总量均减少，分别同比下降 46.67% 和 39.62%。欠发达经济体流出总量上升幅度较大达到 83.9%，来自亚洲发展中经济体和发达经济体分别同比增加 25.65% 和 22.96%，拉丁美洲和加勒比地区外资流出基本持平，仅增长 7.29%。其中亚洲发展中经济体的增长主要得益于中国 FDI 流出的增长。

从服务业 FDI 的流出方式来看，发达经济体主要依靠跨境并购，发展中经济体主要依靠绿地投资，这主要是由经济发展水平决定的。从增长率来看，以绿地投资方式流出的 FDI 在欠发达经济体、转型经济体和亚洲发展中

119

表6　2016年和2015年主要经济体外资流出量与占比

单位：百万美元，%

经济体/地区	服务业 FDI 流出量		份额	
	2015 年	2016 年	2015 年	2016 年
发达经济体	488208	600300	63.7	64.3
非洲发展中经济体	14661	7819	1.9	0.8
亚洲发展中经济体	253743	318826	33.1	34.1
拉丁美洲及加勒比地区	2800	3004	0.4	0.3
转型经济体	6671	4028	0.9	0.4

资料来源：2015年和2016年《广东统计年鉴》。

经济体都保持较高的增长率，分别同比增长85.59%、91.55%和43.94%，非洲发展中经济体同比下降52.54%，发达经济体基本持平。以跨境并购方式流出的FDI在发达经济体和拉丁美洲及加勒比地区保持较高增长率，分别达到46.04%和43.29%，其余经济体均呈现下降趋势，其中转型经济体减少幅度最大达到174.18%，这主要是由于金融保险行业FDI流出同比下降了94.0%。欠发达经济体、亚洲发展中经济体和非洲发展中经济体跨境并购分别同比下降30.8%、44.2%和52.5%（见图7）。

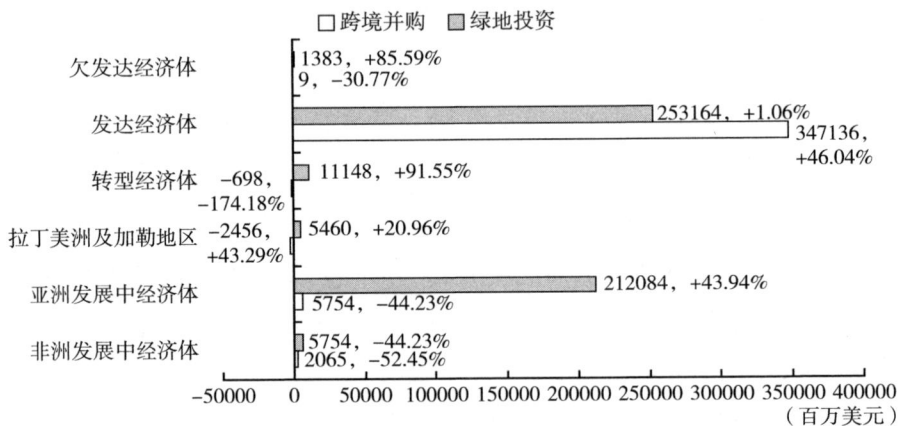

图7　2016年服务业 FDI 流出方式

资料来源：2016年《广东统计年鉴》。

（四）金融保险和商务服务是全球 FDI 流向热点

从服务业内部来结构来看（见表7），除了电力、燃气与供水等公共基础设施服务业，金融保险、商务服务、交通仓储与通信等生产服务业是服务业跨国资本流向集中的行业，其中又以金融保险和商务服务为重点。2015年、2016 年金融保险业 FDI 流出和流入占比分别为 37.9%、39.6% 和 13.9%、10.6%，其流出形式主要为跨境并购（占流出额比重超过90%），主要来源国家为发达经济体和亚洲发展中经济体。2016 年金融保险业 FDI 流出量为 2437 亿美元，占跨境并购 FDI 流出量的 28.1%，与 2015 年的 2653 亿美元相比，下降了 8.9%，但仍占据主要地位，是全球 FDI 流出重点领域。商务服务同样也是全球 FDI 流动热点领域，是服务业 FDI 集中的第三大行业，流动形式主要为绿地投资，主要来源地为发达经济体和亚洲发展中经济体（主要是中国）。2016 年的商务服务 FDI 流出量占比为 23.1%，比 2015 年提高 8.8 个百分点。

表7　2015~2016 年全球服务业 FDI 流量行业分布

单位：%

行业	2015 年		2016 年	
	流入	流出	流入	流出
金融保险	13.9	37.9	10.6	39.6
商务服务	19.4	14.3	17.8	23.1
交通仓储与通信	4.8	4.3	7.1	9.6
电力、燃气与供水	22.0	20.0	23.0	29.1
贸易服务	4.6	3.2	8.3	6.2
建筑服务	0.7	13.4	1.1	21.6

资料来源：UNCTAD《2017 年世界投资报告》。

（五）制造业海外分支机构是服务业 FDI 的重要形式

从全球 FDI 存量来看（见图8），服务业所占比重逐年增加，2015 年达到 16 万亿美元,占全球 FDI 存量的 65%,制造业和基础产业分别占 26% 和 6%。但从控制服务业 FDI 存量的母公司行业属性来看,其中至少 1/3 是制造业和基础产业跨国公司的海外分支机构,也就是说许多服务业 FDI 项目本质上是制造业(基础产业)的海外分支机构。这些分支机构从事的海外活动包括区域总部、后台功能、金融控制、采购或物流中心、分销或售后服务、研发等,在东道国这些活动通常都归类为服务业。通过对包括制造业和基础产业在内的全球最大 15000 家跨国公司海外附属机构的调查发现,超过一半(约 52%)附属机构从事的海外活动是服务业[1]。图 9 是制造业和基础产业海外分支机构从事的各类服务活动所占比例,其中以批发零售(占43%)和金融保险(占 19%)为主。所以,全球服务业 FDI 流动不是孤立的服务业资本流动,很大程度上是制造业全球化的延伸和表现形式。

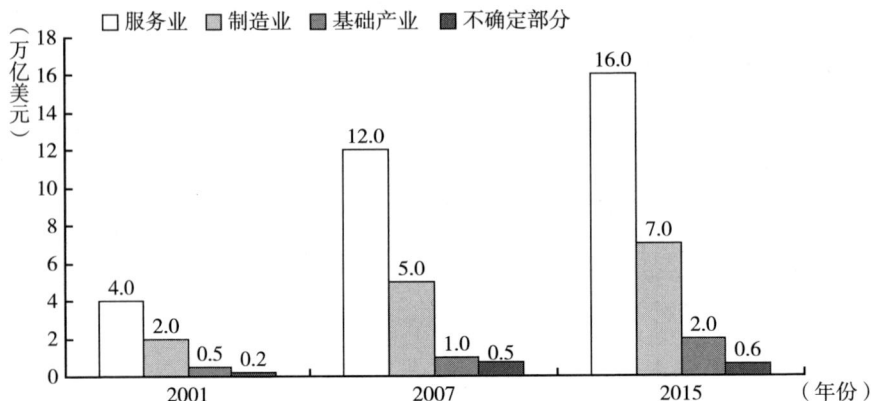

图 8　按行业估计的全球外商直接投资存量

资料来源:2001 年、2007 年和 2015 年《广东统计年鉴》。

四　扩大广东服务业利用外资的建议

利用外资是中国对外开放基本国策的重要内容,进一步提高利用外资尤

---

① UNCTAD:《2017 年世界投资报告》(英文版),第 22 页。

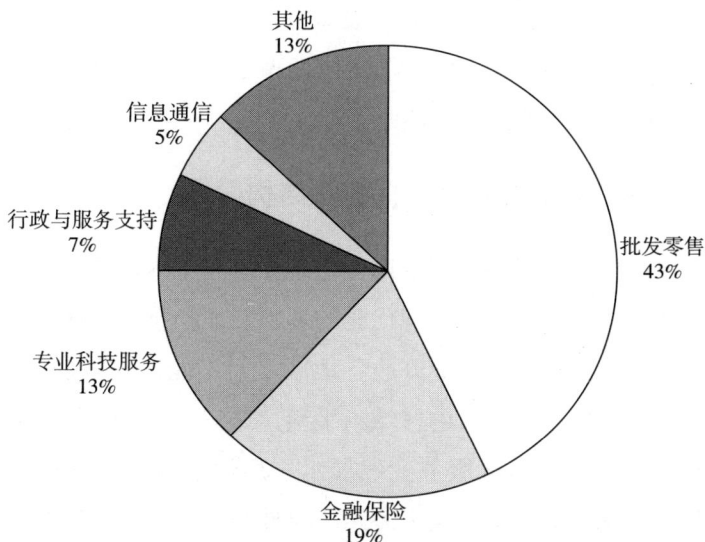

图9 2016 年基础产业和制造业海外分支机构各类服务活动分布

资料来源：2016 年《广东统计年鉴》。

其是现代服务业利用外资水平是广东构建开放型经济新体制的重要工作着力点。根据前文对广东服务业利用外资存在问题的分析，本文认为广东应从优化服务业利用外资行业结构、改善外商直接投资空间分布结构、拓宽服务业外资来源渠道、加强制造业与服务业联动以及提高招商引资考核科学化水平等方面进一步提高服务业利用外资水平。

（一）优化服务业利用外资行业结构

抢抓全球资本流动向服务业集中和发达国家外包服务生产环节的历史机遇，进一步拓宽外商投资领域，扭转服务业利用外商直接投资流向行业结构单一的局面。具体来讲，当前应重点按照《国务院关于扩大对外开放积极利用外资若干措施的通知》（国发〔2017〕5 号）要求，进一步扩大金融保险、信息通信、文化教育等服务领域的对外开放，同时围绕《广东省智能制造发展规划（2015～2025 年）》确定的"制造强省"目标，鼓励外商企业投资工业设计和创意、研发服务、工程咨询、仓储物流、检验检测认证等各类专业生产性服务业，弥补产业升级短板，打破"两头在外、中间在内"的全球产业链困境，带动全省产业链向两端服务环节攀升，加快广东由"制造大省"向"制造强省"的转变。

（二）改善外商直接投资空间分布结构

全面建成小康社会、率先实现现代化是今后五年广东的奋斗总目标。强大的服务经济是实现全面小康和现代化的基本特征和重要保证。全面小康不能留盲区、存死角，扩大服务业开放各地区之间不能此强彼弱、差异悬殊。目前广东服务业发展存在严重的区域不平衡，珠三角占全省服务业增加值比重超过90%，粤东西北地区服务业发展水平远远落后于珠三角甚至全国平均水平，与现代化目标要求有很大差距。对外开放水平低是粤东西北地区服务业发展落后的重要原因，扩大服务业对外开放是加快粤东西北地区服务业发展的重要途径，扩大粤东西北地区服务对外开放也是促进广东服务业区域协调发展和实现全面小康的重要保障。这就要求广东在扩大服务业利用外资工作中应着重促进区域之间的协调发展。具体来讲就是结合资源禀赋和经济发展内外环境，在充分发挥有效市场作用的基础上，通过制定优惠政策，引导外资向粤东西北地区基础设施、生态农业、旅游休闲等经济社会发展急需或具有资源禀赋优势的行业投资。同时，提高珠三角地区相应产业的外商投资准入门槛，实现与粤东西北地区的错位发展，建立珠三角和粤东西北地区之间的外商直接投资转移对接机制，促进全省服务业对外开放均衡发展。

（三）拓宽服务业外资来源渠道

欧美日等发达国家和地区服务业专业化水平高，技术与知识要素密集，与其他产业尤其是制造业关联互动强，技术溢出效应大。扩大引进美日欧等发达地区服务业外商直接投资，不仅可以促进国内服务业竞争，还可以带动相关产业尤其是制造业效率提升。当前广东外商直接投资来源地主要集中在香港，这不利于广东学习借鉴发达国家先进服务业经验提升自身产业层次。今后应进一步拓宽服务业外资来源地，重点加强同欧美日跨国公司的合作，利用中国广阔的市场优势和广东改革开放积累的引资经验，进一步提升国际化、法治化营商环境，积极承接先进跨国公司服务外包，加大吸引国际跨国公司投资力度，吸引更多欧美日等地区发达服务业跨国公司来粤投资，构建新型对外开放经济体系。

（四）实现制造业与服务业联动

对全球服务业 FDI 发展态势的分析表明，制造业（包括基础产业）跨国公司的海外分支机构是服务业 FDI 的重要参与者，也是金融保险、商务服务等生产服务业跨国转移的主要带动者。广东是制造业利用外资大省，也是全球重要的制造业基地。但从产业素质来看，粗放式经济发展方式仍很突出，产业链总体仍处于全球价值链低端制造环节，生产服务业发展落后是制约广东产业链向两端高附加值环节攀升的主要因素。造成这一困境的一个重要因素是长期以来广东引进的外商直接投资主要集中在加工制造环节，生产服务业外商直接投资发展长期滞后，产业链两端的服务环节仍然控制在外资企业的国外母公司。因此，深化广东服务业对外开放，应充分把握全球服务业 FDI 流动态势，依托前期制造业引进外资的产业基础，重点推进针对外资加工制造企业母公司的研发设计、品牌营销、金融、物流、信息、售后服务等综合配套服务行业的招商引资，通过全产业链招商战略提升广东产业核心竞争力。

（五）提高招商引资考核科学化水平

政绩考核是中国各级地方政府招商引资的主要动力，也是改革开放以来中国扩大对外开放的重要法宝。量化经济指标考核（或行政引导）是当前中国鼓励招商引资、推动产业结构调整的重要举措。不同的经济社会发展阶段、资源禀赋条件以及区域分工态势背景下，一个地区适合引进的产业资本各有不同。如果单纯为了完成下达的招商任务饥不择食地快速引入不适合本地经济内生发展需要的资本，结果可能适得其反，不仅弥补不了产业发展短板，而且不平等的产业政策会干扰其他产业正常的升级发展。在新的历史发展阶段，国际环境、科学技术、国内发展条件等都在发生变化，相应的政绩考核指标也要适时调整。首先，要改变"唯 GDP"、"重 GDP"、只重引资总量的政绩考核观，切实扭转重硬件投资轻公共服务供给、重眼前轻长远、重速度轻质量、重总量轻结构的招商引资老路子，政绩考核指挥棒要引导各级政府重视产业链两端的服务环节尤其是产业链提升的服务短板。其次，上级政府部门考核下级部门要更加注重地区之间的资源禀赋和区域分工，不能不加区分地机械套用单一招商任务进行考核，量化指标要充分结合当地实际，要相对指标与绝对指标相结合、定量指标与定性指标相结合，将招商考核指挥棒指向鼓励下级政府打造本地比较优势、实现区域联动、带动产业链升级、促进制造业与服务业融合发展。最后，产业主管部门考核要打破机械的产业分类边界，要有产业融合和大产业观念，注重不同行业分管部门的协同联动，招商引资过程中要更加注重大产业链招商、新业态招商以及弥补产业链短板的精准招商。

参考文献

［1］ 韩胜飞、梁捷、王炜：《提高利用外资水平，加快广东服务业开放》，《区域发展战略》2011 年第 11 期。

［2］ 黄朝永：《广东外资空间分布与变化研究》，《地理学与国土研究》2000 年第 5 期。

［3］ 李江帆：《第三产业经济学》，广东人民出版社，1990。

［4］ 林若：《回顾广东改革开放二十年》，《广东经济》1999 年第 2 期。

［5］ 魏作磊：《创新观念认识发展生产服务业》，《市场经济与价格》2016 年第 9 期。

［6］ 钟晓君、夏励嘉：《广东服务业利用外资的现状、问题与前景》，《广东开放大学学报》2015 年第 1 期。

［7］ 周训清：《改革开放以来广东利用外资定量分析和研究》，《广东行政学院学报》1999 年第 4 期。

［8］ 周黎安：《中国地方官员的晋升锦标赛模式研究》，《经济研究》2007 年第 7 期。

B.6
广东双向投资的发展历程研究

刘胜 吴蓓蓓*

摘　要： 1978 年的经济开放为中国铺展了融入全球经济之路。一方面，通过实施优惠政策，中国政府鼓励大量的外国直接投资的流入；另一方面，中国进入 21 世纪以来加快了对外直接投资的步伐，尤其是"一带一路"倡议的提出为"走出去"提供了战略支撑。广东是目前中国吸引外商（含港澳台）直接投资最多的省份，同时在对外投资方面也一直走在全国其他省份的前面，其对外投资存量超过第二名上海市将近一倍。鉴于此，本文尝试对广东双向投资的发展历程进行系统的梳理与分析，在当前对外开放 40 年的背景下，这项研究是很有必要的，可以为广东省总结开放的经验与不足，为加快利用双向投资促进经济转型升级提供经验证据支撑和政策建议。

关键词： 外商直接投资　对外直接投资　发展历程　广东

一　引言

中国重视和积极引进外资始于 1978 年。1978 年的经济开放为中国铺展了融入全球经济之路。一方面，FDI 的流入被认为能够促进和维持国家的经

---

* 刘胜，博士，副教授，广东外语外贸大学国际经济贸易研究中心副主任，主要从事国际投资领域的教学与研究。吴蓓蓓，女，广东外语外贸大学世界经济学在读研究生。

济增长；另一方面，外国投资者把中国视作主要的资本流入目的地。通过实施优惠政策，中国政府鼓励大量外国直接投资的流入。20世纪90年代中期以来，中国已成为吸收外商直接投资最多的发展中国家，全世界排名第二，仅次于美国。广东是目前中国吸引外商（含港澳台）直接投资最多的省份，特别是其制造业，根据中国统计年鉴最新数据，截至2016年底，广东外资注册资本达到了5086亿美元。概括来说，外商直接投资（foreign direct investment，FDI）可以给东道国带来特有的资源、资金或技术，还可以带动东道国企业扩展海外市场，推动相关产品的零部件生产，促进其技术改进和生产率提升；外商投资还能促进东道国的国际贸易并影响其国际收支平衡，对东道国生产产生互补或转移的影响（Dunning，1998；傅元海等，2014；Liu and Agbola，2014；Liu et al.，2016；Su and Liu，2016）。

从理论上来说，一国还可以通过更主动的模式即对外直接投资，获取全球资本流动带来益处。基于对外投资理论和经济增长理论，学者们认为对外投资对母国经济可产生几点影响：一是获取目的地特有的资源、资金或技术，但也有可能带走母国的资源或资本（李梅和柳士昌，2012；Huang and Zhang，2017）；二是扩展海外市场，带动国内相关产品的零部件生产（盛思鑫，2016；Huang and Zhang，2017）；三是继续利用国内已成熟但相对过时的技术以获取更多的剩余价值（Driffield and Love，2008）；四是促进或替换母国的国际贸易和影响其国际收支平衡（Liu and Agbola，2014；Liu等，2016）；五是对于国内生产的互补或者转移（Farla et al.，2016）。

21世纪初，中国确定了"走出去"对外投资的国家战略。2012年，党的十八大提出加快"走出去"步伐，增强企业国际化经营能力，培育一批世界水平的跨国公司。2013年，中国提出的"一带一路"倡议为"走出去"提供了战略支撑，为对外直接投资开辟了广阔的天地；党的十八届三中全会提出，适应经济全球化新形势，必须推动对内对外开放相互促进、引进来和走出去更好地结合，加快培育、参与和引领国际经济合作竞争新优势。2015年，《中共中央国务院关于构建开放型经济新体制的若干意见》着重强调并实施新时期走出去国家战略，努力提高对外投资质量和效率；党的十八届五中全会提出要培育一批跨国企业。这一系列政策促使了近十年以来中国对外投资的飞速发展。截至 2016 年底，中国共有 1.6 万家境外投资者在 190 个国家（地区）设立了近 3.72 万家企业[①]。在对外直接投资发展方面，广东一直走在全国其他省份的前面，其对外投资存量超过第二名上海市将近一倍。

上述分析显示，通过双向国际资本可以获取国外的知识、技术与资源，加强一个国家或某个地区与世界经济的联系。但是，对广东双向投资发展历程进行系统梳理与分析的研究不多。鉴于此，本文将尝试在此方面进行补充研究。在广东对外开放 40 年的背景下，对其发展历程进行系统的梳理与研究是很有必要的，可以为广东总结开放的经验与不足，给加快利用双向投资促进经济转型升级提供经验证据支撑和政策建议。本文第二节和第三节将分别分析广东省外商直接投资与对外直接投资的特征及政策变化；第四节将研究中国产业结构变化对吸引外资的影响；鉴于广东同时也是对外贸易的大省，第五节将着重分析国际贸易形势变化对广东省双向投资的影响；最后，根据以上几节的分析结果，第六节将提出加速广东双向直接投资流动的合理化政策建议。

二 广东省外商直接投资特征及政策变化

（一）总量特征

改革开放 40 年来，外商直接投资为中国经济的增长做出了重要贡献。广东作为改革开放的前沿地区，凭借其优越的地理位置和良好的对外经济的发展基础，发展成吸收 FDI 总量最多的地区。1979 年，广东实际利用外资总额为 0.31 亿美元，2016 年这一数据已增加到的 233.49 亿美元（见图1）。38 年来，广东吸收外资的增长大致可以分为三个阶段。

---

① 商务部：《中国对外投资合作发展报告》，2017。

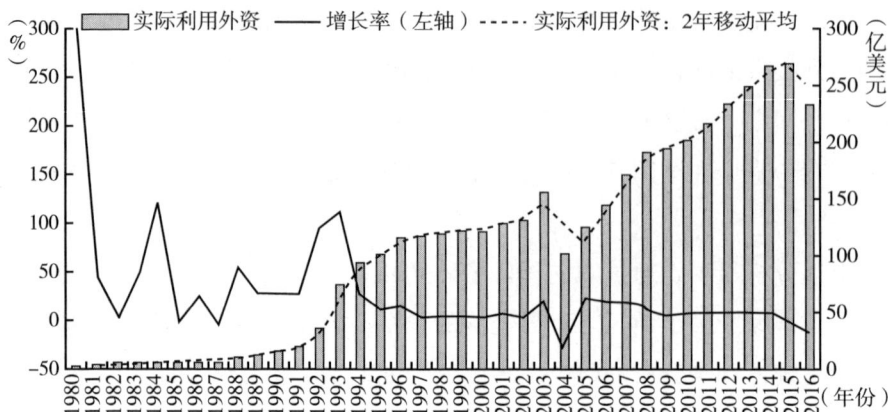

图1 广东实际利用外资额及其增长率（1979~2016年）

（1）起步阶段（1979~1991年）。在此期间，广东累计批准外商投资项目18537个，吸收外资83.97亿美元，平均项目规模为45万美元。广东吸收实际利用外资的平均增速为54.03%，且波动较大，存在显著的大起大落的特征。这与外国投资者对当时中国政策及其预期所持的不稳定态度有关系，同时也反映了起步阶段广东省在发展对外经济方面进行了大幅政策调整。

（2）初步发展阶段（1992~2008年）。这一时期政府修订了对外资的政策和法规，对外资出口企业和先进技术企业给予了更为优惠的待遇，改善了外商投资环境，并制定了吸引外商投资方向、外商准入及禁入行业的规定。此外，1994年，中国进行全面外经贸体制改革，采取了一系列鼓励外商直接投资的新政策。在此期间，广东累计批准投资项目126130项，吸收外资2052.62亿美元，平均项目规模为163万美元，且吸收外资的增长速度日趋平稳。这说明广东利用外资已渐入佳境，但该阶段吸收的外商直接投资主要是中小型外商直接投资项目，呈现粗放型利用外资的基本特征。

（3）稳定增长阶段（2009~2016年）。2008年国际金融危机后，广东省政府采取了一系列政策，使广东市场环境日趋成熟及稳定。外商在先行投资成功的基础上，进行了更大规模的投资，投资项目及领域也在不断扩大。

这一时期，广东累计外商投资项目49708项，吸收外资1871.91亿美元，平均项目规模为377万美元。此期间内，广东吸收FDI的平均项目规模明显提升，说明广东吸收外商直接投资进入以跨国大公司为主体、以制造业为主要投向的成熟增长阶段。

（二）利用方式特征

广东利用FDI的方式主要有四种：合资经营、合作经营、外商独资经营、和股份制经营。外商独资经营是广东利用外资的主要方式，2004年广东外商独资经营方式占67.84%，2015年上升至81.39%，2016年回落至67.48%；其他三种经营方式的占比相对稳定，但以合资经营与合作经营方式利用外资的比例呈现下降趋势，以股份制经营利用外资的比例呈现上升趋势。合作经营与合资经营的溢出效应与经济安全性都高于外商独资经营，股份制经营则更利于企业发展成集团。因此，目前过高比例的外商独资经营的现状亟待改善（见图2）。

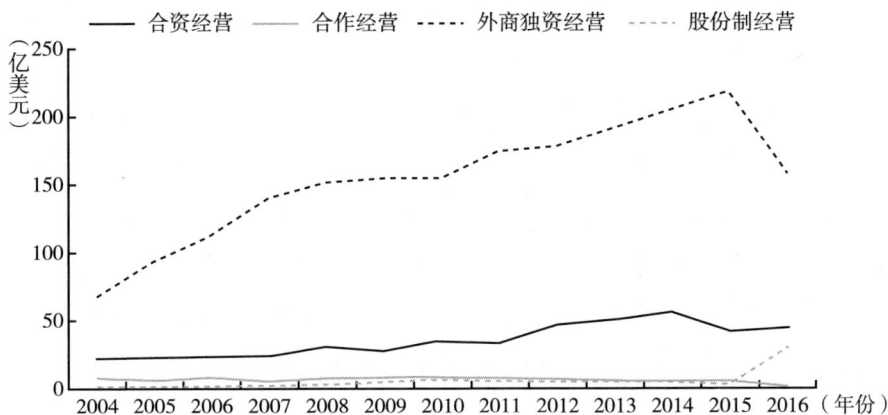

图2　广东利用外资不同方式的情况（2004~2016年）

（三）产业结构特征

广东吸引外资主要集中于第二产业，尤其集中于制造业。从实际利用

FDI 存量看，1978～2016 年，广东吸收外商直接投资 4008.4963 亿美元。就 FDI 投向各产业比重的变化趋势来看，投向第二产业的比重呈下降趋势，而投向第三产业的比重则呈现显著上升趋势（见图 3）。特别是 2013 年，第三产业吸收外资所占比重上升得最快，2004～2016 年的平均增长率为 11.71%。这说明，近年来广东吸收外商直接投资的产业结构呈优化趋势。

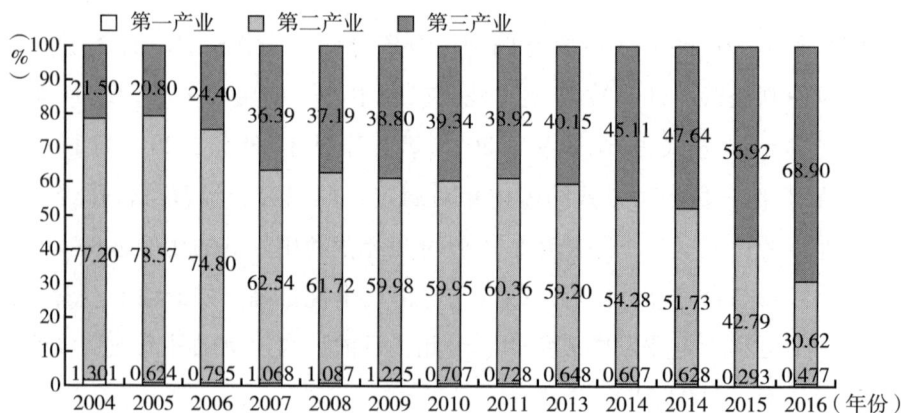

图 3　广东省吸收 FDI 的产业分布（2004～2016 年）

在第三产业内部，广东吸收 FDI 占比增长最快的行业为信息传输、计算机服务和软件业，租赁和商务服务业，房地产业及金融业，其中以信息传输、计算机服务和软件业的增长幅度最大，波动也最大（见图 4）。2004～2015 年信息传输、计算机服务和软件业吸收 FDI 的占比一直在 3% 以下，但 2016 年大幅增长至 15% 左右；房地产业吸引 FDI 在 2004～2006 年一直维持在 10% 以下，从 2007 年起开始大幅增长，达到 21%，此后所占比例一直维持在 16.58% 左右。值得注意的是，与全国相比，广东省金融行业吸收 FDI 的占比虽在增长，但份额仍然较小（见图 5）。另外，教育行业中广东吸收 FDI 的比重一直较低，所占比例一直处于 0.1% 以下。这说明广东省正在进一步优化吸收 FDI 的行业结构，但是第三产业内部的行业结构仍需调整。

图例：
□农、林、牧、渔业　采矿业　制造业　电力、燃气及水的生产和供应业
建筑业　交通运输、仓储和邮政业　信息传输、计算机服务和软件业
批发和零售业　住宿和餐饮业　金融业　房地产业　租赁和商务服务业
科学研究、技术服务和地质勘查业　水利、环境和公共设施管理业
居民服务和其他服务业　教育　卫生、社会保障和社会福利业
文化、体育和娱乐业　公共管理和社会组织

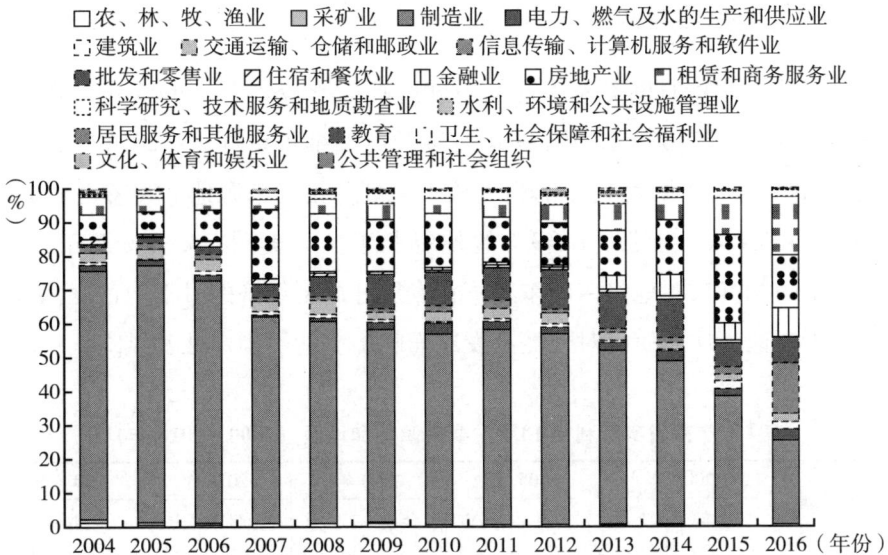

图4　广东省吸收 FDI 的行业分布（2004～2016 年）

□农、林、牧、渔业　采矿业　制造业　电力、燃气及水的生产和供应业
建筑业　交通运输、仓储和邮政业　信息传输、计算机服务和软件业
批发和零售业　住宿和餐饮业　金融业　房地产业　租赁和商务服务业
科学研究、技术服务和地质勘查业　水利、环境和公共设施管理业
居民服务和其他服务业　教育　卫生、社会保障和社会福利业
文化、体育和娱乐业

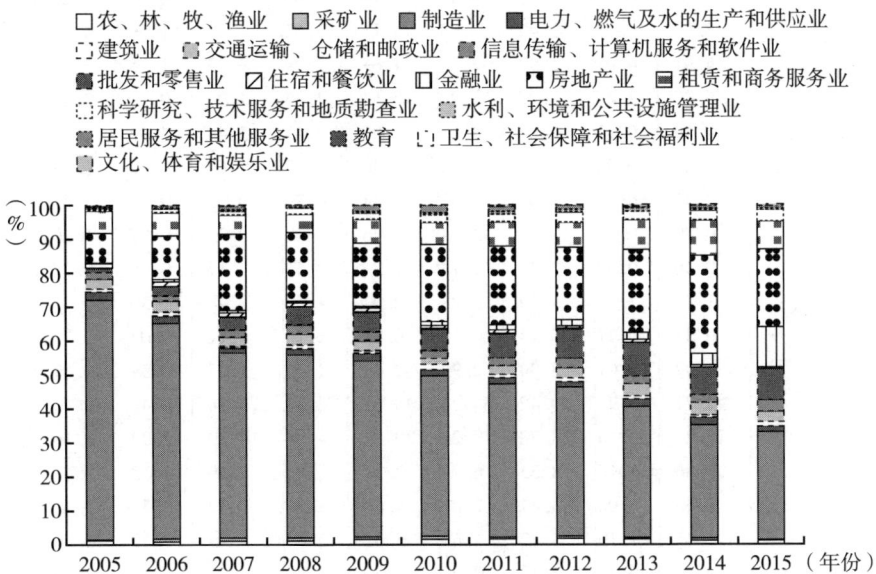

图5　中国吸收 FDI 的行业分布（2004～2016 年）

133

（四）来源地结构特征

广东吸收 FDI 的投资来源地集中度过高，风险较大。2000 年，在广东吸收的外资中，73.06% 来源于中国香港及英属维尔京群岛；2016 年，这一比例达到 80.1%（见表1）。若以七大洲来划分投资来源地，2016 年广东省 81.36% 的 FDI 来自亚洲，6.49% 的外资源于拉丁美洲，4.03% 源于欧洲。过于集中的投资来源地将使广东经济在发展开放型经济的过程中过度依赖局部投资来源地，从而使得对外经济发展面临更多的不确定性及风险。

表1　广东省实际利用 FDI 主要来源国和地区（2000～2016 年）

投资来源国和地区	2000 年		2005 年		2010 年		2015 年		2016 年	
	金额（亿美元）	比重（%）	金额（亿美元）	比重（%）	金额（亿美元）	比重（%）	金额（亿美元）	比重（%）	金额（亿美元）	比重（%）
中国香港	74.48	60.87	58.24	47.1	129.17	63.75	204.79	76.2	174.19	74.6
英属维尔京群岛	14.92	12.19	21.05	17.03	27.1	13.37	12.34	4.59	12.84	5.5
中国澳门	2.61	2.14	2.86	2.31	3.02	1.49	7.37	2.74	6.44	2.76
英国	0.83	0.67	1.21	0.98	0.19	0.09	1.31	0.49	5.29	2.27
日本	3.09	2.52	9.44	7.63	5.1	2.52	4.55	1.69	4.3	1.84
新加坡	4.91	4.01	2.92	2.36	4.65	2.29	4.73	1.76	3.35	1.43
美国	6.7	5.47	0.27	0.22	2.54	1.25	1.9	0.71	2.33	1
萨摩亚	0.89	0.73	5.07	4.1	4.97	2.45	5.44	2.02	1.88	0.81
开曼群岛	0.67	0.55	2.05	1.66	2.46	1.22	1.67	0.62	1.69	0.73
毛里求斯	0.46	0.37	1.08	0.87	1.47	0.73	0.73	0.27	1.42	0.61
荷兰	0.79	0.64	3.88	3.14	0.96	0.48	0.72	0.27	1.26	0.54
法国	0.46	0.37	1.41	1.14	5.2	2.57	2.11	0.78	0.77	0.33
韩国	1.37	1.12	1.09	0.88	2.07	1.02	3.48	1.29	0.72	0.31
瑞士	0.33	0.27	0.24	0.19	0.28	0.14	0.12	0.04	0.71	0.3
中国台湾	4.97	4.07	3.34	2.7	2.45	1.21	1.05	0.39	0.69	0.29
亚洲	92.71	75.76	79.42	64.24	148.67	73.38	226.88	84.42	189.96	81.36
拉丁美洲	16.2	13.24	23.78	19.23	30.31	14.96	14.29	5.32	15.16	6.49
欧洲	3.86	3.16	8.33	6.74	7.87	3.88	8.39	3.12	9.41	4.03
北美洲	7.45	6.08	3.47	2.81	4.08	2.01	3.52	1.31	2.41	1.03
大洋洲	1.45	1.19	5.77	4.67	5.32	2.62	5.73	2.13	2.06	0.88
非洲	0.43	0.35	1.13	0.91	1.7	0.84	1.21	0.45	1.89	0.81
总计	122.37	100.00	123.64	100.00	202.61	100.00	268.75	100.00	233.49	100.00

广东吸收 FDI 来自发达国家的比重偏低，吸收 FDI 的质量有待改善。2016 年广东吸收外资前 15 位的投资来源地中，英国、日本、新加坡、美国、荷兰、法国、韩国和瑞士的外资总量占广东吸收外资总量的比重为 8.02%。与 2015 年相比，2016 年除了新加坡、法国和韩国对广东省的投资呈下降趋势，其他发达国家对广东的投资都有小幅度上升。中国澳门对广东省投资一直保持在较为稳定的水平，但来自中国台湾的 FDI 总量仍然较少，且有下降的趋势。

（五）区域结构特征

从区域分布看，广东吸收 FDI 主要集中在珠江三角洲地区（见表 2、图 6）。以 2016 年为例，珠江三角洲吸收 FDI 的比重达到 97%，东翼、西翼各占 1%，山区占 2%。2016 年，珠江三角洲吸收 FDI 的比重由大到小依次为：深圳、广州、东莞、珠海、佛山、惠州和江门。其中以深圳、广州为最大的集中区域，两地吸收的 FDI 在全省的占比达到 53%。2016 年，珠海与惠州吸收外资的比例在全省占比重略有上升，而东莞与佛山吸收 FDI 的占比有所回落。

表 2　广东吸收 FDI 的区域分布及变化趋势

单位：%

年份	深圳	广州	东莞	珠海	佛山	惠州	珠江三角洲	东翼	西翼	山区
1990	26	13	5	5	11	8	77	8	2	3
1995	14	19	6	6	9	7	72	12	5	5
2000	20	21	11	7	7	7	87	6	2	4
2005	23	21	12	5	8	8	92	3	1	5
2010	21	20	13	6	10	7	91	4	1	4
2015	24	20	20	8	9	4	95	1	2	2
2016	29	24	17	10	6	5	97	1	1	2

（六）政策变化

党的十一届三中全会以后，广东对外贸体制进行了大胆的改革。1978

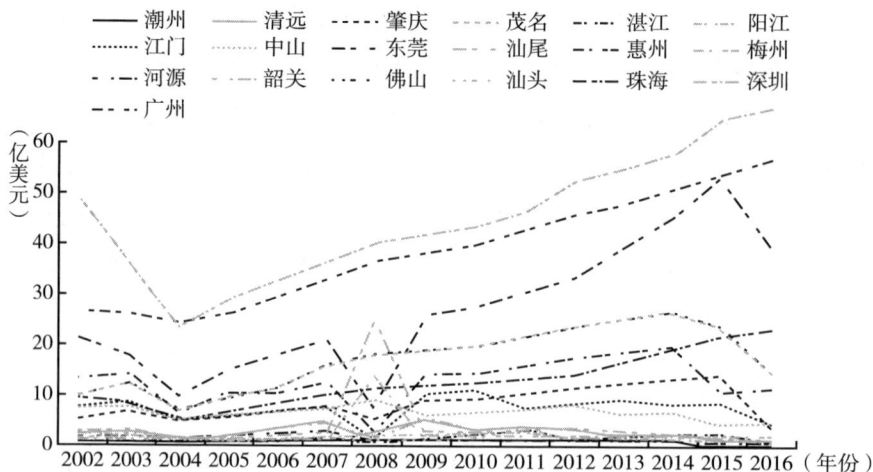

图 6　广东省各市外商直接投资情况（2002～2016 年）

年，东莞尝试性地创立了"三来一补"企业贸易形式，由外商提供设备、原材料、来样，并负责全部产品的外销，由中国企业提供土地、厂房、劳力。该模式有效地降低了企业成本，促进了广东省出口的发展，并在之后很长的一段时间内成为广东利用外资的主要方式。但是，"三来一补"企业不具有法人资格，且存在企业层次偏低、附加值低、经营模式单一、产权不明晰以及劳资纠纷较多等问题，对产业升级有明显的阻碍。

　　广东在深圳、珠海、汕头三市设置经济特区后，为鼓励外商投资，在 1980～1987 年分别实施了《广东省经济特区条例》、《国务院关于鼓励外商投资的规定》、《广东省鼓励外商投资实施办法》及《国务院关于台湾同胞到经济特区投资的特别优惠办法》，进一步放宽对外商所在各经济特区的税收优惠，形成经济特区鼓励外资投资较系统的税收优惠办法。随着对外经济的发展，1987 年 12 月，广东还贯彻实施了华侨投资企业税收优惠政策，鼓励华侨到广东投资办企业。这些优惠政策的实施促进了投资方式的多元化发展，让一些技术含量较高的工业投资开始进入广东。

　　1992 年，邓小平南方谈话为全方位利用外资扫清了意识障碍，利用外资的优惠政策陆续出台，为外商来华投资创造了良好的环境和氛围。对外开放和利用外资的实践进入从慢行到快速发展的轨道。在此期间，广东省政府大胆引进和积极引导跨国公司来华投资，并开始利用国际证券市场引进外资。但 1994 年到 20 世纪 90 年代末，中国引入外资的宏观政策发生了较大的变化：一是对利用外资和外商投资逐步实行国民待遇方针，先后取消了一些优惠政策；二是从地区性政策倾斜逐步向产业性政策倾斜。因而在此期间，广东实际利用外资的增速较慢。

随着中国加入 WTO，商务部发布了一系列引入外资的政策以促进外资在国内的应用与发展。2001 年，扩大外商投资企业贸易权及进出口经营权；2003 年，签署内地与香港、澳门的《关于建立更紧密经贸关系的安排》并于 2009 年进行了补充规定；2008 年，要求加强对外商投资企业扩大内销工作的资金扶持力度；2012 年发布《外商投资创业投资企业管理规定》，鼓励外资设立创投企业或向创投企业增资。广东省政府在国家政策的指导下，不断落实引入外资的各项工作，提高外资的利用率及利用质量。

2014 年 12 月，国务院决定设立中国（广东）自由贸易试验区，该试验区由广州南沙、前海蛇口、珠海横琴三大片区组成，是广东引进外资升级的集中体现。广东自由贸易试验区一方面通过制度创新，利用外商投资备案制降低外商投资准入的门槛；另一方面通过投资贸易的便捷化和鼓励政策降低企业的经营成本。这使得外商投资，尤其是海外高端要素资源，更有信心进入位于珠三角的广东自由贸易试验区三大片区。

2017 年，广东省政府公布《广东省进一步扩大对外开放积极利用外资若干政策措施》（本文简称《外资十条》）。其内容包括进一步扩大市场准入领域、加大利用外资财政奖励力度等 10 条举措。《外资十条》将进一步推动广东形成对外开放新格局，重塑广东营商环境新优势，打造法治化、国际化、便利化营商环境，重点加强对高端外资、高端人才的吸引力，推动广东外资向更高层级、更高质量发展。

总的来说，广东省能充分利用毗邻港澳台、华侨众多等优势，积极引入外资，并不断创新外资的利用方式，使外资的利用率及利用质量更高。此外，在"一个中心，两个体系"① 思想指导下，广东省通过实施放权搞活、自负盈亏的外贸体制改革，极大地调动了地方和外贸部门的出口积极性，推动了对外贸易的迅速发展。

三　广东省对外直接投资特征及政策变化

（一）总量特征

广东由于境外投资办厂起步较早，其在海外投资规模一直处于全国领先地位。近年来，广东积极推动企业参与国际经济竞争与合作，企业"走出去"步伐明显加快，其对外投资经历了一个发展规模逐步扩大的过程。从国家商务部对外投资和经济合作司公布的数据看，截至 2016 年底，广东累计批准设立外商投资企业超过 16 万家，广东企业对外投资合作遍布全球 100 多个国家和地区，对外直接投资的存量达到 1250.4 亿美元。

从流量方面来看，2004 年，广东对外直接投资总额仅为 8.35 亿美元，2016 年，这一数额已达到 229.62 亿美元，其规模相当于韩国 2007 年的对外投资总额（见图 7）。2004～2010 年，广东对外直接投资总量较小，且增长较缓；2011 年之后，广东对外直接投资的总量开始迅速增长，并在 2016 年达到历史最高点。从数据可以看出，广东对外直接投资对外部经济的依赖性十分明显。在 2008 年金融危机爆发以前，广东对外直接投资额还在进一步扩大。然而，在国际金融危机的冲击下，2009 年广东对外直接投资额大幅度下降，一度低于 2007 年的水平，之后才逐年回升。这说明，虽然广东省"走出去"成绩斐然，但依然面临对外部环境依赖性过强的问题。

（二）产业结构特征

2016 年，广东省国际产能合作项目实现对外直接投资 49.5 亿美元，比

---

① "一个中心，两个体系"指的是以出口创汇为中心，建设出口生产体系和国际营销体系。

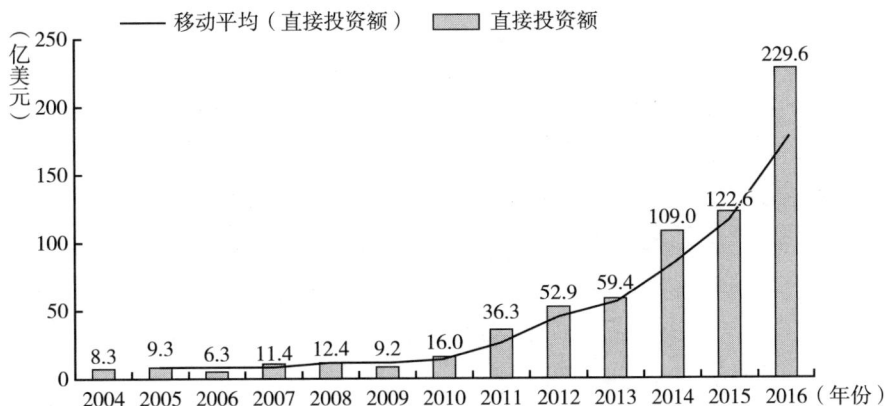

图7　广东省对外直接投资额（2004～2016年）

2015年增长3倍，占比38.1%，其中主要涉及电气机械和器材制造、纺织服装生产、橡胶轮胎生产等领域。同时，2016年广东省对海外服务业的投资占全年对外直接投资总量的31%，达到40.2亿美元，比上年增长1.4倍。此外，在资源开发项目及农业对外合作方面，广东省分别出资26.9亿和1.3亿美元，分别比上年增长1.27和3.3倍。

根据省商务厅的《广东企业"走出去"发展趋势调研报告》，广东的纺织、家电、建材等传统优势行业通过境外投资，在资源富集地区掌握了原材料货源，在欧美发达国家学习了技术管理等生产经验，在市场辐射广、劳动成本低的地区转移富裕的产能，很好地实现了与国内产业在资源和产业链上的协同互补，将部分国内优势产能转移到境外，实现了产业链价值的最大化。另外，广东省高端装备制造业通过在全球范围内进行产业整合，逐步从产业链的参与者向主导者转变，华为、美的、格力、中兴、TCL、农垦、广晟、粤电等一批有实力的跨国企业已经在国外站稳脚跟。2015年和2016年广东省分行业对外直接投资额见图8。

（三）目的地结构特征

广东对外直接投资的目的地集中度过高。2015年广东81.32%的对外投

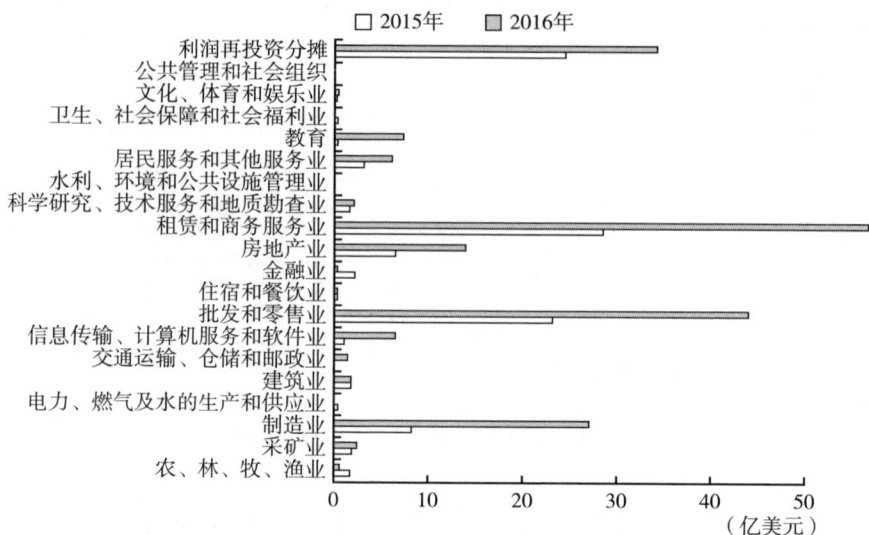

图8　广东省分行业对外直接投资额（2015 ~ 2016 年）

资额集中在亚洲，尤其是中国香港地区；2016 年广东在亚洲对外直接投资额为136.99 亿美元，占比下降至 79.59%。另外，2015 年北美洲、拉丁美洲、大洋洲和欧洲分别占广东对外直接投资总额的 11.93%、4.17%、1.6% 和 0.98%，金额分别为 9.71 亿美元、3.39 亿美元、1.30 亿美元和 0.80 亿美元，但其占比在 2016 年均有所上升（见表3）。说明广东对外直接投资的分布逐渐由亚洲向其他大洲进行扩散，这有利于广东对外直接投资分布的多元化发展。

广东对外直接投资项目的平均规模有所上升。根据表 3 和表 4 可以计算出，2016 年，广东省对亚洲、北美洲、拉丁美洲、欧洲、大洋洲和非洲投资项目的平均规模分别为 1365.80 万美元、866.09 万美元、2675 万美元、551.69 万美元、577.27 万美元和 109.36 万美元，相比 2015 年都有不同程度的增长。这说明广东省对外直接投资呈现"少而精"的特点，企业会集中资金投向筛选出的优质项目。

表3　广东对外直接投资额

单位：亿美元

国家与地区	2015 年	2016 年	国家与地区	2015 年	2016 年
中国香港	59.40	127.31	日本	0.03	0.79
美国	5.65	19.37	澳大利亚	0.79	0.69
英属维尔京群岛	2.25	4.18	台湾省	0.83	0.60
开曼群岛	1.00	3.27	爱尔兰	0.00	0.52
法国	0.03	2.77	亚洲	66.16	136.99
印度尼西亚	1.35	2.25	北美洲	9.71	20.18
泰国	0.12	2.11	拉丁美洲	3.39	7.49
新西兰	0.41	1.68	欧洲	0.80	4.91
阿拉伯联合酋长国	0.03	1.10	大洋洲	1.30	2.54
新加坡	1.92	1.08	非洲	0.73	0.35
加拿大	4.06	0.81			

表4　广东省对外直接投资项目个数

单位：个

国家与地区	2015 年	2016 年	国家与地区	2015 年	2016 年
中国香港	1073	777	越南	13	16
美国	135	219	阿拉伯联合酋长国	7	15
澳大利亚	24	31	加拿大	6	14
德国	20	24	中国澳门	16	12
新加坡	14	21	亚洲	1253	1003
马来西亚	8	21	北美洲	141	233
英国	10	21	欧洲	58	89
日本	12	18	大洋洲	38	44
印度尼西亚	10	16	非洲	28	32
泰国	12	16	拉丁美洲	41	28
中国台湾	12	16			

（四）政策变化

在推动对外投资方面，中央及广东省都制定了一系列政策，有利于广东对外直接投资的健康发展。在外汇管制方面，自 2000 年中国实施"走出

141

去"战略之后，国家发改委、商务部、财政部、国家外管局等有关部门逐步启动了政策调整的步伐。国家外管局开始逐步开闸，简化审批手续，放款外汇额度控制。2003年5月，《国家外汇管理局关于扩大境外投资外汇管理改革试点有关问题的通知》发布，要求提升境外投资的用汇额度，总额度从33亿美元增加值50亿美元。扩大试点地区外汇局的审查权限，对境外投资外汇资金来源的审查权限从300万美元提高至1000万美元。2006年6月，《国家外汇管理局关于调整部分境外投资外汇管理政策的通知》发布，不再对各分局核定境外投资购汇额度，并且允许境内投资者先行汇出与其境外投资有关的前期费用。

在税收方面，2015年，国家税务总局在纳税义务认定条款中，明确中国企业在缔约国不设常设机构的，就不在该国构成所得税纳税义务；在非歧视条款中，强调中国企业向缔约国投资，可享受与该国居民企业相同甚至更优惠的税收待遇等。同时，根据企业不同方式海外投资的特点，对于通过跨国兼并、收购等方式实现的对外投资，在税收政策上采取积极鼓励的态度，以适应国际企业并购浪潮不断兴起的发展趋势，为中国在跨境并购中创造良好的条件。

在国家政策的指导下，2007年广东省政府出台了《关于加快实施"走出去"战略的若干意见》，提出了广东省实施"走出去"战略的原则、目标和主要任务。省政府自2007年起，每年安排"走出去"专项资金3000万元，对企业从事各类"走出去"业务进行专项扶持，重点鼓励和引导企业设立境外生产基地、建设境外营销网络、扩大经济资源合作开发等。与此同时，以多种形式加强跨国人才培养，如"走出去"系列讲座、"广东省企业赴港发展高级培训班"等。"十一五"期间，广东省委省政府鼓励和引导企业大胆面对国际市场，积极推动企业"走出去"开展经贸活动，全省对外经济各项业务发展取得明显成效。

广东自1989年以来稳居中国第一经济大省的位置，经过多年发展尤其是近几年来的科学发展与转型升级，为进行更高层次、更大规模的海外投资活动创造了良好的条件，促进了对外直接投资的发展。

四 中国产业结构变化对吸引外资的影响

中国的产业结构一共进行了两次大的变化。如图 9 所示，在 1957 年以前，第一产业是中国经济增长的主要动力。但在此之后，第一产业的增加值便不断下降，其所占的比重也在不断减少。1958 年，第二产业超过第一产业成为中国三大产业之首，在中国产业结构中占比 36.85%。此后，第二产业不断发展，其年均占比达到 42.75%。到了 20 世纪末，第三产业开始崛起，产业增加值快速提升，并于 2010 年超过第二产业，成为中国产业结构中占比最大的产业。总体上来说，中国经济增长的同时，产业结构也在不断地优化。

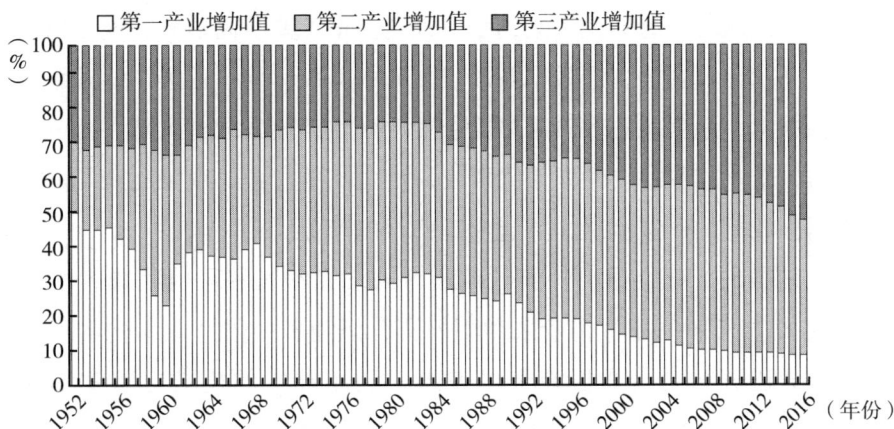

图 9　中国三大产业占比（1952～2016 年）

外资是促进中国经济发展的重要因素之一，由图 10 可知，中国实际利用外资额从 1992 年开始急速攀升，并在 1999 年及 2009 年有所回落，其余年份都有不同程度的增加。许多研究已证实，FDI 对产业结构转变会产生影响（刘宇，2007；陈继勇，2009；聂爱云，2012），而产业结构的变化也对外资流入产生影响。

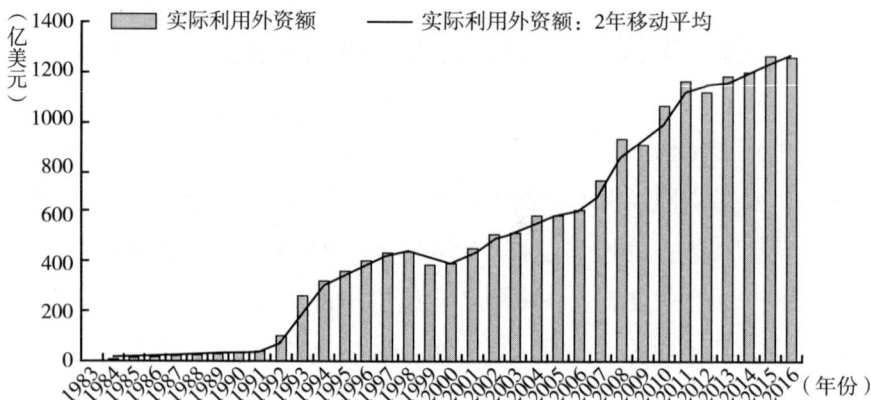

图10　中国实际利用外资额（1983～2016年）

产业结构的变化会影响外资的流向。首先，产业结构转型升级就是要将经济增长模式从粗放型转变为集约型，即企业生产要从高消耗、低产出转为低消耗、高产出，企业生产效率及质量提升；其次，为了促进产业升级，中国往往会推出一系列优惠政策来鼓励企业改变生产模式或进入新兴行业；最后，优秀的企业家往往会倾向于投资发展潜力高的产业，由于利润导向，外资会从回报较低的产业流出，并流向高回报的产业。

产业结构的变化会影响外资的使用方式。在很长一段时间里，中国主要通过建立"三来一补"企业来利用外资，但随着中国产业结构的不断升级，该模式已不再适应中国企业的发展，利用外资的模式也因此不断转变，出现了中外合资、股权投资等模式，利用外商直接投资的模式越来越丰富。

五　国际贸易形势变化对广东省双向投资的影响

随着时局的不断改变，全球的贸易形势也发生了一定的变化，总的来说呈现三个特点：全球贸易低速增长、产业分工细化以及全球贸易治理加强。下面将详细分析这三个特点，进而研究其对广东省双向投资造成的影响。

（一）全球贸易低速增长

2008 年金融危机爆发后，持久且稳健的贸易反弹并未真正出现，各国对全球经济的整体忧虑也在加剧。金融危机后的两年，新兴市场国家曾引领全球贸易增长。但近几年，全球贸易与新兴市场国家经济增长之间的联系似乎已经断裂。一些增长较好国家的贸易发展也被其他国家的疲弱需求抵消了。此外，由于结构性①及周期性因素②，全球整体经济增长速度放缓，所对应的进口需求将下降，进而贸易伙伴国的出口贸易也会下降。另外，美元升值引发的大宗商品价格下降也严重影响了全球贸易额的增长。

广东省是中国外贸的第一大省，其"经济增长奇迹"很大程度上是成功利用外资、发展进口贸易的结果。全球贸易低迷会相应地缩减广东省出口贸易额，导致外贸利润下降。外来资本会流向其他产业或其他国家以寻求更高的回报，故而全球贸易萎靡不利于广东省吸引外资。

为了规避贸易壁垒、开拓新的市场，一部分广东企业会对海外进行直接投资。在海外投资建厂不仅可以削减运输成本，获取当地的比较优势，还可以进一步带动母国生产设备、零部件等中间产品的出口，有利于企业获得新的利润增长点。故而，广东省对外直接投资总额会在这样的国际贸易形势中有所增加。

（二）贸易保护主义的盛行

全球经贸增长疲弱是贸易保护主义抬头的重要原因，很多国家企图利用贸易保护主义措施来维护自身利益。各国政府的投资政策、监管政策及移民政策都在朝逆全球化的方向发展。例如，在对外贸易中实施限制进口，以保护本国商品在国内市场免于面对外国商品竞争，并向本国商品提供各种优惠

---

① 结构性因素指影响贸易发展的一些基础性的长期性的因素，如危机后贸易保护主义措施增加，全球价值链分工逐步稳定，进一步深化发展的动力不足，全球化的趋势放缓及其带来的开放红利减弱等。

② 周期性因素主要指全球经济增长速度放缓所引发的贸易增速放缓。

以增强其国际竞争力。

在贸易保护主义盛行的背景下，部分国家对外资项目的要求和审核日趋严格，这会加大广东企业对外投资的阻力和在外经营的困难程度，故而对广东省对外直接投资造成一定的负面影响。此外，西方国家非常看重企业社会责任，广东省企业在对外投资过程中也越来越感受到企业社会责任的压力。

（三）全球产业分工细化

全球价值链分工已成为国际分工的重要模式。随着全球分工的深化，跨国公司等企业逐步将生产的各个环节安置在不同国家，充分利用各国的比较优势，追求最大收益。全球贸易模式已不仅局限于最终产品贸易，还出现了大量的中间产品贸易，这也是国际贸易形势改变的新特点之一。

贸易结构的调整也会影响外资的投向。广东省的制造业主要是轻工业，虽然从纺织、服装等传统行业的贸易量来看，广东省的出口额仍遥遥领先，但随着劳动力等成本优势的逐步减弱，贸易结构调整趋势明显，传统制造业所占比重不断下降的同时，吸收外资量也逐步减少。此外，美国等发达国家的制造业回流计划等对全球分工将产生新的影响，也使得广东省所能吸收的外资量减少。此外，孟加拉国、越南、柬埔寨等国轻工业的迅速发展，考虑其区位优势及产业发展程度，广东省资本逐渐外溢到这些国家，增加其对外直接投资额。

六　政策建议

基于上述分析，在吸引外资方面提出以下三点建议。一是加快粤港澳大湾区的建设，加强各个区域经济融合。通过在整个湾区中充分扩散各个城市的优势，并相应消解各自的劣势，打造一个在经济全球化和区域经济一体化中具有强大辐射力和影响力的区域经济中心。在这过程中，要注意平衡协调各自的利益，借助各地区优势，减少内耗性竞争，实现错位发展。二是优化外商投资来源，重视美欧对亚太地区产业转移的趋势，扩大吸收美欧直接投资。继续改善投资环境，放宽市场准入限制，使美欧资本进入广东市场不受太多政策法规的束缚。三是发展总部经济，重视人才培养。要加大跨国公司地区总部及后台服务部门的引进力度，全力打造"外延型"总部经济。同时，通过提升知识与人才聚集水平，吸引跨国公司建立高技术的生产制造基地、研发中心或国内总部。

为进一步提高广东对外直接投资水平，提出三点建议。一是统筹布局国内外产业链条，加快物流通道建设。为进一步推进境外经贸合作，广东省可以选取主要交通节点城市和港口合作建设境外加工制造、资源开发、科技研发和物流等主题园区。同时加快推进"粤新欧"国际铁路联运通道、"中澳（活畜）海上物流大通道"、"川贵广—南亚国际物流大通道"等国际物流大通道建设。二是完善金融支持体系，放宽外汇限制。政府要帮助企业更好地"走出去"，完善财税金融支持体系，不仅要完善省内金融市场的发展，而且要支持省内金融机构开拓境外金融市场，为广东省企业"走出去"提供融资增信和平台服务。此外，放宽境内外成员公司之间"外汇资金池"资金流通政策的门槛限制，为企业扩展其海外业务提供帮助。三是简化直接投资审批程序，完善对外直接投资的激励机制。政府需要简政放权，提高服务水平，为中国企业对外直接投资提供一个更为便利化的环境。另外，政府要认真落实国家有关对外投资合作的鼓励政策，积极支持跨国经营和跨国公司的重点项目。

参考文献

［1］ 陈俊聪、黄繁华：《对外直接投资与贸易结构优化》，《国际贸易问题》2014年第3期，第113~122页。

［2］ 陈继勇、盛杨怿：《外国直接投资与我国产业结构调整的实证研究——基于资本供给和知识溢出的视角》，《国际贸易问题》2009年第1期，第94~100页。

［3］ 冯海波、廖家勤：《民国以来广东财政政策探索》，经济科学出版社，2011。

［4］ 傅元海、叶祥松、王展祥：《制造业结构优化的技术进步路径选择——基于动态面板的经验分析》，《中国工业经济》2014年第9期，第78~90页。

［5］ 广东省对外贸易经济合作厅：《广东经贸发展报告（2009～2010）》，广东经济出版社，2010。

［6］ 李梅、柳士昌：《对外直接投资逆向技术溢出的地区差异和门槛效应——基于中国省际面板数据的门槛回归分析》，《管理世界》2012 年第 1 期，第 21～32 页。

［7］ 刘宇：《外商直接投资对我国产业结构影响的实证分析——基于面板数据模型的研究》，《南开经济研究》2007 年第 1 期，第 125～134 页。

［8］ 聂爱云、陆长平：《制度约束、外商投资与产业结构升级调整——基于省际面板数据的实证研究》，《国际贸易问题》2012 年第 2 期，第 136～145 页。

［9］ 盛思鑫：《中国对外直接投资的理论解释与思考》，《研究探索》2016 年第 1 期，第 13～19 页。

［10］ 张茉楠：《G20 与国际贸易治理新框架》，《求知》2016 年第 10 期，第 29～31 页。

［11］ 张宇、蒋殿春：《FDI、政府监管与中国水污染——基于产业结构与技术进步分解指标的实证检验》，《经济学（季刊）》2014 年第 2 期，第 491～514 页。

［12］ 郑贤操：《广东省利用外资情况的回顾分析》，《经济研究参考》1992 年第 Z6 期，第 740～747 页。

［13］ Driffield, N. and J. H. Love, "Linking FDI motivation and host economy productivity effects: conceptual and empirical analysis", *Journal of International Business Studies*, 2007, 38: 460 – 73.

［14］ Dunning, J. H. , "Location and the multinational enterprise: A neglected factor? ", *Journal of International Business Studies*, 1998, 29 (1): 45 – 66.

［15］ Farla, K. , D. Crombrugghe and B. Verspagen, "Institutions, Foreign Direct Investment, and Domestic Investment: Crowding Out or Crowding In?", *World Development*, 2016, 88: 1 – 9.

［16］ Huang, Y. and Y. Zhang, "How does outward foreign direct investment enhance firm productivity? A heterogeneous empirical analysis from Chinese manufacturing", *China Economic Review*, 2017, 44: 1 – 15.

［17］ Liu, W. S and F. W. Agbola, "Regional analysis of the impact of foreign direct investment on economic growth in the Chinese electronic industry", *Applied Economics*, 2014, 46 (22): 2576 – 2592.

［18］ Liu, W. S. , F. W. Agbola and J. Dzator, "The impact of FDI spillover effects on total factor productivity in the Chinese electronic industry: a panel data analysis", *Journal of the Asia-Pacific Economy*, 2016, 21 (2): 217 – 234.

［19］ Su, Y. and Z. Q. Liu, "The impact of foreign direct investment and human capital on economic growth: Evidence from Chinese cities", *China Economic Review*, 2016, 37 (2): 97 – 109.

改革开放40年广东内外贸一体化研究

潘苏 秦爽*

摘　要： 本文回顾了改革开放以来广东内外贸管理体制的变迁过程，在内外贸一体化发展目标下，广东从政府管理体系、市场运行机制和贸易企业主体三个层面推进内外贸一体化，但目前还存在内外贸一体化政策环境未建立、重要的市场载体缺乏和企业的经营模式不同等问题。本文认为，在"互联网＋"的环境下，通过建设内外贸融合的市场平台"引进来"和培育国际化经营的大企业"走出去"必然会进一步促进广东内外贸一体化的发展，实现"两个市场"的整合。

关键词： 改革开放　内外贸一体化　广东

改革开放以来，广东在体制改革方面一直走在前头，广东市场化体制建设也处于全国的领先地位。2017年4月4日，习近平总书记提出了"四个坚持、三个支撑、两个走在前列"，对广东的对外开放提出了更高要求。对外开放是广东最大的优势，在"供给侧"改革背景下的对外开放，重点是要提高开放的质量和发展的内外联动性，以扩大开放带动创新、推动改革、促进发展。因此，对广东内外贸一体化的研究，丰富了开放的内涵，有利于广东建立与国际接轨的开放型经济新体制，进一步确立其在全国新一轮对外开放中的引领门户和主力省地位。

＊ 潘苏，女，广东财经大学经济学院讲师，管理学博士，主要研究方向是国际贸易与区域经济学；秦爽，女，广东财经大学经济学院硕士研究生。

一 改革开放以来广东内外贸管理体制变迁

内外贸管理体制是国家在国内贸易及对外贸易领域组织、领导和调节中央、地方、企业和劳动者之间经济关系的管理制度及与此对应的管理形式,管理体制包括内外贸管理机构体系和内外贸管理制度。

(一)改革开放以来广东内外贸管理机构变换

1979 年至 20 世纪 80 年代初,广东国内贸易管理机构基本上沿袭中华人民共和国成立后至改革开放前的模式:按商品分工,省级设置省商业厅、省供销合作社、省粮食局,与各地、县设置的对口管理机构一起,形成全省国内贸易管理的基本架构。1980 年 4 月,省革委会明确省对外贸易局由归口省财贸办管理改为归口省对外经济工作委员会管理,从此,内贸与外贸的主管部门分别设立。

1995 年省级政府机构改革,撤销省财贸办、省商业厅、省饲料办,组建省贸易委员会。2000 年,省贸易委员会与省经济委员会合并,组建省经济贸易委员会,商品流通行业管理职能划入该委员会(见图 1)。

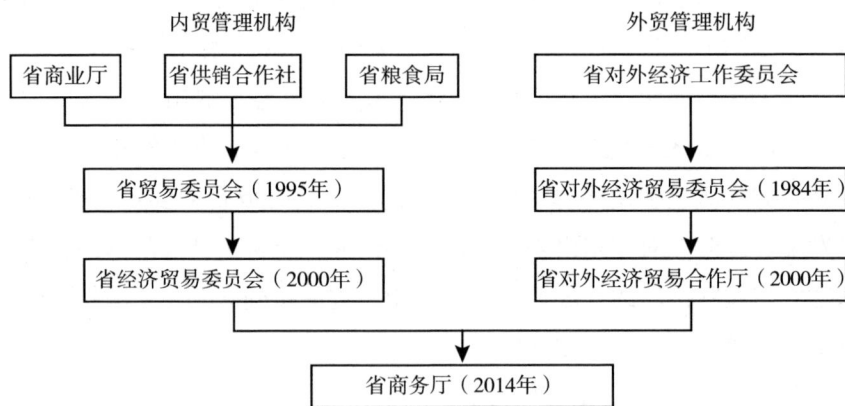

图1 改革开放以来广东内外贸管理机构变化

在对外贸管理机构方面，1984 年 8 月 6 日，省对外贸易局（省外贸局）与省对外经济工作委员会（省外经委）合并，组建省对外经济贸易委员会。2000 年，省对外经济贸易委员会更名为广东省对外经济贸易合作厅，负责贯彻执行对外贸易、经济合作、外商投资和口岸管理的方针政策法律法规。

2014 年，根据《广东省商务厅主要职责内设机构和人员编制规定》成立省商务厅，整合了原省对外经济贸易合作厅职责和原省经济和信息化委员会的商贸流通管理、经济协作职责，形成了比较完备的内贸、外贸、外资、外经和口岸管理体制，基本实现了内外贸统一管理。

（二）改革开放以来广东内外贸管理制度变迁

1. 内贸管理制度的变迁

改革开放以来，随着国家经济体制改革的全面推进，广东内贸管理制度改革逐步深化，大体经历了以下几个阶段。

第一阶段（1978～1984 年）。这个阶段国家经济体制以"计划经济为主，市场调节为辅"，在内贸管理制度上，按照计划与市场相结合的原则，逐步打破高度集中统一的指令性流通计划，缩小计划流通商品的品种、数量和范围，扩大市场自由流通商品的比重，开放广东商品流通领域。

第二阶段（1984～1987 年）。这个阶段围绕建立有计划商品经济体制，调整商品购销政策，改革价格管理体制，建立多渠道商品流通格局，减少流通环节，对流通领域的商品购销政策、价格制度、流通渠道、流通环节等方面进行了全面改革，打破了传统体制的束缚，扩大了企业自主权，建立了多种形式的经营责任制，促进了流通体制朝向市场化的改革进程。

第三阶段（1987～1992 年）。1987 年 11 月 21 日，国务院决定将广东设为综合改革试验区，要求商品经济进入更深层次，扩大市场调节。这个阶段根据建立和培育社会主义市场体系的要求，进一步放开产品购销政策，对生产资料的经营管理体制进行了全面改革，发展多种经济成分，改变经营方式，积极建立了多层次、多形式、多功能的商品批发交易市场，加强对流通领域的管理。

第四阶段（1992～2001年）。党的十四大明确提出建立社会主义市场经济体制的目标，市场培育和发展进入了深化和完善阶段，价格形成机制和价格管理体制改革不断加快。在商品市场上，绝大多数商品和服务价格已经由市场决定，建立了相对健全的商品市场体系。在"发展大流通，建设大市场"的思路下，广东大力发展批发市场，并且也十分注重规范市场秩序和加强市场的管理，通过颁布各种地方法规和规章将批发市场的改革和发展推向法制化轨道。

第五阶段（2001～2013年）。加入WTO以后，中国加快了经济体制改革的步伐，发挥市场在资源配置中的决定性作用并更好地发挥政府的作用。这个阶段围绕着"使市场在资源配置中起决定作用"的目标，广东深化商贸流通体制改革、完善商贸流通网络、大力发展电子商务和优化会展等内贸业态；同时，加强市场监管和完善市场监测等方面的管理。为了更好地厘清政府与市场的关系，2013年广东深化行政审批制度改革，下放大量审批权限，从根本上加强对内开放力度。

第六阶段（2013年至今）。2015年，广东进入新一轮经济体制改革的关键阶段。在此阶段，广东推行准入"负面清单"方式，进一步对民营企业扩大领域和行业范围，制定和公布省级政府部门市场监管清单，推进重点法治化营商环境建设试点。2016年，广东发布《广东省推进国内贸易流通现代化建设法治化营商环境的实施方案》，要构建统一开放的内贸流通发展体系，加强内贸流通运行保障能力建设，建立健全内贸流通规则体系，优化内贸流通发展环境。

2. 外贸管理制度的变迁

改革开放以前，广东实行统一对外、垄断经营、统负盈亏的外贸体制。1981年起，广东率先开始在外贸计划、财务、外汇、经营权、企业管理等方面进行改革，完成从指令性计划到指导性计划的转变，基本建立了与市场经济发展相适应的外贸管理体制。

第一阶段（1981～1983年）。外贸"大包干"是广东率先突破全国原有外贸体制的一项重要改革。在外贸"大包干"时期，省外贸局作为外贸"大包干"的主要负责单位，采取"条条承包、包到企业"的方式实施外贸"大包干"，提出出口收汇（银行实际结汇）、出口成本、盈亏总额三项落实外贸"大包干"的具体调控指标。三项指标由省外贸局分解到省各专业外贸公司，又由省专业外贸公司逐级分解到地（市）、县口岸支公司，构成"包到企业"的架构。

第二阶段（1984～1993年）。经过不断放权，至1990年，广东外贸从以国家管理为主转变为以地方管理为主。为完善企业承包经营责任制，保证国家下达的出口收汇、上缴国家外汇额度基数任务完成，省外经贸委对企业下达了五项承包指标：出口计划、自营出口收汇、上缴国家外汇额度、降低出口成本、上缴出口调节基金。对外贸企业逐步放开经营，尝试采取企业自负盈亏的管理方式。

第三阶段（1994～2001年）。从1994年起，广东把放开经营，建立现代企业管理制度作为深化外贸体制改革的重点，而针对外贸企业的外贸进出口计划的改革是现代化企业改革的重点。广东贯彻执行国家的外贸体制改革决定，取消各项指令性外贸进出口管理计划，省对外经济贸易委员会从下达指令性外贸计划改为指导性外贸计划，计划管理以市场为基础，企业根据市场情况自主制定进出口计划，自负盈亏。省对外经济贸易委员会只负责保障外贸进出口管理计划的宏观性、战略性和协调性。

第四阶段（2002～2012年）。2004年通过的《中华人民共和国对外贸易法》标志着中国对外贸易法制建设进入了新阶段，中国涉及外贸领域的基本法与WTO规则进行全面接轨。放宽外贸经营权；取消了对货物和技术进出口经营权的审批，只要求对外贸易经营者进行备案登记；国家可以对部分货物的进出口实行国营贸易管理；国家基于监测进出口情况的需要，对部分自由进出口的货物实行进出口自动许可管理；通过实施贸易措施，防止侵犯知识产权的货物进出口和知识产权权利人滥用权力，并促进中国知识产权在国外的保护；维护进出口经营秩序、扶持和促进中小企业开展对外贸易、建立公共信息服务体系、对外贸易调查、对外贸易救济等。2004 年 7 月 1 日修订后的《中华人民共和国对外贸易法》实施后，截至 2006 年 5 月，个体户获得外贸进出口权后，广东个体工商户进出口额达 3.4 亿美元，其中出口 3.3 亿美元，占进出口贸易总额的 97.1%，而进口仅为 0.1 亿美元。

第五阶段（2013 年至今）。2014 年以来，广东提升对外开放水平，实施互利共赢的开放战略，优化对外开放格局，转变外经贸发展方式，构建开放型经济新体制。广东实行高水平的贸易和投资自由化、便利化政策，全面实行准入前国民待遇加负面清单管理制度，大幅度放宽市场准入，扩大服务业对外开放，保护外商投资合法权益。营造公平竞争的市场环境，清理废除妨碍统一市场和公平竞争的各种规定和做法，防止市场垄断，全面推行公平竞争审查制度，维护公平竞争的市场秩序。加强国际贸易风险的预警和防范，建立贸易摩擦应对综合服务平台，提高综合应对能力和水平。

改革开放 40 年来，广东体制改革和对外开放"先行先试"，实现了从计划经济模式向市场经济模式的转变。随着经济体制的改革，内外贸管理体制也发生了重要的变革。管理主体从分割到统一，管理制度以"放宽""放权""放开"为关键词发生演变，这是适应各个时期国内市场经济体制、国际经济规则的结果。但是，广东在 2009 年全国机构调整与改革中失去了内贸与外贸体制改革的机会，当时各省市都取消了对外经济贸易合作厅，唯独广东保留，与内外贸体制一体化的趋势不相符。随着 2014 年广东省商务厅的成立，广东统一的商贸新格局加速形成，广东将进入内外贸一体化新时代。在构建与国际接轨的开放型经济新体制目标下，广东在优化对内对外开放布局的同时，协调统筹国际国内两个大局，整合国际国内"两个市场、两种资源"将是制度变迁的方向。

二　改革开放以来广东内外贸一体化发展情况

改革开放以来，中国内贸与外贸沿着各自轨迹发展，内贸被作为流通领域,与市场交易、消费连接在一起;外贸被作为对外开放的重要领域,与引进外资、对外投资及其国际经济合作连接在一起,分别由不同政府部门管理,其发展状况以不同指标进行描述。

(一)内贸发展状况

1. 商贸消费经济平稳增长

1978~2016 年,社会消费品零售总额从 79.86 亿元增至 34739 亿元(见图 2),以 1978 年为基期换算后,社会消费品零售总额平均每年增长 2.12 倍,占地区生产总值比重在 35%~50% 波动。按照行业分,批发零售业从 1978 年的 66.92 亿元增至 2016 年的 31242.41 亿元,住宿餐饮业从 1978 年的 5.39 亿元增至 2016 年的 3493.59 亿元。改革开放以来,国内消费的内部结构改善,跟居民消费升级相关的产品增长较快。2016 年,全省限额以上日用品类零售额同比增长 15.9%,通信器材同比增长 19.8%,体育娱乐用品同比增长 22.5%,增速均居各大类商品前列。国内市场开拓力度不断加大,内销占比进一步提升。2016 年规模以上工业内销比重进一步提升到 75.6%,比 2005 年提高了 19.1 个百分点。

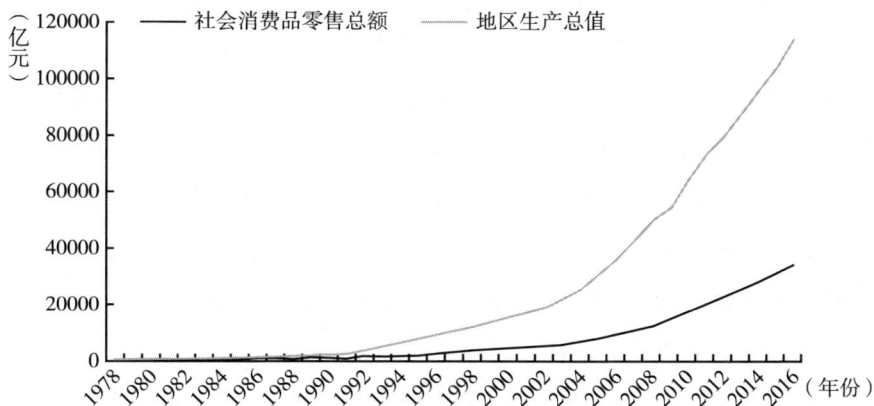

图2 广东地区生产总值和社会消费品零售总额发展状况(1978~2016年)

资料来源:2017 年《广东统计年鉴》。

2. 大型商品交易市场发展壮大

改革开放以后，在"建设大市场、搞活大流通、发展大贸易"的基本思路下，广东加快建设各类商品交易市场。1978 年广东农村集贸"市场"有 1936 个，年成交额约 16 亿元，城市集市贸易还是一片空白。2015 年末，广东成交额达亿元及以上的商品交易市场 336 个，实现成交额 5576.63 亿元，其中，成交额达 20 亿元及以上的超大型商品交易市场 51 个，实现成交额 4087.17 亿元，占亿元以上商品交易市场成交额的 73.3%。随着改革的深入，广东集贸市场建设从简易、低端、提供交易场所转变为综合市场和专业市场并举，专业化发展趋势明显。2015 年末，各类型亿元以上专业市场 250 个，实现成交额 4394.67 亿元，占全省亿元以上市场成交额的比重达 78.8%。大型商品交易市场相对集中，广州、深圳、佛山、东莞商品集散和消费集聚功能进一步增强。2015 年末，全省 336 个亿元商品交易市场中，广州 139 个、深圳 32 个、佛山 32 个、东莞 40 个、湛江 21 个，五市已占全部亿元以上市场总数的 78.6%，实现成交额 4856.72 亿元，占全省亿元以上市场成交额的 87.1%（张锦平、夏少武，2016）。

3. 内贸新业态和新商业模式蓬勃发展

随着互联网和电子商务技术日臻成熟，电子商务发展迅速，为内贸发展注入新的活力。2008～2013 年，广东开始每年从财政拿出 2 亿元支持电子商务产业发展；广州市财政拨付的电子商务专项资金每年也达到 2000 万元。2009 年，广东电子商务交易额超过 7200 亿元，占同期全国电子商务交易额的 19%；2015 年，广东电子商务交易额达 32022.08 亿元，居全国首位。2015 年，广东网上商品零售额 8251.0 亿元，比上年增长 27.7%，占全省社会消费品零售总额的 26.2%，拉动全省社会消费品零售总额增长 6.2 个百分点（张锦平、夏少武，2016）。

连锁实体经营企业规模继续扩大，加快了内外贸一体化进程。2016 年，全省限额以上连锁总店 385 家，比 2003 年增加 267 家，共拥有连锁门店 31922 个，比 2003 年增加 28099 个；全年实现商品销售额 5356.58 亿元，比 2003 年增长 13 倍。

（二）外贸发展状况

1. 贸易总量不断攀升

改革开放以来，广东对外贸易蓬勃发展，成为广东经济快速发展的重要支柱。1978 年，广东进出口贸易总额 26.79 亿元，2000 年达到 14082.06 亿元，年均增长 32.94%（见图 3）。2001 年中国加入 WTO 后，进出口总额从2000 年的 14082.06 亿元增至 2007 年 48212.02 亿元，年均增长 19.22%；地区生产总值从 2000 年的 10741.25 亿元增至 2007 年的 31777.01 亿元，年均增长 16.76%。2000～2007 年，广东外贸依存度平均为 1.45，其中 2006年高达 1.58。受国际金融危机影响，2008 年以来广东外贸进出口对经济增长贡献率有所下降，但在广东经济中依然发挥举足轻重的作用。2008～2016年，广东进出口总额从 47469.2 亿元增至 63029.9 亿元，地区生产总值从36796.71 亿元增至 79512.05 亿元，外贸依存度从 1.29 下降至 0.79。

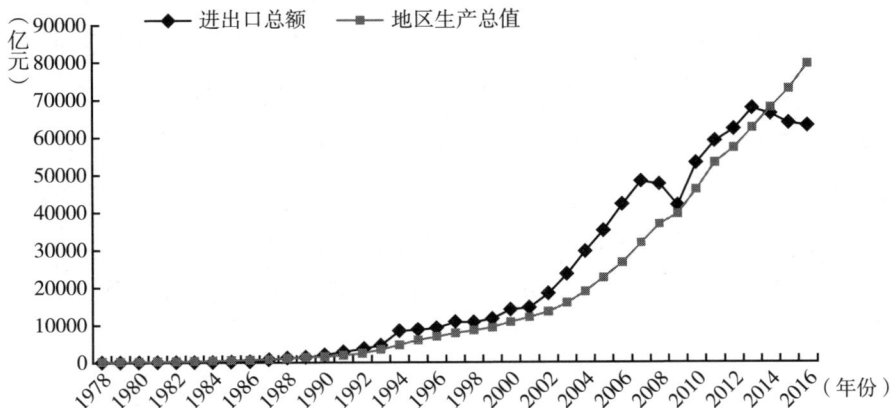

图 3　广东地区生产总值和进出口总额发展状况（1978～2016 年）

注：进出口总额按每年人民币兑美元的汇率进行了换算。

资料来源：根据 2017 年《广东统计年鉴》中相关数据计算得到。

2. 外贸方式多样化

改革开放以前，一般贸易是广东对外贸易主要方式，兼有少量易货贸易和边境贸易。改革开放以后，根据地理优势和政策优势，广东发展灵活多样的贸易方式，形成了以一般贸易、来料加工、进料加工为主，补偿贸易、租赁贸易、易货贸易、转口贸易等为辅的局面。1990 年，广东加工贸易总额287.69 亿美元，占进出口总额的 68.66%；一般贸易进出口总额 94.04 亿美元，占进出口总额的 22.44%。党的十八大以来，广东外贸企业加快转型升级，更加注重创新研发、创建自主品牌，一般贸易得到迅速发展。2016 年广东一般贸易年度进出口总额首次超过加工贸易，一般贸易进出口总额4162.81 亿美元，占进出口总额的 43.58%；加工贸易进出口总额 3705.81亿美元，占 38.79%。2012 ~ 2016 年，广东一般贸易出口年均增长 7.4%，加工贸易出口年均下降 5.3%。

3. 外贸经营主体呈现新格局

改革开放以前，对外贸易由外贸部统一管理，各专业外贸公司统一专营，各省缺乏灵活性和自主性。改革开放后，广东大力改革外贸体制，逐步放宽外贸经营权，培育各种经营主体，形成了国有企业、集体企业、外商投资企业、私营企业和个体工商户共同发展的新局面。1990 年，广东国有企业进出口额 290.58 亿美元，占全省进出口总额的 69.4%；外商投资企业进出口额 125.67 亿美元，占 30%。近年来，私营企业进出口业务迅猛发展。2000 年私营企业进出口总额 11.68 亿美元，2010 年突破千亿美元，2016 年达到 3911.93 亿美元（见表 1）。2016 年，国有企业进出口总额占全省进出口总额比重降至 7.23%，而私营企业进出口额的比重增至 40.95%，外商投资企业进出口总额的比重 49.23%，私营企业和外商投资企业是广东对外贸易的主力军。

表 1　广东各类进出口主体进出口情况

单位：亿美元

进出口主体	2000 年			2016 年		
	进出口总额	出口额	进口额	进出口总额	出口额	进口额
国有企业	707.16	389.65	317.51	690.49	439.13	251.36
集体企业	50.95	25.31	25.64	236.77	175.26	61.51
私营企业	11.68	6.14	5.54	3911.93	2476.45	1435.48

进出口主体	2000 年			2016 年		
	进出口总额	出口额	进口额	进出口总额	出口额	进口额
外商投资企业	920.36	495.09	425.27	4702.43	2886.80	1815.63
其他主体	10.91	3.00	7.91	11.23	8.00	3.23
总计	1701.06	919.19	781.87	9552.86	5985.64	3567.21

资料来源：2017 年《广东统计年鉴》。

4. 市场结构多元化

改革开放以前，广东的出口市场主要是苏联、东欧国家、日本及港澳等少数国家和地区。改革开放以后，广东与世界各国的经贸联系越来越紧密。1978 年，广东对中国香港的出口额为 6.35 亿美元，占全省出口总额的45.7%，是唯一出口额超亿美元的地区。2016 年，广东出口超亿美元的国家和地区已超过 100 个，出口额排名前 10 的国家和地区分别为中国香港、美国、欧盟、东盟、日本、韩国、英国、印度、德国、新加坡。"一带一路"倡议提出后，广东加强与沿线国家的贸易往来，与其进出口贸易稳步增长。2016 年，广东对"一带一路"沿线国家进出口占全省进出口总额的20.6%，比 2012 年提升 4.2 个百分点。其中，出口占全省出口总额的21.1%，比 2012 年提升 5.7 个百分点；进口占全省进口总额的 19.7%，比2012 年提升 1.9 个百分点。

（三）广东内外贸一体化发展现状

从广东的外贸依存度和内贸发展度[①]来看，改革开放以来，广东内贸发展度保持在 0.4 左右，内贸发展比较稳定；外贸依存度在 1978 ~ 1986 年保持在 0.35 以下，从 1987 年开始则出现较大的波动，1994 年外贸依存度最高，达到 1.8，从 2010 年开始外贸依存度呈递减的趋势（见图 4）。整体来看，1986 年以前，内贸发展度大于外贸依存度，1987 年至今，外贸依存度

---

① 为了更好地与外贸发展状况进行比较，本文借鉴了王先庆、武亮（2011）的内贸发展度指标，其数值等于广东社会消费零售总额除以广东地区生产总值。

一直远远大于内贸发展度，说明从 1987 年开始对外贸易在广东经济增长中发挥着举足轻重的作用。

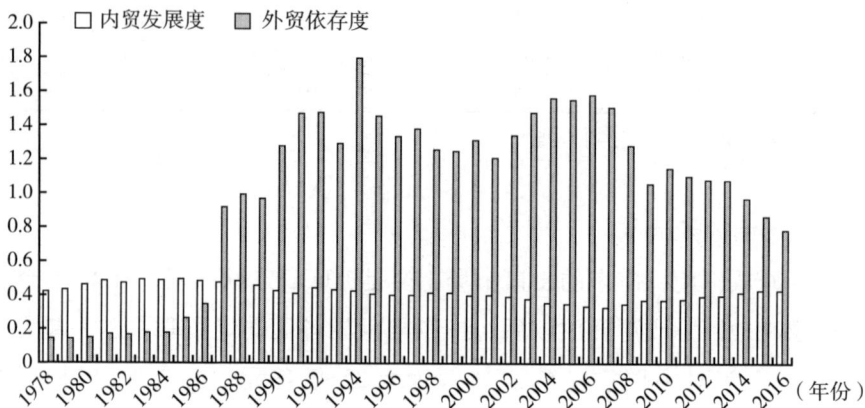

图 4　广东内贸发展度和外贸依存度变化情况（1978～2016 年）

资料来源：根据资料计算得到。

2003 年，党的十六届三中全会根据国内外形势的变化和中国经济发展的需要，第一次明确提出了内外贸一体化发展的方针。2014 年，随着广东省商务厅的成立，广东进入内外贸一体化新时代。在内外贸一体化发展目标下，广东从政府管理体系、市场运行机制和贸易企业主体三个层面推进内外贸一体化的进程。

（1）整合内外贸管理机构，在自由贸易试验区内创新实施内外贸一体化。根据 2014 年的《广东省商务厅主要职责内设机构和人员编制规定》，省商务厅成立后，将原省外经贸厅职责和省经济和信息化委员会的商贸流通管理、经济协作职责划入省商务厅。2014 年，广东自由贸易试验区设立，区内实行内外贸一体化发展，统筹开展国际贸易和国内贸易，为泛珠三角地区企业提供综合服务，建设国际大宗商品交易和资源配置平台。

（2）扩大加工贸易企业的产品内销。广东发布《广东省推进加工贸易转型升级三年行动计划（2013～2015 年）》，一方面，不断完善内销服务机制，简化加工贸易保税货物内销手续，方便企业内销；另一方面，搭建内销交易多方位平台，为企业产品进入国内市场提供展示交流渠道。2009 年以来，连续举办了三届广东外商投资企业产品内销博览会，推动外贸产品转内销，2012 年其正式升格为"中国加工贸易产品博览会"，共有来自全国 29 个省市的 2500 多家加工贸易企业参展，成为中国最大的内外贸产品交易对接平台，对于帮助加工贸易企业开拓国内市场、拉动内需、稳定经济增长具有重要的现实意义。此外，从 2009 年开始在广交会展馆举办内外贸企业对接洽谈会，组织国内采购商与出口商进行洽谈，促进出口商品转内销。广东工业品外销比例由 2005 年的 42.5% 下降到 2015 年的 26.5%，降幅达 16.0 个百分点，内销比例由 2005 年的 57.5% 上升到 2010 年的 73.5%。

（3）推动企业开拓国际市场。加大对欧美发达国家、"一带一路"沿线国家和新兴国家的市场开拓力度，2015 年广东商务厅组织企业参加了 165 场境外展会，组团参加了广交会、高交会、中博会等境内重点展会。2015 年广东"21 世纪海上丝绸之路"国际博览会上，来自 71 个国家和地区的 1394 家参展商参展，共签订项目 680 个，签约金额 2018 亿元，比上届增长 15.5%。2016 年加工贸易产品博览会将买家定位从以内销为主变成内外贸一体化，一方面帮助加工贸易企业拓展内销市场，另一方面积极开展海外推广工作，加大对国际买家的邀请力度。

（4）培育具有内外贸一体化功能的商品交易市场。针对当前外贸形势复杂严峻、不确定因素增多和下行压力不断加大的情况，国家将广州花都皮革皮具市场作为第三批市场采购贸易方式的试点单位之一，这是华南地区首个纳入国家级试点的专业市场。同时，广东商务厅在《关于推进商品交易市场转型升级的行动方案》（粤商务建字〔2017〕6 号）中提出，拓展传统商品市场的外贸功能，探索在具备条件的商品市场进行市场采购贸易方式试点，加快建设国际化商品采购基地，培育发展一批功能完善、管理规范、辐射面广的内外贸结合市场。

（5）发展电子商务平台开展内外贸交易。在国内电子商务平台上，大力推进广货网上行活动。以"派红包"为主要促销方式，配套开展"广货"知识竞赛、2015（广州）国际电子商务博览会暨"广货网上行"成果展、

2015 年"广货网上行"O2O 购物狂欢节及 2015 广东（国际）电子商务大会等活动。截至 2015 年底，共组织线上线下企业在"广货网上行"微信公众号和官网开展发红包活动 81 次，发放促销红包 4522 万个，价值 29.6 亿元，带动"广货"2015 年网络销售 1200 亿元。同时，推进跨境电子商务发展，出台国内首个对跨境电商园区做出规范指导的政策性文件——《广东省跨境电子商务园区规划建设的意见》。支持珠海、汕头、江门等市申报国家跨境电子商务进口试点，统筹协调广州、深圳、珠海、东莞、江门申报国家跨境电子商务综合试验区。2016 年，广东跨境电子商务进出口增长 53.8%，跨境电子商务出口增长 34.1%，以旅游购物方式出口增长 87.5%。泽宝等诸多省内优秀的制造企业与流通企业培育跨境电商自有品牌，提升产品价值链；"风信子"等跨境电商进口企业将跨境电商进口 O2O 与传统百货零售业结合，刺激传统零售业增长。广东跨境电商企业已经形成了各具特色的商业创新模式，极大推动广东跨境电商业务的快速发展。

三 广东内外贸一体化发展的趋势

随着信息技术不断进步，市场交易手段也发生巨大变化，信息获取方式、市场交易伙伴的搜寻及其谈判方式、交易事项及其合同、交货方式及其付款方式都发生了变化。在市场交易手段不断创新过程中，内外贸一体化发展趋势更加明显。

（一）"互联网＋"创造内外贸一体化环境

在传统国内、国外市场分割局面短时间内无法改变的情况下，互联网凭借其"无距离"的天然属性，从技术层面将内外贸市场主体、国内和国外市场连接在一起，建立内外贸通用的市场规则，促进内外贸一体化发展。第一，内贸企业和外贸企业随着电子商务应用的不断深入而实现融合，传统贸易企业利用网络进行推广，还可以通过自建平台或联合平台企业开展网络销售业务，同时经营内外贸。第二，内外贸已经建立适应"互联网＋"的通过贸易规则，内外贸的贸易流程更加开放透明，通关物流、支付方式、检验检疫、结汇与退税等国际贸易链条也都实现重塑，借助互联网构建了一套涵盖营销、支付、物流和金融服务的完整流程，建立了适合内外贸一体化发展的统一市场规则。第三，"互联网＋"完全打破了传统贸易壁垒和信息不对称的局面，在统一国内贸易市场的同时，也进一步拓展了国际市场的范围，促使内外贸走向无边界贸易，实现商品和服务流通的内外贸一体化（关利欣、宋思源，2015）。2015年广东网络购物人数突破2000万人次；同年，广东印发《广东省"互联网＋"行动计划（2015～2020年）》，制定了到2020年电子商务交易额超过8万亿元的目标，提出要着重从跨境贸易、行业商务、商务创新等方面推动"互联网＋现代商务"的融合，深入开展"广货网上行"来加强传统商贸流通企业与电子商务企业的合作。

（二）内外贸结合的专业市场为内外贸一体化提供平台

在互联网经济时代，专业市场的内涵得到了进一步的发展，专业市场已从传统的"以现货批发为主、集中交易某一类商品或若干类具有较强互补性和互替性商品的场所"转变成"线上线下多种市场模式融合发展、单一交易平台转变为现代化商贸服务综合集成商"（郑红岗、郑勇军，2016）。在平台经济理论视角下，专业市场是一种商贸活动的平台，通过将商流、物流、信息流和资金流进行整合，为制造商和采购商提供供给需求匹配的商贸综合性服务，形成一条现代供应链。建立内外贸结合的专业市场有助于形成大市场、大流通、大开发的新格局，促进广东对外贸易方式转变，培育外贸竞争新优势，推动内外贸一体化的发展。广东省政府在《广东省支持外贸稳定增长实施方案》中指出，广东将积极组织具备条件的大型商品集散地或特色专业市场申报国家内外贸结合商品市场试点，推动在内外贸结合商品试点市场内试行"市场采购"贸易方式。

（三）企业"走出去"对外投资引领内外贸一体化

改革开放以来，广东企业出口主要以加工贸易方式为主，在全球价值链中已经形成了对国际采购商的路径依赖，被锁定在"微笑曲线"的底部，单靠制造业本身难以突破。因此，国内企业对外投资建立国际营销渠道和国际营销网络，以将价值链由国内延伸到国外，实现内外贸一体化。通过对外投资设立流通企业，可以加强对国际市场的了解，获得最新的市场需求信息，再将信息传达给制造企业，引导制造企业进行产品开发和生产，减少生产的盲目性；通过培育自主的国际营销渠道，可以使跨文化沟通成本降低，文化隔阂冲突最小化，互不信任风险降低，使交易安全可控，并提高盈利水平，达到利益最大化（夏先良，2013）。2015 年，广东在 86 个国家（地区）新设境外企业（机构）1559 家，合计新增中方协议投资额 259.5 亿美元，同比增长 104.9%。根据 2015 年《广东企业"走出去"调研报告》，企业"走出去"投资主要以建立营销渠道、建立国际营销网络和对外投资办厂为主，占比超过 50%，涉及批发和零售业、制造业、租赁和商务服务业等 12 项产业。广东涌现了华为、美的、格力、中兴、TCL、农垦、广晟、粤电等一批有实力、有品牌的跨国经营企业；在全球知名咨询机构德勤公司发布的 *2017 Global Power of Retailing* 中，2015 财年来自广东的华润万家和唯品会入选，分别排在第 54 位和第 157 位。在政策方面，广东省商务厅在《关于推进商品交易市场转型升级的行动方案》（粤商务建字〔2017〕6 号）中提出：加快建设国际营销网络，鼓励国内企业在境外建设一批品牌推广效果好的展示中心、区域辐射半径大的批发市场，建立一批市场渗透能力强的品牌专卖店等零售网点。未来，广东将通过加快实施"走出去"战略和跨国经营，以"商业存在"的方式实现商品输出向商业资本输出的转变，组建多元化、多层次和更多为我掌控的销售网络体系，实现内外市场更好的联结。

四 当前广东内外贸一体化发展存在的主要问题

在市场经济成熟的体制中，内贸与外贸本身就是一体的。中国内贸与外贸分割多年，随着体制改革深化，内外贸体制必然走向一体化。内外贸一体化实质是内外贸经营与管理体制的一体化。经过多年的体制改革，广东内外贸体制仍然存在不少问题，表现为国内与国际商品市场的价格差异还比较大，说明市场体制的分割导致流通费用及其市场交易成本的差异。

（一）政府层面：内外贸一体化发展的政策环境不完善

改革开放40年以来，中国已经形成对外贸易管理制度的基本框架，包括《中华人民共和国对外贸易法》等基本法律制度，国务院及各部委制定颁布的各项条例和规定，如《进出口管理条例》等。广东省针对具体的服务贸易、加工贸易、自由贸易试验区等方面也制定了一系列具体规定和实施办法。2003年以来，内贸领域的法律法规建设主要集中在两个方面：一是针对内贸领域各种经营方式的法律制度，二是关于内贸相关行业中具体业种的法律制度。按照立法级别，内贸领域的法律法规分为内贸相关法律、内贸相关条例、商务部规章三个层次。外贸政策法规体系已相对成熟，内贸法律法规处于不断完善过程中，但专门针对内外贸一体化的法律、规定和实施办法尚未建立。对于实现内外贸一体化的电商平台，其涉及的交易、税收以及消费者权益保障等方面都没有专门的规范和标准。

在内外贸一体化方面，工作、运作等程序和政策还未统一，主要是管理机构仍然没有完全融合。2014年，广东省商务厅和地（市）商务局的成立结束了管理机构上的内外贸分治状态，在形式上实现了一体化，但是，从管理机构内部具体工作上看，内外贸管理在商务厅（局）内分属不同的部门，各有各的管理方式和风格，相互之间需要协调和磨合，在内贸管理和外贸管理上还未达到有机结合。

（二）市场层面：内外贸一体化的重要载体缺乏

电子商务平台能促进内外贸主体相互融合、建立一致的内外贸市场规则，同时能使市场范围覆盖全球，是内外贸一体化发展的重要载体。广东缺乏B2B电子商务发展实施方案、全行业B2B电子商务平台，同时也未建立专门针对内外贸的电子商务平台，阻碍了广东内外贸一体化进程。在市场采购贸易方式成为贸易新业态的现实背景下，广东的内外贸结合专业市场数量较少，只有广州花都皮革皮具市场一家国家级试点单位。从市场层面看，广东内外贸一体化发展的重要载体相对缺乏。

（三）企业层面：内外贸运营模式存在较大差异

2008年，受到金融危机的影响，广东很多外贸企业开始尝试转移到国内市场。外贸属于产品导向型，而内贸则是市场导向型，两者在经营环境、运作流程、竞争手段上存在巨大差异，经营模式迥然不同，这是企业同时开展内外贸活动的重要影响因素（见表2）。正是由于经营模式带来的路径依赖，出口转内销成为外贸企业转型升级时选择意愿较低的方向（周骏宇、杨军，2013）。大部分广东加工贸易企业从事 OEM（贴牌加工），没有自主品牌，难以进入国内的零售渠道。尽管广东省商务厅等部门采取措施，多种途径推进新型流通组织发展，但未能建立内外贸一体化、具有国际竞争力的流通大企业集团。

表2　内贸和外贸的经营模式

对比项目	内　贸	外　贸
交易规模	订单金额小，发单较为频密	订单金额大
付款方式	赊销方式	国际标准的信用证和提前预付订金制度
运营模式	采用实物制，要求厂家先生产货品，采购员根据厂家的产品及市场需求决定购买量，增加制造企业的库存风险	采取订单制，采购商向厂商提供产品的技术图纸和各项标准
销售、售后服务等问题	内贸采购商会要求制造商投入人员、资金参与促销及广告等，为商品的销售共同努力	做外贸订单的厂家，只管生产，不用考虑销售和售后服务问题

资料来源：马家华（2013）。

五　广东内外贸一体化发展的对策

（一）政府层面上的内外贸管理一体化

在观念上要将内外贸一体化作为一个整体来认识，使内外贸协调发展。

在推进内外贸一体化发展过程中，加强部门之间及部门内部的协调合作，积极会同工商、质检、劳动等行政执法部门，统筹内外贸管理，制定涵盖内外贸协同发展的规划。以市场为主导，充分尊重市场决定性作用，制定内外贸统一的公平竞争的法律、规章、制度，促进内外贸交流，保证市场竞争的公平性，创造公平的市场竞争环境。

（二）增强广州国际商贸中心功能

早在2010年，广州就明确提出要建设国际商贸中心。2016年2月国务院批复《广州市城市总体规划（2011～2020年）》，给予广州明确的定位，即"中国重要的国际商贸中心"。同时，广州是国内贸易流通体制改革发展综合试点以及由海关总署批准的跨境电商进口试点城市之一。以平台服务为基础推进专业市场转型升级，负面清单与正面清单结合的专业市场管理模式，电子商务生态化、集聚化发展模式等是向全国复制推广的广州经验和模式。在此基础上，应利用专业市场、电子商务平台的建设加强推动内外贸一体化在广州的实践，抓住"一带一路"和"自由贸易试验区"的两大机遇，形成商流、客流、物流、信息流以及资金流在广州的积聚，不断扩大流量规模，提升流通能力，进而形成以广州为起点的贸易枢纽和渠道网络，并增强覆盖国内和国际两个市场的国际商贸中心功能。

（三）通过电子商务平台促进企业内外贸业务发展

围绕"互联网＋"战略，鼓励传统内外贸企业、运输物流企业、第三方支付企业等积极发展电子商务，增强自身核心竞争力。对于传统内外贸企业，要支持企业运用跨境电子商务开拓国际市场，推动建立电商企业"走出去"的境外支撑服务体系；对于运输物流企业，加快建设跨行业、跨区域的物流信息服务平台，提高物流供需信息对接和使用效率；对于第三方支付企业，扶持其开展跨境支付业务，鼓励电商平台加强与国际第三方支付平台的合作。除此之外，通过产业集聚和集群建设内外贸综合服务平台，提供"一站式"内外贸流程服务，使电商平台成为提供金融、物流等综合性服务的贸易中介。

（四）培育兼具国际采购中心和进口商品分销中心功能的新型专业市场

充分发挥广州作为国内流通体制改革发展综合试点城市的优势，以第三批市场采购贸易方式试点单位广州花都皮革皮具市场为依托，大力发展国际市场采购模式，发展兼具国际采购中心和进口商品分销中心功能的新型专业市场，使国内、国际市场对接，参与全球贸易，辐射国内市场；建立国内、国际采购商联盟，承接国内、国际企业的全球采购；建立内外贸一体化促进体制，建设与国际准则接轨的营商环境。

（五）培育内外贸兼营、兼具线上和线下网络渠道优势的大集团

建设有国际竞争力的现代流通企业。应从各方面积极鼓励大型商业零售企业通过市场手段，将分散的交易市场资源有效重组，发挥规模效应，在业务运行方式上实行标准化管理，在经营范围上贯通国内贸易和国际贸易的内外贸融合发展，在产品设计上加大自有商品和服务的开发力度，努力向大型综合流通集团发展，实现国际化经营，推动内外贸一体化发展。

继续鼓励大型流通企业和大中型制造企业"走出去"建设大集团，自建国际营销网络或者并购国外成熟的营销机构，构建连接国内外市场的全球供应链，实现外贸主导型、制造主导型企业向内外贸一体化经营的新型综合商社和跨国公司转型；政府不断丰富配套服务，为企业提供指导，提供审批、融资、资金等方面的扶持，同时，搭建"一站式"服务信息平台，大力培育和发展自己的中介机构，围绕企业"走出去"的方方面面，尽可能多地搜集、核实、储存、更新、提供有关信息。

参考文献

［1］高耀松、张娟：《内外贸融合：后危机时代的重大战略举措——"上海内外贸

一体化研究"企业调研情况分析》,《科学发展》2009 年第 12 期,第 105～110
页。

[2] 关利欣、宋思源、孙继勇:《"互联网＋"对内外贸市场一体化的影响与对
策》,《国际贸易》2015 年第 12 期,第 20～25 页。

[3] 广东省商务厅贸外处:《"十二五"时期广东消费品市场情况分析》,http://
www.gdstats.gov.cn/tjzl/tjfx/201608/t20160823_342621.html,2016 - 8 - 23。

[4] 贺艳春:《内销环境与"东莞制造"内销平台构建》,《求索》2013 年第 5 期,
第 13～16 页。

[5] 马家华:《中国出口转内销现状和发展趋势——港企开拓内销市场的挑战》,载
洪涛、朱振荣《内外贸联动发展—"第三届贸易强国论坛"论文集》,经济管
理出版社,2013 版。

[6] 王先庆、武亮:《扩大内需背景下的中国内外贸一体化与流通渠道建设》,载王
先庆、林至颖《内外贸一体化与流通渠道建设》,社会科学文献出版社,2012
版,第 3～4 页。

[7] 夏先良:《论国际贸易产业组织体系发展:聚焦国际贸易渠道和网络建设》,
《财贸经济》2013 年第 11 期,第 68～81 页。

[8] 张锦平、夏少武、谢洪芳:《"十二五"时期广东消费品市场情况分析》,广东统计
信息网,www.gdstats.gov.cn/tjzl/tjfx/201608/t20160823_342621.html,2016 年 8
月 23 日。

[9] 周骏宇、杨军:《广东外贸企业的困境、转型升级路径和政策需求——基于结
构方程的实证分析》,《国际经贸探索》2013 年第 4 期,第 4～15 页。

[10] 郑红岗、郑勇军:《网络经济背景下浙江省专业市场转型升级研究》,《浙江
工商大学学报》2016 年第 3 期,第 65～71 页。

新时代对外开放专题

Opening-up in the New Era

B.8
对标国际高标准规则
探索粤港澳大湾区开放平台建设

陈万灵　韦晓慧*

摘　要： 粤港澳大湾区建设涉及区域发展不平衡和制度差异的问题，其本质是通过体制改革和机制创新来实现规则趋近和区域协调发展。在"一国两制"前提下，粤港澳大湾区合作陷入"制度困境"——香港与澳门属于独立关税区，粤港澳大湾区整个区域不可能构建一个相同制度的特别区域；内陆珠三角地区也不可能形成"独立关税区"，任何经济合作都是以"中国内地关税区"名义展开。因此，必须突破"制度困境"，降低规则和制度的摩擦成本，提高粤港澳大湾区资源及

* 陈万灵，博士，教授，广东外语外贸大学国际经济贸易研究中心主任，主要研究领域为国际贸易与经济发展。韦晓慧，女，博士，广东外语外贸大学国际经济贸易研究中心研究人员，主要研究领域为世界经济与国际贸易。

要素的配置效率。有效办法是对标国际高标准规则，谋划
"自由贸易园（港）区"及其功能平台，发挥内地与港澳各
个区域的优势，实现粤港澳大湾区经济"极化"和协调
发展。

关键词： 粤港澳大湾区　国际高标准规则　粤港澳合作

近几年，国家和地方政府从不同层面探讨和积极推进"粤港澳大湾区"
建设。社会各界多数从粤港澳基础设施互联互通、产业合作、城市群建设及
其核心枢纽城市的选择、通关便利化等方面展开讨论，较少正视粤港澳制度
根本性质和不同"独立关税区"的差异，而且常常把粤、港、澳之间的规
则协调与粤港澳大湾区建设分成两个问题来讨论。实际上，粤港澳大湾区建
设通过粤、港、澳三地制度及其规则的协调提升粤港澳大湾区经济发展能力
和国际竞争力，前者是手段和方式，后者是目的和目标。这涉及"一国两
制"、三个独立关税区的合作与融合发展等多年困扰粤、港、澳三地合作和
发展的重大问题，有必要把规则协调与粤港澳大湾区发展放到一起探讨，寻
求合适的合作模式和融合发展途径，从而促进粤港澳大湾区协调发展。

一　粤港澳大湾区建设的本质内涵及其发展目标

关于粤港澳大湾区建设，早在 2008 年，国务院批准国家发改委实施的
《珠江三角洲地区改革发展规划纲要（2008～2020 年）》已经提出"支持共
同规划实施环珠江口地区的'湾区'重点行动计划"。2015 年 3 月，国务院
发布的《推动共建丝绸之路经济带和 21 世纪海上丝绸之路的愿景与行动》
提出"深化与港澳台合作，打造粤港澳大湾区"。2016 年 3 月，国家"十三
五"规划提出"推动粤港澳大湾区和跨省区重大合作平台建设"，强调"携
手港澳共同打造粤港澳大湾区，建设世界级城市群"。2017 年 3 月，李克强

总理在国务院政府工作报告中提出"要推动内地与港澳深化合作，研究制定粤港澳大湾区城市群发展规划，发挥港澳独特优势"。2017 年 7 月 1 日，在习近平主席的见证下，香港特别行政区行政长官林郑月娥、澳门特别行政区行政长官崔世安、国家发改委主任何立峰、广东省省长马兴瑞在香港共同签署了《深化粤港澳合作　推进大湾区建设框架协议》。党的十九大报告又重点提出"要支持香港、澳门融入国家发展大局，以粤港澳大湾区建设、粤港澳合作、泛珠三角区域合作等为重点，全面推进内地同香港、澳门互利合作"。可见，粤港澳大湾区建设问题被反复提及，说明粤港澳大湾区的重要性，也说明在政策层面和实践方面没有切实有效的举措，导致持续多年推进粤港澳大湾区建设的效果不理想。粤港澳大湾区建设进展不尽如人意的根本原因在于对粤港澳大湾区建设的本质内涵和关键问题认识不到位，有必要深化对粤港澳大湾区的认识。

　　首先，必须认识到"湾区"经济含义。"湾区"原本是指依托海湾构建海洋开发基地的沿海经济带。随着临海产业集聚及其服务业兴起，湾区经济带已经形成了综合性经济区域，形成了由先进制造业和高端服务业构成的现代城市经济。世界上著名的旧金山湾区、东京湾区、纽约湾区等都属于这样的沿海经济带。广东珠江口湾区经济也具有这样的特征，形成了可以与这些湾区媲美的粤港澳大湾区。可见，粤港澳大湾区属于沿海经济带，其发展是一个区域经济问题。其次，区域经济发展问题实际上是培育经济"发展极"，通过区域要素集聚和经济"极化"效应，实现区域经济总量扩大和经济结构优化。区域要素集聚表现为产业发展和产业结构的演进，这就需要保证要素自由流动和产业自由演进的制度环境以及规则体系的完善。最后，从粤港澳大湾区现状看，存在多个"发展极"的协调发展问题。因此，粤港澳大湾区建设是一个协调发展问题，涉及要素和资源、产业在各个区域的集聚和流动。这个过程要求在制度和规则上保证生产要素充分自由地流动。从规则标准看，香港和澳门作为独立关税区，形成高水平规则体系，内地珠三角地区的制度和规则还比较次级，必须进行制度创新和规则调整。

　　所以，粤港澳大湾区建设本质是通过珠三角地区体制机制改革和对外开放制度创新，对接高标准规则和实现区域协调发展的问题，其目的是"发展"，其目标是实现区域协调发展，做大做强湾区经济，更好地发挥"龙头"带动作用。

二　粤港澳大湾区的区域差异及其合作的"制度困境"

粤港澳大湾区由经济发达和规则标准较高的香港和澳门，改革开放前沿和产业先进的深圳和珠海，产业体系完整的广州、佛山和东莞，以及经济相对滞后的惠州、江门和肇庆等城市构成，即内地 9 个地（市）与香港、澳门 2 个特别行政区构成（俗称珠三角"9＋2"），涉及区域发展不平衡和制度差异的问题。

（一）区域发展水平差异比较大

从经济发展角度看，粤港澳大湾区存在多个"发展极"，层次差异比较大。香港和澳门处于环太平洋航线上，属于沿海第一层次的发达经济区，是国际化水平高、现代化水平高的城市。香港具有国际经济中心地位，是国际贸易中心、国际航运中心、国际金融中心，拥有丰富的经济信息资源和先进的管理经验，其商贸及购物服务、航运服务、金融服务、医疗健康服务、社会保障服务、教育服务、律师及会计等专业服务、咨询服务等比较发达。澳门是世界娱乐中心，博彩业和旅游业发达。

仅从香港、澳门和珠三角九地（市）比较而言，2016 年，其经济总量（GDP）分别为 3206.98 亿美元、448.04 亿美元和 10213.61 亿美元。从人均GDP 看，香港为 43712.24 美元，澳门为 69372 美元，珠三角为 17205.03 美元，珠三角九地（市）人均 GDP 约为香港的 2/5 和澳门的 1/5。可见，港、澳、珠三角三地经济发展水平差异比较大。

从产业发展看，主要表现在作为城市主要产业的服务业存在差异。2016年，香港第三产业比例为 90.0%，澳门为 89.5%。可见，香港是一个高度"服务化"城市，是一个非常成熟的经济体。珠三角九地（市）制造业规模比较大，第二产业占 GDP 的 42.15%，服务业发展相对滞后，第三产业占比为 56.07%。可见，珠三角九地（市）与香港、澳门的经济形式有比较大的差异。

从珠三角九地（市）内部看，发展水平也存在比较大差异。从与香港和澳门的距离看，深圳、珠海属于港澳腹地的第一圈层；惠州、东莞和中山属于第二圈层；广州、佛山、肇庆和江门属于第三圈层。

从经济发展程度看，广州、深圳和珠海是第一梯队，具有区域经济"发展极"的地位，有较强的经济集聚力和辐射影响力。深圳 GDP 为2934.62 亿美元，人均 GDP 约为 24643.24 美元。深圳属于位于技术创新前列的城市，拥有完善的加工制造技术体系，分布有先进制造业、技术创新研发和创意产业。珠海 GDP 为 335.18 亿美元，人均 GDP 约为 20007.2 美元。珠海属于服务业发达的城市，休闲旅游与娱乐业比较发达，也有较强的加工制造业。广州 GDP 为 2942.87 亿美元，人均 GDP 约为 20955.4 美元。属于现代产业体系完善、文化底蕴深厚、国际化水平比较高的现代城市。

东莞、佛山和中山属于第二梯队。东莞外资经济和加工贸易比较发达，佛山和中山自主知识产业发达，民营经济逐渐壮大，成为经济增长的重要主体。这三个地区人均 GDP 分别约为 12442.33 美元、17409.9 美元和14928.15 美元，外资经济和加工贸易比较发达。

惠州、江门和肇庆等属于第三梯队，经济发展相对比落后，但也都有一定特色，产业集聚和经济发展较为滞后。惠州人均 GDP 达到 10758.18 美元，有比较好的发展基础。江门和肇庆人均 GDP 分别为 8013.82 美元和7681.28 美元，经济发展水平相对滞后。

可见，粤港澳大湾区内部呈现各地经济发展水平差异大、层次多的特点。从未来发展动态看，粤港澳大湾区内部协调发展也处于一个转折期。香港正处在从发展高峰向下"衰减"的阶段，特别是进入 21 世纪以来，香港工业生产一直不景气。香港回归前工业生产指数平均值为 125，1998 年开始长时间下滑，2002 年以后，工业生产指数已低于 1980 年，2004 年以来都在80 上下浮动，近几年有所回升，但幅度不大，在 97 左右徘徊。这是因为香港早已将"制造业"转移出去，成为高度"空心化"的城市。同时，企业投资长期集中于传统的贸易和航运物流业、金融证券和房地产业，具有一定虚拟性，缺乏技术创新动力。珠三角九地（市）经过多年的改革开放，正处于产业转型升级阶段，制造业向外转移比较快，也开始"空心化"，但服务业发展水平仍然比较低。深圳和珠海毗邻港澳，转型升级取得了一定进展，创新发展走在全国前列，深圳甚至处于国际发展前列。因此，香港与珠三角九地（市）都存在转换发展动能的问题。粤港澳大湾区建设正契合各区域经济发展的需要，通过粤港澳大湾区建设，深化香港与珠三角的合作，实现要素充分流动与高效配置以及区域优势互补，增强粤港澳大湾区增长动能和国际竞争力。

（二）区域空间开发开放程度的差异

粤港澳大湾区空间开发程度也存在层次性差异。香港和澳门开发程度属于第一层次，其经济密度最高。从平均每平方公里的产值看，香港为 2.9 亿美元，澳门为 16.7 亿美元，珠三角仅为 0.18 亿美元，是香港的 6.21% 和澳门的 1.08%。

（1）从空间资源开发程度看，珠三角各地呈现梯次分布。深圳、珠海和广州空间开发程度比较高。深圳和珠海属于早期开放的经济特区，广州是首批开放城市。仅从国家级开发开放功能区分布看，（见本文附表）深圳有 8 个、珠海有 5 个、广州有 12 个，其中不少功能区叠加，强化了其区域开发开放的经济功能。另外，广州还拥有多个产业或出口基地（2005 年）、国家软件出口创新基地（2006 年）、国家汽车及零部件出口基地（2007 年）、服务外包基地城市（2008 年）和示范城市（2009 年）、国家船舶出口基地（2011 年）等。另外，广州与香港合作（2007 年）成立了"广州软件（香港）合作中心"和"香港软件联盟（广州）合作中心"，是加强穗港 IT 业合作的重要平台。

东莞、佛山和中山空间开发程度比较低。这三个地区各有一个高新技术产业开发区，其中东莞是利用外资发展加工贸易最密集的区域，已经被列为

"加工贸易转型升级试点城市"（国发〔2016〕4号）。佛山和中山民营经济比较发达，自主知识产权品牌比较多。佛山是一个制造业名城，被称为"品牌之都""佛山制造"，享誉海内外，还有省级金融开发开放区"广东金融高新技术服务区"，其定位是"金融后援基地"及"产业金融中心"。中山被授予"中小企业知识产权战略推进工程试点城市"，拥有高新技术产业及其产品出口、健康科技、精细化工、包装印刷、五金制品、灯饰、休闲服装、红木家具、电子、电子音响、纺织、牛仔服装等13个产业的国家级生产基地。

惠州、江门和肇庆三个地区空间开发程度最低。这三个地区在港深、珠澳、广州等区域的经济辐射下有不同程度的发展，都有高新技术产业开发区，惠州还有经济技术开发区和出口加工区（见本文附表1）。

上述珠三角各地的开发开放区吸引外资和技术的能力及外贸功能都比较强，为珠三角经济发展做出了重大贡献，也是未来粤港澳大湾区建设的基础。

（2）从开放度看，各地开放差异也比较大。2016年，香港贸易额9787.54亿美元，外贸依存度高达305.19%；澳门贸易总额101.81亿美元，外贸依存度为22.72%；珠三角进出口贸易额9101.75亿美元，外贸依存度为89.11%。香港经济开放度远远高于珠三角。

从珠三角九地（市）内部看，开放度从沿海向内陆依次递减。从外贸和外资依存度看，深圳、珠海、东莞和惠州开放度比较高，2016年进出口值分别为3984.36亿美元、417.31亿美元、1142.18亿美元和1033.6亿美元，占广东外贸的比值分别为41.71%、4.37%、11.96%和10.82%，外贸依存度分别为135.77%、124.50%、111.12%和201.21%。2016年实际利用外资规模分别为67.32亿美元、22.95亿美元、39.26亿美元和11.43亿美元，与各地GDP的比值（外资依存度）分别为2.29%、6.85%、3.82%和2.22%。

广州和佛山的国有经济和民营经济比较发达，经济开放也取得了一定进展。2016年，这两个地区进出口额分别为1293.09亿美元和632.47亿美元，占广东外贸比重分别为 13.54％ 和 6.62％，外贸依存度分别为 43.94％ 和 48.68％；实际利用外资 57.01 亿美元和 14.72 亿美元，外资依存度分别为 1.94％ 和 1.13％。

中山、江门和肇庆三个地区开放经济相对滞后。进出口额分别为 338.49 亿美元、190.9 亿美元和 69.38 亿美元，外贸依存度分别为 70.20％、52.42％ 和 22.11％；实际利用外资 4.74 亿美元、4.76 亿美元和 3.70 亿美元，外资依存度分别为 0.98％、1.31％ 和 1.18％。

上述珠三角各地的开放程度存在较大差异，这是未来进一步开放的基础，也是未来粤港澳大湾区对标香港高水平开放规则的基础。

（三）区域之间的规则及制度差异

粤港澳大湾区包括 9 个城市和 2 个特别行政区，其内部规则和制度差异比较大，这是集聚要素的关键和决定因素。因为这些规则和制度决定了企业行为范围，隐藏着潜在收益，意味着利益差异。最大的规则和制度差异是港澳两个特别行政区和内地 9 个城市之间的差异，香港和澳门实行基于私有制的市场经济制度，采取自由经济制度，奉行积极不干预政策，实行低税收和低福利。

珠三角九地（市）实行社会主义市场经济制度，强调宏观调控、公平竞争、协调发展等制度基础，往往通过一些行政指令干预市场主体行为，规定资质要求、设置进入门槛，限制经济主体的行为范围。内地九地（市）之间也存在一些规则和制度差异，一些地区拥有较多的开放功能区，如经济特区、开发区、海关特殊监管区、自由贸易试验区等，可以享受规则和制度规定的特殊利益。除了深圳和珠海早期经济特区制度外，各地拥有海关特殊监管区的数量和规模存在较大差异，深圳拥有包括自由贸易试验区前海片区在内的 5 个海关特殊监管区，珠海有 3 个海关特殊监管区，广州有 7 个海关特殊监管区，这 3 个城市各有 1 个自由贸易试验（片）区（部分与保税区有重叠），是目前内地规则水平最高的功能区，也是对市场主体实行监管程度最低、便利化措施最多的区域。其他地区，除惠州有出口加工区外，大部分地区仅有提供一定优惠政策的开发区和高新技术产业区，没有这种高水平规则的自由贸易试验区，要素和资源集聚能力相对弱一些。

所以，香港和澳门的经济自由化程度最高，可以集聚全世界的高端要素和产业；深圳、珠海、东莞和惠州有比较大的经济开放度和较高水平的开放规则，广州、佛山、中山吸引国际要素能力次之，江门和肇庆的要素集聚能力比较弱。粤港澳大湾区建设的重点在于珠三角九地（市）扩大对外开放，参照香港开放水平及其开放规则和制度标准，提高开放水平，增强对高端要素和产业的集聚能力。

（四）粤港澳大湾区合作的"制度困境"

粤港澳大湾区的发展重点是实现区域资源及各类要素自由流动，实现"一体化"，但受到规则及制度的分隔。因此，粤港澳大湾区内部最大的不平衡、不协调来自规则和制度的差异，也是未来协调发展和做大做强湾区经济量的障碍。粤港澳大湾区合作将陷入巨大的困境。一是总体上的"一国两制"与个别区域规则体系差异。在一个主权国家体制下，存在多种规则和制度体系，香港与澳门也存在规则和制度差异，内地2个经济特区与7个城市分布有15个海关特殊监管区（包括横琴新区片区）、5个国家级经济技术开发区、9个高新技术产业区等，都实行不同的经济监管规则和政策。二是在世界贸易组织（WTO）规则体系下，香港和澳门属于独立关税区，广东或者珠江三角洲都不是独立关税区。按照国民待遇和最惠国待遇原则，凡是对香港和澳门开放的规则和制度，都以中国的名义向其他国家或关税区开放，比如"内地与香港（澳门）关于建立更紧密经贸关系的安排"（CEPA）就是在WTO规则下运行，实质是中国内地向全世界开放。珠江三角洲采取"先行先试"办法和措施，进行了一系列CEPA试验，设立了横琴"粤港澳紧密合作示范区"、前海"深港现代服务业合作区"、南沙"粤港澳全面合作示范区"，进行了大量制度试验，但是，许多规则及制度不配套，落实起来比较困难，遭遇中央各个部门权利分割的"约束"。三是粤港澳大湾区整个区域不可能构建一个相同制度的特别区域，粤港澳大湾区内陆部分也不可能建成"独立关税区",所有经济合作都是以内地"独立关税区"名义一致对外。所以,粤港澳大湾区合作可能会陷入"制度困境"。

三　粤港澳大湾区建设的思路与路径

从上述分析可知,粤港澳大湾区建设的关键是解决制度或规则的一致性问题,降低规则和制度的摩擦成本(交易成本),发挥内地与港澳各个区域的优势,实现优势互补,从而提高整个区域要素和资源配置效率,促进区域协调发展,实现"湾区经济"逐渐强大,并带动内陆腹地经济发展。

突破"制度困境"的有效办法是建设"自由贸易园(港)区"及其功能平台。这也是党的十八届三中全会《关于全面深化改革若干重大问题的决定》和十九大报告提出来的思路,在自由贸易试验区基础上,探索建设自由贸易港。"自由贸易园(港)区"可以帮助粤港澳大湾区走出"制度困境"。

"自由贸易园(港)区"(Free Trade Zone,FTZ)是指在一个国家境内设立的实行特殊监管政策和优惠税收的小块特定区域;依托港口及其腹地建立的园区就是"自由贸易港"。"自由贸易园(港)区"具有单边对外开放性质,与两个或两个以上国家(独立关税区)之间相互开放而建立的自由贸易区(Free Trade Area,FTA)不同,后者符合世界贸易组织(WTO)规则,而前者依据海关合作理事会《关于简化和协调海关业务制度的国际公约》(简称《京都公约》)惯例,是真正意义上的法外治权部分让渡的"境内关外"区域。自由贸易园(港)区按照国际惯例对货物、资本、人力要素等流动实行最少管制,对货物免征关税及其他税收,或者对少量产品征少量税收。

从这个意义看,香港已经是比较标准的自由贸易港,除了毒品和军事武器等货物外,其他货物出入境不必事先申报,采取"先入关,后报关"的海关管理便利化模式,只要求在14天内递交报关表及其电子表。可见,自由贸易港是一系列对外开放"高标准"规则和制度的集成。

在粤港澳大湾区内，香港作为世界高标准的自由贸易港，承担了区域综合功能，代表区域内自由贸易规则和开放水平的高级形态。基于各个区域制度差异，可以构建一系列开放水平和规则体系低于香港的"次级标准"自由贸易平台，还可以构建功能型的"三级标准"的自由贸易平台，从而形成开放规则和开放水平呈梯次的开放功能体系。

所以，粤港澳大湾区建设的基本思路是：以香港自由贸易港为参照标准，构建具有区域综合功能、实行"高标准"规则的区域综合开放平台和具有某方面专业功能、实行"次级标准"规则的专业开放平台。以这些自由贸易平台及其高水平规则体系，带动整个粤港澳大湾区开放规则的提升，提高经济自由化程度，增强对国内外要素和资源的吸引能力，完成高端要素和技术复杂度高的产业集聚，促进湾区"增长极"的形成，从而扩大区域经济总量和提升经济增长质量。

（一）尽早谋划粤港澳大湾区"自由贸易港群"战略布局

粤港澳大湾区所在的珠三角对外开放基础和条件良好，完全有条件布局一系列自由贸易港（园）区，而不止一个自由贸易港，应尽早做好自由贸易港（园）区群建设的战略规划。

从世界自由贸易港（园）区分布看，世界贸易组织（WTO）公布的数据显示世界上有各种功能的自由贸易港（园）区1200多个，美国有对外贸易区（即自由贸易区）200多个，新加坡有7个，韩国有10多个，印度也有10多个自由贸易港（园）区等。中国现有自由贸易试验区11个，还处于"试验"阶段，不是完全意义上的"自由贸易港（园）区"。所以，珠三角有必要谋划建设一系列自由贸易港（园）区。

从现实情况看，香港已经是世界上开放程度最高的自由贸易港。从可行性看，珠三角有条件建设一系列自由贸易港。珠三角地处珠江口湾区，区位条件优越的港口众多，有潜力开发建成自由贸易港。因此，必须从长远战略上考虑粤港澳大湾区开放型经济建设的需要，谋划布局一系列自由贸易园（港）区，带动广东全域开放，目标是建成高水平开放型经济体制，与香港和澳门高水平规则对接。

从策略上考虑，自由贸易港（园）区建设必须走"先试验、后推广"的道路，先重点建成几个自由贸易港（园）区，随后，在珠三角地区逐步建设多个承担各种功能的自由贸易平台。珠三角经过多年率先开放试验，已经形成了 15 个海关特殊监管区，这些园区贸易便利化程度高，已经具有一定自由贸易功能。

首先，广东自由贸易试验区南沙、前海和横琴三个片区具备建成高标准自由贸易港的条件。这三个功能园区都有一系列海关特殊监管区的基础条件，可以建成高标准"自由贸易港（园）区"。从区域功能上，南沙、前海和横琴建设自由贸易港能够强化"区域增长极"形成。通过高水平规则，实现南沙与港澳一体化、深圳与香港一体化、澳门与珠海一体化发展，打造粤港澳大湾区三大"经济增长极"。

其次，区位和条件不足的功能园区，可以从战略上谋划建设成为专业开放平台。一些条件欠缺的功能园区可以经过一段时间的开发和开放建设，建成具备某一种或几种功能的"自由贸易平台"，比如深圳盐田港、广州保税区等功能园区。

（二）重点推动广州南沙自由贸易试验区升级，建设成为高水平区域功能综合平台

在广东自由贸易试验区的三个片区中，南沙自由贸易试验区（2015 年）可以建成承担一定区域功能的高水平开放平台，构建广州南沙自由贸易港。即高水平规则的自由贸易港。经过两年多的便利化建设，南沙自由贸易试验区货物进出、资本流动的自由化程度大大提高，具备了建设自由贸易港（园）区的优越条件。

该区域还得到南沙出口加工区（2005 年）、南沙保税港区（2008 年）、南沙经济技术开发区和南沙新区（2012 年）的支撑，并被赋予 CEPA 试验和粤港澳全面合作示范区的功能。南沙处于珠三角地理几何中心，距离广州 60 公里，距香港 38 海里，距澳门 41 海里，位于珠江流域通向海洋的通道

旁边，具有连接珠江口岸城市群的枢纽地位。南沙能够充分利用广阔的腹地空间，强化要素与资源的集聚，快速形成珠三角经济增长中心。

南沙定位于国际航运发展合作区，重点发展航运物流、保税仓储、国际中转、国际贸易、大宗商品交易、冷链物流等航运服务业，经过前期建设初步具有建成"自由贸易港"的条件。因此，南沙自由贸易港具有较强的区域综合"平台"功能，可以建成具有对外贸易、加工贸易、离岸贸易、中转及航运物流等功能的综合自由贸易港。

南沙与港澳比邻，通过南沙自由贸易试验区升级和制度创新，加强南沙自由贸易港与港澳自由经济规则一致性建设，与港澳实现真正意义上的规则接轨。参照香港高标准规则和制度体系，货物进出可以放开，只进行简单登记和统计；实行"先入关，后报关"便利化模式，实行零关税和较低所得税率；除有限的几个产业禁止外，其他产业都开放。凭借这样的高水平规则体系，可以与香港实现一体化融合发展。

（三）完善深圳前海自由贸易试验区电子围网，建设成为高水平服务贸易功能平台

深圳前海毗邻香港，要素和产品往来便捷，依靠先进的电子技术，有条件打造深圳前海"国际金融自由港"。深圳前海自然条件和社会经济条件良好，依托蛇口港，得到前海湾保税港区（2008年）、前海深港现代服务业合作区（2010年）、CEPA金融创新区（2012年）的支撑。通过前期的建设，前海已经初步在航运物流、转口贸易和出口加工、金融开放以及其他服务产业开放方面进行了深度创新，形成了国内较高水平的开放规则，特别是在金融开放方面形成特色功能区，有助于国内资本的集聚。所以，深圳前海自由贸易港拥有优越的条件，可以与香港进行深度对接，实现香港与前海一体化发展，带动粤港澳大湾区及其周边地区的经济发展。前海已经与香港进行了现代服务业合作，取得了一定经验，有助于未来进一步开放，在航运物流、金融开放及资本流动等服务业方面与香港进行融合发展。

（四）加快珠海横琴自由贸易试验区"境内关外"建设，打造高水平人员自由流动"国际自由岛"

珠海横琴与澳门特别行政区相邻，有广东自由贸易试验区横琴片区（2015 年）支撑，有条件打造成一个"国际自由岛"。实际上，国务院《关于横琴开发有关政策的批复》赋予了横琴片区实行"一线放宽、二线管住、人货分离、分类管理"的分线管理权限，"分线管理"也是横琴片区"境内关外"真正形成的必要条件。因此，横琴片区拥有建成"自由贸易港（园）区"的优越条件，充分利用横琴片区休闲旅游、健康产业优势，打造"国际自由岛"或"国际旅游岛"。

最近港珠澳大桥正式开通，珠海端出口在珠海保税区附近、横琴大桥北端。应考虑把横琴片区升级成"国际自由岛"，并进行扩围，把珠海保税区（1996 年）、珠澳跨境工业区（2003 年）、港珠澳大桥出口及其比邻区域纳入横琴片区，统一规划。一是把港珠澳大桥出口"关口"划进自由贸易区，可以解决港珠澳大桥出口货物与人员集疏运问题，解决香港、澳门与内地三地自由通行的难题；二是通过"一线放宽"，可以解决澳门与横琴货物、人员往来的自由化问题，有助于澳门多元化发展，促使澳门博彩娱乐和横琴旅游休闲的合理分工，带动澳门和横琴"博彩娱乐—旅游休闲—健康"特色产业链的形成和发展。

（五）推行海关特殊监管区升级改造，形成次级水平规则的专业特色功能平台

除了构建具有区域功能的"自由贸易港"外，还可以构建具有专业特色功能的"自由贸易平台"。除了上述南沙、前海和横琴自由贸易港建设涉及的海关特殊监管区外，珠三角还有深圳沙头角保税区、盐田保税区、盐田港保税物流园区、福田保税区、深圳出口加工、广州保税区、广州出口加工区、广州保税物流园区、广州白云机场综合保税区、惠州出口加工区 10 个海关特殊监管区，可以建设成有功能特色的专业开放平台，其规则、制度及开放程度次于"自由贸易港",成为有一定限制的次级水平规则的自由贸易港(园)区,除了必要的海关和边防申报外,进出或转运货物在港内装卸、转船和储存、加工贸易不受海关限制,对货物的进出关境可以实行"先入关,后报关"便利化模式;免除海关、检验检疫等部门对船舶和船员实施的额外审查;实行较低关税率和所得税率;对产业开放采取负面清单监管模式。

这种一般开放水平自由贸易港(园)区有三个区块,其建设重点是建成具有特色功能的次级水平规则的自由贸易平台。一是依托深圳盐田港,整合沙头角保税区(1987年)、盐田港保税区(1996年)和盐田港保税物流园区(2004年),构建"深圳盐田自由贸易港";其自然条件优越和设施先进,可以参照综合保税区模式,构建深圳东部比邻香港的自由贸易港,依托深圳及东莞的腹地,打造以仓储物流、转口贸易和中转贸易为主要功能的自由贸易平台。二是整合广州保税区(1992年)、广州保税物流园区(2007年)和广州出口加工区(2000年),构建"广州自由贸易港",依托广州经济技术开发区和高新技术产业区,打造以国际贸易、高端加工贸易、跨境电子商务及物流配送等功能为主的高水平规则平台。三是依托广州白云机场综合保税区(2010年),构建"广州空港自由贸易港",打造以临空产业、精密仪器制造业、加工贸易、航空物流和国际中转为主的功能平台。

(六)完善加工贸易监管模式,构建"飞地"型加工贸易园区开放平台

现有的"加工贸易工厂"实质是在保税监管状态下的"保税贸易模式",加工贸易工厂就是保税区的"飞地",加工厂和保税区之间货物往来通过交通工具连接,加上严格的进出报关监管和检验,形成"物理围网",构成了一个相对封闭的"保税仓"。所以,针对集中成片的加工贸易工厂,整合构建"飞地"型自由贸易平台,并充分利用多年形成的保税监管体制机制和经验,快速建立"自由贸易港(园)区"监管体系。这类"飞地"型加工贸易园区可以依靠香港自由港、南沙自由贸易港以及专业特色功能平

台，形成若干"出口加工区"或者"加工贸易园区"。

2008 年国际金融危机后，珠三角加工贸易企业经过转型升级和转移，数量上大幅度缩减。有必要把这些零散的加工贸易工厂进行整合，实施"园区化"监管，建成若干"加工贸易生产中心"或者"加工贸易园区"。同时，尝试运用"电子信息围网"方式，实现"境内关外"的管理效果，构成"物理围网"和"电子信息围网"结合的"出口加工区"开放平台，推进珠三角加工贸易"转厂加工"的自由化，助推加工贸易的产业链延伸。

（七）建立和完善具有一定开放水平的"飞地"开放平台

在粤港澳大湾区，香港和澳门属于国际高水平自由贸易港，未来将建成的南沙、前海、横琴自由贸易港属于次级水平自由贸易港，其规则和制度略低于香港和澳门的标准。为了加深粤港澳融合发展，同时遵守 WTO 规则要求，可以采取自由贸易港（园）区外部"飞地"形式，构建一系列功能园区。比如依托上述高水平自由贸易港和次级水平自由贸易园区，构建功能园区式的依附型开放平台，目的是提高经济技术开发区、高新技术产业区的开放水平。其方式有两个：一是直接给经济技术开发区、高新技术产业区赋予依托自由贸易港的规则和制度，实行生产过程监督和结果监督，类似"出口加工区"模式；二是运用互联网、物联网技术，实行对开放平台的"电子围网"监管。

对分布于粤港澳大湾区的 5 个国家级经济技术开发区、9 个高新技术产业区可以采取"飞地"型开放平台的模式。根据各个功能区产业特点设立基于自由贸易港（园）区"飞地"模式的功能性或专业开放平台。

（1）构建国际大宗商品集散中心。依托香港、南沙自由贸易港等，在区外建立多个"飞地"模式的国际大宗商品专业市场或者期货交易的交割仓库，如原油、煤炭、铁矿石、有色金属、钢铁、农产品等大宗商品交易中心或者交割仓库，依附于自由贸易港（园）区规则体系而运行。

（2）整合构建专业性国际采购中心。以自由贸易港（园）区"飞地"模式，构建五金类、化工类、食品类、水产类等专业性批发交易中心，或者有区域特色的汽车、游艇、珍珠等交易中心。

（3）构建进口消费品免税购物中心。在自由贸易港（园）区内或者采取"飞地"模式，在交通便捷的城市构建高档皮革制品、贵金属及珠宝交易中心以及高档消费品、名画或书法作品的免税购物（零售）中心。

（4）整合建立跨境电子商务及其货物进出口基地。跨境电子商务具有货物贸易和服务贸易相融合的特点，其基本流程依托网络平台发布信息，主要采取 B2B 和 B2C 交易方式，完成支付和结算环节，再以集装箱的形式运输大批货物进出海关。

（5）构建具有技术研发和创意中心功能的自由区。技术研发和创意设计需要聘请外国研究人员、引进技术、进口研发试验所用的原材料和零配件等，可以构建具有研发和创意功能的自由贸易港（园）区，保证研发和创意使用的货物和人员的自由流动。

（6）构建进口商品保税展示和信息发布中心，包括实体及样本的展示、商品外形及款式信息、性能及特点的发布。

本文附录

附表　粤港澳大湾区国家级开发开放功能区基本情况

功能区名称	批准时间	面积(公顷)	主导产业或主要功能
深圳沙头角保税区	1987 年 12 月	20	加工贸易、贸易、仓储、运输
深圳高新技术产业园区	1991 年 3 月	1150	电子与信息、光机电一体化、生物、医药技术
深圳福田保税区	1991 年 6 月	135	出口加工、仓储、物流、金融、商贸
深圳盐田港保税区	1996 年 9 月	85	转口贸易、仓储、国际物流
深圳出口加工区	2000 年 4 月	300	电子信息、装备制造
深圳盐田港保税物流园区	2004 年 8 月	96	国际物流、国际采购、国际中转和转口贸易
深圳前海湾保税港区	2008 年 10 月	371	国际中转、配送、采购、转口贸易和出口加工
前海深港现代服务业合作区	2010 年 8 月	1500	CEPA 金融创新区：金融、电信、医疗等现代服务业
珠海高新技术产业开发区	1992 年 11 月	980	电子与信息、生物工程与新医药、光机电一体化技术

续表

功能区名称	批准时间	面积(公顷)	主导产业或主要功能
珠海保税区	1996 年 11 月	300	加工制造、保税仓储、国际贸易
珠澳跨境工业区	2003 年 12 月	29	实施 CEPA：电子、机械、医药、纺织品及服装、储运
珠海经济技术开发区	2012 年 3 月	6400	船舶和海洋工程装备制造、石油化工及清洁能源、区域性港口物流
珠海横琴新区	2009 年 8 月	10646	粤港澳紧密合作示范区和实施 CEPA：中医药及旅游、金融服务、研发及文创产业
广州经济技术开发区	1984 年 12 月	3857.7	化学原料及制品、电气机械、食品、电子及通信设备
广州高新技术产业开发区	1991 年 3 月	3734	电子与信息、生物、医药技术、新材料
广州保税区	1992 年 5 月	140	国际贸易、保税仓储、出口加工
广州南沙经济技术开发区	1993 年 5 月	75700	港口物流、机械装备、汽车和船舶制造、电子信息、塑料、化工
广州出口加工区	2000 年 4 月	300	光电子、生物医药、精细化工
广州南沙出口加工区	2005 年 6 月	136	IT、光电、精密机械、家电
广州保税物流园区	2007 年 12 月	50.7	保税仓储、保税物流、国际中转、国际配送、国际采购和国际转口贸易
广州南沙保税港区	2008 年 10 月	706	国际物流、国际采购、转口贸易和出口加工、临港加工、仓储配送以及贸易展示
广州白云机场综合保税区	2010 年 7 月	738.5	保税仓储、保税物流、国际中转、国际配送
广州增城经济技术开发区	2010 年 3 月	6200	汽车、摩托车、电子信息、生物医药、新材料、新能源和节能环保、服务外包、现代物流
中国与新加坡"广州知识城"	2009 年 3 月	12300	研发服务、教育培训、生命健康、信息技术、生物技术、创业产业、新能源与节能环保、先进制造业
广州南沙新区	2012 年 9 月	80300	粤港澳全面合作示范区和实施 CEPA：商贸、航运、物流及生产性服务业
佛山高新技术产业开发区	1992 年 11 月	1000	光机电一体化、电子与信息、新材料
东莞高新技术产业开发区	2010 年 11 月	7200	高科技研发平台、教育、生物技术、新能源新材料、IC 设计、研发总部、金融服务、文化创意、生物技术产业

功能区名称	批准时间	面积(公顷)	主导产业或主要功能
中山火炬高技术产业开发区	1991 年 3 月	1710	电子与信息、生物、医药技术、新材料
惠州仲恺高新技术产业开发区	1992 年 11 月	706	电子与信息、光机电一体化、高新技术产业
惠州大亚湾经济技术开发区	1993 年 5 月	2360	电子信息、钢铁、能源、纸品、石化、港口储运
惠州出口加工区	2005 年 6 月	300	电子信息、汽车配件、纺织服装、塑料化工
肇庆高新技术产业开发区	2010 年 9 月	9800	电子信息、生物制药、新材料、轻工制造、有色金属精加工、汽车摩托车零配件、装备制造
江门高新技术产业开发区	2010 年 11 月	3300	电子信息、摩托车及零配件、生物医药、玻璃制品、家具

注：2015 年 4 月，广东自由贸易试验区成立，主要功能是扩大开放，进行便利化改革。其中，南沙片区 6000 公顷，发展航运物流、特色金融、高端制造和国际商贸等产业；前海片区 2820 公顷，发展金融、物流、信息及科技服务等产业；横琴片区 2800 公顷，实施"境内关外"，发展旅游与休闲、中医药及健康、商务、金融、文化科技、高新技术等产业。

资料来源：据国家发改委《国家级开发区土地集约利用评价情况通报（2012 年度）》及各功能区网站信息整理。

B.9

广东与"一带一路"产业合作：贸易投资的竞合联动分析*

韩永辉 韦东明 李 青**

摘 要： 广东融入全球价值链体系需要研判自身与"一带一路"沿线国家的产业合作现状，分析广东与沿线国家产业贸易和投资的互补竞争性。本文构建区域产业贸易和投资相似度和结合度指数，基于面板自回归模型（PVAR），考察1995～2014年广东与"一带一路"沿线国家的产业互补性和竞争性的演进状况，研判广东与沿线国家产业贸易与投资竞合状况和联动性。研究发现，在贸易和投资方面，广东与东盟和南亚产业的竞争性最强，与西亚和中亚互补性最强；广东与"一带一路"沿线国家产业的滞后贸易或投资对当期贸易或投资存在正向影响；广东与"一带一路"沿线国家的贸易和投资存在联动性，相比贸易增加，投资增加的响应速度更快；"一带一路"倡议的提出对产业贸易和投资有显著的正向作用，相较产业贸易，其对产业投资的作用更为明显。

关键词： 广东经济 "一带一路" 全球价值链 产业合作 贸易投资

* 基金项目：国家自然科学基金资助项目（71603060；71573058），教育部人文社会科学青年基金项目（16YJC790023），广东省软科学研究计划项目（2016A070706006），广东省自然科学基金项目（2017A030313422）。

** 韩永辉，博士，广东外语外贸大学广东国际战略研究院研究员，研究方向为产业政策、世界经济。韦东明，广东外语外贸大学商学院研究生。李青，女，博士，广东外语外贸大学广东国际战略研究院教授，秘书长，研究方向为全球价值链、跨国公司。

一　研究问题与研究状况

改革开放 30 余年，广东一直站在对外开放的最前线，产业不断融入全球经济价值链，接收国际产业转移并快速发展，GDP 从改革开放之初的 186 亿元增长到目前的 7.95 万亿元，增长了约 426 倍，促成了"中国奇迹"的诞生。然而，在全球经济网络化分工态势下，支撑广东多年高速增长的生产模式已遇瓶颈，广东产业链面临"夹心化"危机。一方面，发达国家掌握核心技术和核心业务，占据价值链高端环节，中国长期处于全球价值链的低端锁定位置（刘志彪，2007）；另一方面，由于劳动力成本上升和产品价格下降，广东企业受到其他发展中国家的挑战。在经济新常态下，广东产业需寻找更广阔的合作空间，进行国际产业合作，增强国际竞争力，提升在全球价值链的分工位势，突破"夹心化"危机。

"一带一路"倡议的提出为广东产业转型升级，提升在全球价值链分工位势带来了历史机遇（金永亮，2015）。2015 年 6 月，广东省政府响应中央精神，率先发布《广东省参与建设"一带一路"的实施方案》以指导广东参与"一带一路"建设，突出全国领头羊的战略作用。投资与贸易合作是推进国际产业合作的重要方式。如何衡量广东与"一带一路"沿线国家产业合作的贸易投资竞合状况？广东对"一带一路"沿线产业的贸易投资在哪些地区的区位优势更明显？广东与沿线国家产业的贸易投资存在何种联动性？未来广东应如何推动与"一带一路"沿线国家产业合作发展？要回答这些问题，需要以定量分析构建广东与"一带一路"沿线产业的相似度和结合度指数，依托前沿计量分析模型，进行科学严谨的实证分析。

目前有关"一带一路"的研究主要集中在四方面：一是国别分析沿线国家的经济、人文等发展情况（李立民、陈文慧，2009；王勤，2011）；二是分析中国与沿线国家的相互关系，如贸易投资的竞争互补性（韩永辉、邹建华，2014；何传添，2014）；三是中国与沿线国家的合作探索（Rana，2013；陈万灵、何传添，2013；左连村，2013）；四是关于"一带一路"的政策建议（郭宏宇、竺彩华，2014；申现杰、肖金成，2014）。

从广东参与"一带一路"建设情况看，李惠武（2014）认为广东应利用经济规模、产业基础、配套能力、金融资产、交通网络、企业团队、人才队伍等方面条件，精心谋划，积极参与，做出贡献。地方对接"一带一路"虽引起了国内外学者的研究和关注，但作为一个新倡导的理念，当前的地方性研究大多是定性的概念、意义、挑战与应对分析，缺乏科学严谨的定量与数理研究。本文采用理论和实证严谨结合的研究方法，分析广东参与"一带一路"建设，与沿线进行国际产业合作，联动提升双方在全球价值链的分工位势，互惠共赢，探讨其机制与影响效应。

从贸易投资竞合关系角度分析的文献不多，有学者围绕产业转型升级进行了比较深入的探讨（蔡昉等，2009；赵永亮，2012），侧重分析双方或多方在国际贸易或投资方面的竞争性或互补性格局问题。例如，王文创（2008）采用要素禀赋结构分析中国与东盟不同层次的竞争关系，认为双边在要素禀赋方面的相似性以及各自内部分动的深入会导致产业内贸易具有竞争关系。张亚斌（2003）和侯铁珊（2005）提出中国与东盟的贸易与投资是一种竞合关系，且竞争性大于互补性，孙致陆和李先德（2013）实证发现双方农产品贸易存在一定互补性，部分农产品贸易关系紧密，但在农产品出口市场有较高的相似性，存在比较激烈的竞争。韩永辉和邹建华（2015）发现中国对西亚的禀赋优势正从劳动密集型向资本技术密集型快速转变，双边产业结构呈现强互补性，以工业制成品换取西亚能源已成为两地经贸交往的主要特征。

总体上看，现有"一带一路"相关研究较一致地认为，区域经济领域的核心任务是在竞争中找到合作契机，产业经济合作的融合是推进"一带一路"发展的重要支撑。但以往文献主要考察中国与沿线的竞争性和互补性，仍未上升到在竞合中联动，实现产业合作、协同升级、互惠互利的理论层面。在探讨中国与沿线经济合作时，多关注能源与资源的合作（Rahman，2013；刘佳骏，2013），未形成多格局、多方面的合作分析，也缺乏对合作机制的分析。本文突出竞合与联动，以贸易与投资为基础，构建多维度指数，基于面板数据的向量自回归模型（PVAR）和共同因子估计方法（Gonzalo，1995；Love，2006），分析广东参与"一带一路"贸易投资的竞合状况，验证广东与沿线国家在贸易与投资上的联动性，以此对深化广东与"一带一路"沿线国家共建对接，促进全球价值链联动升级提出针对性建议。

本文第三部分构造产业相似度和结合度指数模型分析广东与"一带一路"沿线国家产业的贸易与投资互补竞争状况；第四部分检验广东与"一带一路"沿线国家产业的贸易投资的联动性机制，检验"一带一路"战略的提出对区域产业贸易投资的影响；第五部分是全文的总结和政策建议。

二 广东与"一带一路"产业合作：竞争性与互补性

在广东与"一带一路"沿线国家的合作中，贸易和投资领域是共建的重要内容，贸易投资便利化是推动合作的关键手段。下面从贸易与投资竞合的视角，分析广东与"一带一路"沿线国家产业合作的竞争性与互补性。

（一）产业贸易与投资的竞争性分析

相似度指数（Export Similarity Index，ESI）可在两个不同的域被测度，即商品域和市场域（出口目的地）。Finger 等（1979）最先在商品域提出相似度的测算方法；Glick 和 Rose（1999）通过加权平均处理，以出口份额代替出口额来降低国家规模的差异对相似度结果准确度的影响。考虑到相关研究仍无法解决总量偏差程度检验的问题，史智宇（2003）对 Glick-Rose 指数进一步修正，使该指数可应用于产品分类更细致的贸易数据中。

1. 相似度指数模型构建

为研究广东与"一带一路"沿线国家在世界产业格局中的地位，借鉴 Glick 和 Rose（1999）、史智宇（2003）设计相似度指数的原理，构建广东与"一带一路"沿线国家产业的贸易和投资相似度指数，公式为：

$$ESI_{ab} = \left\{ \sum_{i=0}^{n} \left[\left(\frac{X_{ak}^i / X_{ak} + X_{bk}^i / X_{bk}}{2} \right) \cdot \left(1 - \left| \frac{X_{ak}^i / X_{ak} - X_{bk}^i / X_{bk}}{X_{ak}^i / X_{ak} + X_{bk}^i / X_{bk}} \right| \right) \right] \right\} \times 100 \quad (1)$$

其中，a、b 分别表示 a、b 两地，k 代表第三方市场，X_{ak}^i / X_{ak} 代表 a 地出口到 k 市场的某一类商品贸易额占 a 地出口到 k 市场的此类商品贸易总额的比重，X_{bk}^i / X_{bk} 代表 b 地出口到 k 市场的某一类商品贸易额占 b 地出口到 k 市场的此类商品贸易总额的比重。相似度指数 ESI_{ab} 的取值范围为〔0，100〕，相似度指数越大，表明 a 地与 b 地出口到 k 市场的商品结构相似度越大，竞争性越强，反之竞争性越弱。如果指数随着时间上升，则表明 a、b 两地产业趋于收敛，意味着两地在 k 市场上的竞争愈来愈激烈。① 类似的，也可采用式（1）检验国际产业投资方面的相似度，此时 X_{ak}^i / X_{ak} 代表 a 地对外投资到 k 市场的某一种商品投资额占 a 地对外投资到 k 市场的此类商品投资总额的比重，X_{bk}^i / X_{bk} 代表 b 地对外投资到 k 市场的某一类商品投资额占 b 地投资到 k 市场的此类商品投资总额的比重。相似度取值越大，表明 a 地与 b 地投资到 k 市场特定产业的结构越相似，竞争越强。

本文运用修正的相似度指数对广东和"一带一路"沿线国家在世界市场的产业结构相似程度进行量化和比较，检验贸易和投资的竞争性和互补性。广东的贸易数据来自广东统计年鉴、广东海关数据库以及相关统计公报，"一带一路"沿线国家的贸易数据来源于 1995～2014 年世界贸易数据库、联合国贸易数据库，选定"丝绸之路经济带"和"21 世纪海上丝绸之路"涉及的 65 个国家和地区作为研究样本（见表 1），根据《中国对外直接投资统计公报》的归类，将沿线国家按所在区域分组为西亚、中亚、南亚、独联体②、中东欧以及东盟和东亚六大区域进行贸易投资分析。

---

① 修正的 Glick-Rose 相似度指数有如下优点：一是调整了地区经济规模相差过大带来的问题，使用出口份额代替出口额；二是假定贸易不平衡影响在各地是成比例的，去除贸易不平衡造成的结果偏差；三是在一个较高分解层次上计算贸易规模，一定程度上克服了总量偏差程度检验的问题。

② 本书中"独联体"仅作为区域分组名称，实际上，乌克兰、格鲁吉亚和土库曼斯坦已经退出独联体。

表 1　"一带一路"沿线 65 个国家及地区

区域名称	国家名称
东亚 1 国	蒙古国
东盟 10 国	新加坡、马来西亚、印度尼西亚、缅甸、泰国、老挝、柬埔寨、越南、文莱、菲律宾
西亚 18 国	伊朗、伊拉克、土耳其、叙利亚、约旦、黎巴嫩、以色列、巴勒斯坦、沙特阿拉伯、也门、阿曼、阿拉伯联合酋长国、卡塔尔、科威特、巴林、希腊、塞浦路斯、埃及(西奈半岛)
南亚 8 国	印度、巴基斯坦、孟加拉国、阿富汗、斯里兰卡、马尔代夫、尼泊尔、不丹
中亚 5 国	哈萨克斯坦、乌兹别克斯坦、土库曼斯坦、塔吉克斯坦、吉尔吉斯斯坦
独联体 7 国	俄罗斯、乌克兰、白俄罗斯、格鲁吉亚、阿塞拜疆、亚美尼亚和摩尔多瓦
中东欧 16 国	波兰、立陶宛、爱沙尼亚、拉脱维亚、捷克、斯洛伐克、匈牙利、斯洛文尼亚、克罗地亚、波黑、黑山、塞尔维亚、阿尔巴尼亚、罗马尼亚、保加利亚和马其顿

注:"一带一路"沿线国家的区域分类参照《中国对外直接投资统计公报》的分类,表中区域名称仅为分类便利,并不一定与国际通用区域划分一致。

2. 产业贸易的竞争性分析

自 1995 年起,广东与"一带一路"沿线国家产业的出口结构相似度处于中等偏低水平,呈现相对稳定上升状态(见表 2)。具体而言,广东与东盟产业的出口相似度指数最高,南亚次之。广东与东盟的相似度指数从 1995 年的 61.81 一直上升到 2014 年的 75.26,意味着广东与东盟国家产业在世界的商品结构相似度很高,竞争最为激烈,而且随着时间推移越来越激烈。广东与南亚的相似度指数也比较高,为 49.35 ~ 59.81。

广东和东盟、南亚在推进工业化进程中都以相似的劳动密集型和末端产品出口为主,这种不断缩小的产业出口范围也意味着在国际第三方市场上激烈的竞争。广东与中东欧的相似度指数一度缓慢下降并逐渐稳定在 45 的水平,说明广东与中东欧的产业在世界市场处于渐趋互补状态,产业竞争减弱明显。与广东贸易竞争性最弱的是中亚和西亚,1995 ~ 2014 年相似度指数一直处于较低的水平,中亚是 21.18 ~ 35.49,西亚是 20.59 ~ 41.35。近年来,随着石油价格、大宗初级产品价格下降,中亚和西亚依赖资源出口的发展模式已难以为继,广东与中亚、西亚具有较好的产业合作前景。

表 2　广东与"一带一路"沿线国家的产业贸易相似度指数

年份	沿线国家（总体）	东盟	西亚	中亚	南亚	独联体	中东欧
1995	32.65	61.81	20.59	21.18	49.35	34.35	45.57
1996	33.73	62.84	21.63	20.07	50.16	35.16	47.93
1997	36.93	60.41	17.13	21.33	44.80	39.46	39.31
1998	37.37	63.59	19.00	25.62	50.37	36.96	39.37
1999	37.58	62.26	22.44	26.73	51.14	29.80	40.05
2000	41.70	65.85	23.12	26.74	51.75	36.14	40.48
2001	46.31	65.90	23.51	27.56	51.96	38.76	40.73
2002	47.04	64.31	25.92	27.63	52.35	36.75	40.79
2003	47.58	65.76	26.19	27.73	52.90	35.37	40.93
2004	48.31	68.41	26.28	27.90	53.20	43.82	41.03
2005	48.73	67.70	26.74	28.14	53.44	42.95	41.77
2006	50.04	67.60	27.78	28.39	53.76	37.90	42.42
2007	51.21	68.51	28.81	29.11	54.46	38.20	43.81
2008	52.06	69.75	29.32	29.28	54.78	37.35	44.24
2009	52.53	69.16	31.64	29.35	55.84	39.78	44.41
2010	54.00	70.20	32.62	30.84	55.97	40.84	45.25
2011	54.33	73.24	33.48	32.15	57.09	38.44	45.83
2012	54.49	72.69	37.93	34.93	57.95	40.97	45.43
2013	55.31	74.35	39.87	35.40	58.82	42.09	46.51
2014	55.48	75.26	41.35	35.49	59.81	44.81	45.92

资料来源：根据世界贸易数据库、联合国贸易数据库、广东统计年鉴、广东海关数据库以及相关统计公报数据计算。

3. 产业投资的竞争性分析

产业投资竞争性分析采用对外直接投资统计公报、联合国数据库以及广东统计年鉴数据。与贸易测算类似，产业对外直接投资相似度指数将"一带一路"沿线国家按区域分组为西亚、中亚、南亚、独联体、中东欧、东盟区域，把世界市场作为目标市场（见表3）。

从整体上看，广东与"一带一路"沿线国家总体的对外直接投资相似度指数处于中等水平，在55附近。其中，广东与东盟的投资相似度指数最高，为66.08～81.26；广东与南亚对外直接投资相似度指数较高，处在60

~70 的中强度竞争状态；广东与中亚、西亚的对外直接投资相似度指数较低，指数处于 30~50，处在竞争较弱状态。从动态趋势看，广东与"一带一路"沿线国家的产业投资竞争关系总体处于较稳定的状态，但与中亚和独联体的区域产业投资竞争呈现明显波动下降的趋势。

表3　广东与"一带一路"沿线国家的产业投资相似度指数

年份	沿线国家（总体）	东盟	西亚	中亚	南亚	独联体	中东欧
1995	51.37	66.08	41.37	36.68	61.08	65.63	52.50
1996	52.21	67.32	42.21	36.37	61.08	64.87	52.47
1997	53.90	69.37	45.83	36.00	61.81	63.97	52.40
1998	53.96	70.81	45.89	35.93	62.32	63.88	52.37
1999	53.98	71.01	46.08	35.57	63.37	63.51	52.28
2000	54.13	73.08	46.08	35.51	64.37	62.15	52.26
2001	54.52	74.87	46.10	35.43	65.48	61.50	52.25
2002	54.95	75.51	46.10	35.73	66.01	61.10	52.13
2003	55.31	75.63	46.30	34.03	66.26	61.01	52.01
2004	55.50	78.03	46.42	33.99	66.70	60.40	51.97
2005	55.54	78.58	46.52	36.91	66.80	60.23	51.91
2006	55.56	79.05	46.54	35.39	66.81	59.37	53.85
2007	55.74	79.33	46.61	34.97	66.83	58.23	53.81
2008	55.77	79.37	46.75	34.30	66.87	57.32	53.74
2009	55.82	79.70	46.80	33.40	67.05	57.11	53.62
2010	55.88	80.11	46.81	33.55	67.10	56.81	53.59
2011	56.13	80.81	47.32	33.60	67.13	56.08	53.41
2012	56.26	80.87	47.65	33.13	67.14	56.08	54.08
2013	56.42	80.92	48.84	33.00	67.36	53.21	52.08
2014	57.27	81.26	49.37	34.04	67.57	56.37	55.51

资料来源：根据对外直接投资统计公报、联合国数据库、广东统计年鉴数据计算。

（二）产业贸易与投资的互补性分析

分析广东与"一带一路"沿线国家之间的产业合作，不仅要分析产业贸易和投资的相似性，而且要考查广东与"一带一路"沿线国家产业合作的结合程度，本节借助结合度指数模型，分析广东与"一带一路"沿线国家产业的贸易和投资依存程度。

1. 结合度指数模型构建

结合度指数（Trade Intensity Index，TII）由经济学家布朗首次提出，最初是用于衡量两地之间贸易联系程度的综合性指标。结合度指数越大，表示两地贸易投资的联系程度越高，计算公式为：

$$TII_{ab} = \frac{X_{ab}/X_a}{M_b/M_w} \tag{2}$$

式中，a、b 代表 a、b 两地，w 代表世界市场。TII_{ab} 代表 a、b 两地的贸易结合度指数，X_{ab} 代表 a 地出口到 b 地的贸易额，X_a 代表 a 地的出口贸易总额，M_b 表示 b 地的进口贸易总额，M_w 代表世界进口贸易总额。当 $TII_{ab} > 1$ 时，a、b 两地贸易联系结合度大，互补性强，反之互补性弱。类似的，也可以采用上式检验国际产业投资方面的结合度。此时，X_{ab} 表示 a 地对 b 地的投资额，X_a 代表 a 地的对外投资总额，M_b 代表 b 地吸引投资总额，M_w 表示世界投资总额。$TII_{ab} > 1$，表明 a、b 两地投资联系紧密，反之亦然。

2. 产业贸易的互补性分析

据贸易结合度指数测算结果（见表4），1995～2014 年广东对"一带一路"沿线国家的贸易结合度指数在 0.553～1.140，2009 年后，广东对沿线国家的贸易结合度指数超过并维持在临界值 1 以上，随着时间推移波动上升，说明广东与"一带一路"沿线国家的贸易联系程度处于高水平并呈现持续增强的态势。实际上，随着广东产业的发展崛起，广东已超越韩国、新加坡、中国香港、中国台湾，成为东盟第三大出口贸易地区。作为中国对外开放高地，广东与亚欧"一带一路"沿线国家的经贸交往日益密切。2016 年中国与"一带一路"沿线国家贸易总额为 9535.9 亿美元，其中广东贸易总额占比达 20.9%，广东对"一带一路"沿线国家出口额为 1294.9 亿美元，进口额为 700.7 亿美元，进出口贸易额合计为 1995.6 亿美元，位列全国第一。

表4 广东与"一带一路"沿线国家的产业贸易结合度指数

年份	沿线国家(总体)	东盟	西亚	中亚	南亚	独联体	中东欧
1995	0.553	0.645	0.829	0.663	0.666	0.140	0.374
1996	0.559	0.693	0.821	0.657	0.642	0.222	0.317
1997	0.538	0.714	0.750	0.683	0.641	0.204	0.233
1998	0.598	0.748	0.825	0.751	0.778	0.270	0.217
1999	0.607	0.799	0.966	0.821	0.681	0.163	0.214
2000	0.658	0.798	1.047	0.889	0.703	0.289	0.222
2001	0.674	0.798	1.084	0.849	0.789	0.303	0.222
2002	0.744	0.869	1.145	1.037	0.779	0.434	0.199
2003	0.758	0.866	1.141	1.036	0.733	0.582	0.188
2004	0.796	0.726	1.289	1.075	0.841	0.682	0.160
2005	0.836	0.722	1.326	1.171	0.917	0.691	0.187
2006	0.846	0.750	1.227	1.313	0.937	0.653	0.197
2007	0.912	0.847	1.243	1.238	0.971	0.920	0.255
2008	0.894	0.831	1.413	1.211	0.897	0.698	0.313
2009	1.000	0.939	1.377	1.436	1.016	0.867	0.363
2010	1.011	0.903	1.281	1.424	1.029	0.489	0.342
2011	1.048	1.098	1.409	1.440	1.169	0.769	0.401
2012	1.081	1.181	1.400	1.465	1.038	0.656	0.445
2013	1.110	1.138	1.418	1.462	0.993	0.626	0.423
2014	1.140	1.113	1.492	1.453	0.957	0.736	0.490

资料来源：根据联合国贸易数据库、对外经济数据库、世界贸易数据库、中国海关数据库、广东统计年鉴以及相关统计公报1995~2014年数据计算。

分区域而言，2014年广东与"一带一路"沿线国家产业贸易结合度指数最高的地区是西亚，达到1.492，其与广东产业贸易结合度最为紧密，互补程度最大。近年来，中国积极推进与海合会建立自贸区的协议，"一带一路"倡议的提出正为此创造了新的发展机会，中国与西亚地区协同实施"一带一路"建设有利于发挥双方自身优势，建立新型经贸合作关系，进一步推进贸易投资协同发展。中亚也是与广东产业贸易结合度指数均值较高的地区，结合度指数从1995年的0.663跃升到2014年的1.453，说明广东与中亚贸易合作潜力较大，互补性也相对较大。中国与中亚五国20多年来贸易投资方面的合作发展迅猛，2002～2014 年中国与中亚地区的双边贸易年平均增长率达 33.3%，到 2015 年，中国已成为中亚地区最主要的贸易合作伙伴。广东与中东欧的贸易结合度指数较低，在 2014 年达到最大值仅0.490，其次是独联体地区，贸易结合度指数处于 0.140～0.736。这说明广东与中东欧和独联体地区的贸易联系较为松散，应通过优化双方贸易结构，不断拓展贸易领域。

3. 产业投资的互补性分析

据投资结合度指数测算结果（见表5），1995～2014 年广东对"一带一路"沿线国家的投资结合度指数在 0.717～1.308，各地区整体投资结合度指数差异不大，2007 年投资结合度指数超过临界值1，并保持稳定上升的

表5　广东与"一带一路"沿线国家的产业投资结合度指数

年份	沿线国家（总体）	东盟	西亚	中亚	南亚	独联体	中东欧
1995	0.717	0.671	0.767	0.776	0.698	0.724	0.668
1996	0.689	0.659	0.735	0.713	0.684	0.696	0.648
1997	0.701	0.685	0.737	0.730	0.693	0.699	0.664
1998	0.792	0.790	0.827	0.804	0.781	0.797	0.750
1999	0.760	0.762	0.793	0.780	0.748	0.775	0.699
2000	0.860	0.883	0.892	0.898	0.853	0.841	0.794
2001	0.859	0.816	0.994	1.039	0.787	0.772	0.744
2002	0.858	0.797	1.066	1.066	0.771	0.741	0.709
2003	0.920	0.882	1.104	1.082	0.840	0.838	0.775
2004	0.866	0.774	1.138	1.120	0.745	0.733	0.686
2005	0.834	0.733	1.138	1.075	0.717	0.681	0.658
2006	0.881	0.788	1.150	1.147	0.767	0.728	0.704
2007	1.008	0.953	1.297	1.154	0.926	0.880	0.836
2008	1.041	0.981	1.325	1.234	0.953	0.904	0.850
2009	1.077	1.025	1.366	1.267	0.996	0.932	0.877
2010	1.092	1.035	1.370	1.290	1.013	0.942	0.904
2011	1.103	1.105	1.348	1.357	0.990	0.926	0.893
2012	1.137	1.130	1.469	1.350	1.020	0.944	0.910
2013	1.230	1.226	1.563	1.440	1.112	1.039	1.001
2014	1.308	1.237	1.640	1.592	1.188	1.104	1.089

资料来源：根据世界银行数据库、联合国数据库、广东统计年鉴以及统计公报数据计算。

趋势。这说明广东与"一带一路"沿线国家产业的投资结合度持续加强，投资联系发展迅速。经济数据也显示，2014年广东对"一带一路"沿线国家实际投资17.2亿美元；2015年实现同比增长44.7%；2016年，广东对沿线国家的实际投资超过40亿美元，增长65.3%。

分区域而言，广东与中亚和西亚产业投资互补性较高，与中东欧和独联体产业的投资互补性较弱。广东与"一带一路"沿线国家产业投资结合度指数最高的地区是西亚，1995年投资结合度指数为0.767，到2014年上升到1.640，年增长率为3.88%，随着中国与西亚在基础设施互联互通、航天技术和油气领域合作以及人文领域建设步伐的加快，广东与西亚产业投资合作将不断扩大。广东与中亚的投资结合度指数从1995年的0.776快速上升至2014年的1.592，两地有较大的产业投资互补性，面临投资合作发展新机遇。广东对中东欧的投资结合度指数最低，为0.668~1.089，产业投资互补性尚待加强。广东对独联体地区的投资结合度指数变化范围是0.724~1.104，变化幅度较小。

三 广东与"一带一路"产业合作：贸易与投资的联动性分析

为深入分析广东与"一带一路"沿线国家产业合作在贸易投资的相互影响，在竞争性与互补性指数基础上，下面构建PVAR模型分析广东与"一带一路"沿线国家产业的贸易与投资联动性。

（一）广东与"一带一路"沿线国家贸易投资联动性模型的建立

下面建立广东与"一带一路"沿线国家产业合作的贸易与投资联动性PVAR模型。向量自回归模型（PVAR）由Blundell等（1998）和Hsion（2003）将VAR模型扩展到面板数据而得：首先，进行广义矩估计（GMM）和模型回归拟合；其次，建立并分析冲击响应函数，探讨函数扰动项如何冲击影响各个变量；最后，分析变量的方差贡献度。PVAR模型融合了向量自回归模型和面板模型的优点，一方面可以控制个体效应和时间效应，另一方面可以分析沿线国家产业合作的贸易与投资联动性动态反应。模型中的各个解释变量可以对沿线国家产业的贸易投资产生影响，这种动态的影响过程能够较好地刻画各种变量响应冲击的传导机制。模型建立如下：

$$K_{abt}^{T} = \beta_0 + \sum_{j=o}^{n} \beta_{1j} K_{abt-j}^{T} + \sum_{j=1}^{n} \beta_{2j} K_{abt-j}^{F} + \beta_{3j} D_{abt} + \varepsilon_{1abt} \tag{3}$$

$$K_{abt}^{F} = \gamma_0 + \sum_{j=o}^{n} \gamma_{1j} K_{abt-j}^{F} + \sum_{j=1}^{n} \gamma_{2j} K_{abt-j}^{T} + \gamma_{3j} D_{abt} + \varepsilon_{1abt} \tag{4}$$

其中，K_{abt}^{T}、K_{abt}^{F} 分别是 a 地对 b 地在 t 期的贸易与投资相似度指数（ESI 指数）或结合度指数（TII 指数），K_{abt-j}^{T} 是 K_{abt}^{T} 的 j 阶滞后项，D 为两地的距离。系数 β_1、β_2、γ_1、γ_2 衡量广东与沿线产业的贸易与投资联动性的方向。ESI 指数是广东与"一带一路"沿线国家产业的贸易和投资相似度，通过分析产业相似度能了解地区间产业的竞争程度，包括产业的贸易相似度 ESI_T 和投资相似度 ESI_F。在一个外部环境稳定的时期内，上期的地区间贸易和投资相似度有可能对当期的投资和贸易相似度产生影响。TII 指数是广东与"一带一路"沿线国家产业的相互依存度，产业结合度能反映地区间产业的互补程度，包括产业的贸易结合度 TII_T 和投资结合度 TII_F。一般来说，当期的地区间产业结合度受前期的贸易和投资的结合度影响，上期的贸易投资结合度有可能成为当期增加投资贸易的动力。

（二）广东与"一带一路"沿线国家贸易投资联动性模型检验

由于本文选取的面板数据期限较长，需进行单位根和协整检验以避免伪回归现象。

1. 单位根检验和滞后阶数检验

常用的面板数据单位根检验方法分为两大类，一类是含有不同单位根的检验方法，如 IPS 和 Fisher – ADF 检验；另一类是含有相同单位根的检验方法，如 LLC 检验、Breitung 检验和 Hadri 检验。与其他面板单位根检验方法不同的是，Hadri 检验的原假设不包含单位根。结果见表 6，在三种检验中，$InESI\_T$、$InESI\_F$、$InTII\_T$、$InTII\_F$ 的水平值均是非平稳的。$InESI\_$

T、$InESI\_F$、$InTII\_T$、$InTII\_F$ 的一阶差分在 IPS 检验和 Fisher – ADF 检验中均在 1% 的水平上拒绝原假设，而且 $InESI\_T$、$InESI\_F$、$InTII\_T$、$InTII\_F$ 的一阶差分在 Hadri 检验接受不包含单位根的原假设，这说明 $InESI\_T$、$InESI\_F$、$InTII\_T$、$InTII\_F$ 的一阶差分是平稳的。因此，面板单位根检验结果表明 $InESI\_T$、$InESI\_F$、$InTII\_T$、$InTII\_F$ 均为一阶单整。

PVAR 模型建立需要选择合适的滞后阶数，过短的滞后阶数使检验结果不稳健，而过长的滞后阶数则会损失一部分样本量。因此，滞后阶数的选择大多遵循以下两大原则：一是根据 AIC 准则、SIC 准则和 HQIC 准则来确定滞后阶数；二是为了避免太大的滞后阶数影响样本量，需要按照变量时间跨度采用适合的滞后阶数，原则上最大滞后阶数不超过 3 阶。AIC 准则、HQIC 准则和 SIC 准则的检验结果如表 7 所示。

表6　面板单位根检验结果

变量	变量水平值			变量一阶差分		
	IPS 检验	Fisher – ADF 检验	Hadri 检验	IPS 检验	Fisher – ADF 检验	Hadri 检验
$InESI\_T$	0.555 (0.711)	30.728 (0.923)	7.411 *** (0.000)	− 15.127 *** (0.000)	180.358 *** (0.000)	2.380 (0.219)
$InESI\_F$	2.840 (0.998)	1.974 (1.000)	7.386 *** (0.000)	− 5.386 *** (0.000)	54.319 *** (0.000)	0.290 (0.386)
$InTII\_T$	1.022 (0.847)	6.909 (0.938)	6.024 *** (0.000)	− 6.230 *** (0.000)	63.460 *** (0.000)	0.966 (0.167)
$InTII\_F$	2.840 (0.998)	1.974 (1.000)	7.386 *** (0.000)	− 5.386 *** (0.000)	54.319 *** (0.000)	0.290 (0.386)

注：*** 表示在1%水平上显著，** 表示在5%水平上显著，* 表示在10%水平显著。

表7　滞后阶数检验结果

变量		$InESI\_T$ 和 $InESI\_F$	$InTII\_T$ 和 $InTII\_F$
沿线国家	滞后阶数	1	1
	AIC	− 5.044	− 7.495
	HQIC	− 5.032	− 7.470
	SIC	− 4.803	− 7.012

变量		*InESI_T* 和 *InESI_F*	*InTII_T* 和 *InTII_F*
东盟	滞后阶数	2	1
	AIC	−11.938	−4.338
	HQIC	−11.903	−4.323
	SIC	−11.262	−4.048
西亚	滞后阶数	2	1
	AIC	−11.321	−6.482
	HQIC	−11.277	−6.467
	SIC	−10.569	−6.192
中亚	滞后阶数	1	1
	AIC	−8.837	−5.388
	HQIC	−8.822	−5.373
	SIC	−8.547	−5.098
南亚	滞后阶数	2	2
	AIC	−18.393	−4.504
	HQIC	−18.349	−4.479
	SIC	−17.524	−4.021
独联体	滞后阶数	2	2
	AIC	−7.569	−1.298
	HQIC	−7.535	−1.273
	SIC	−6.893	−0.938
中东欧	滞后阶数	2	1
	AIC	−12.533	−3.885
	HQIC	−12.508	−3.870
	SIC	−12.050	−3.595

2. 面板协整检验

常用的面板协整检验方法有 Kao 检验、Fisher 检验和 Pedroni 检验，其中 Pedroni 检验应用最为广泛（Pedroni, 1995）。因此，本节选择 Pedroni 检验来检测变量间的协整关系，在回归残差的基础上构造四个基于联合组内尺度的协整检验统计量 *Panel V*、*Panel rho*、*Panel PP*、*Panel ADF*，并构造三个基于组间尺度的协整检验统计量 *Croup rho*、*Croup PP*、*Croup ADF*。如表 8 中的面板协整检验结果所示，除 *InESI_ T* 和 *InESI_ F* 与 *InTII_ T* 和 *InTII_ F* 的统计量 *Panel V* 不显著，以及 *InESI_ T* 和 *InESI_ F* 的统计量 *Panel PP* 与 *InTII_ T* 和 *InTII_ F* 的统计量 *Group PP* 在 5% 的显著性水平下显著之外，其余所有统计量均在1%的水平上显著，说明 $InESI\_T$ 和 $InESI\_F$、$InTII\_T$ 和 $InTII\_F$ 之间具有协整关系。[①]

表8　面板协整检验结果

统计量	$InESI\_T$ 和 $InESI\_F$	p 值	$InTII\_T$ 和 $InTII\_F$	p 值
Panel V	− 1. 581	0. 521	− 1. 602	0. 472
Panel rho	− 3. 841 ***	0. 000	− 3. 937 ***	0. 001
Panel PP	− 5. 885 **	0. 005	− 5. 563 ***	0. 000
Panel ADF	− 5. 181 ***	0. 000	− 3. 831 ***	0. 000
Group rho	− 1. 351 ***	0. 000	− 1. 544 ***	0. 000
Group PP	− 5. 133 ***	0. 000	− 4. 853 **	0. 004
Croup ADF	− 4. 423 ***	0. 001	− 4. 332 ***	0. 000

注：*** 表示在1%水平上显著，** 表示在5%水平上显著，* 表示在10%水平显著。

（三）广东与"一带一路"沿线国家贸易投资联动性的实证结果分析

据 PVAR 模型的 GMM 估计结果，可得到广东与"一带一路"沿线国家产业贸易与投资之间关系（见表9）：一是滞后的贸易投资对当期贸易具有显著的正向影响，这也和张谊浩等（2004）的结论一致；二是滞后的贸易投资对当期投资具有显著的正向影响，这也和陈俊聪等（2014）的结论一致。从表9可看出，被解释变量为产业贸易相似度指数时，滞后一期的 $InESI\_T$ 和 $InESI\_F$ 变量系数显著为正，表明当期的产业贸易相似度指数在广东与"一带一路"沿线国家产业贸易和投资合作中呈同方向变化，滞后一期的贸易投资的增加可以促进当期贸易的联系程度；被解释变量为产业贸易结合度指数时，滞后一期和二期的 $InTII\_T$ 和 $InTII\_F$ 变量系数显著为正，即当

---

① Pedroni 指出，当面板数据的样本期较长时（$T > 100$），7 个统计量均有较小的偏误，而且性能也高，但当样本期较短时，Panel V 统计量的性能较差。由于样本为 20 年期，因此 Panel V 不是重点参考的统计量，在其余 6 个统计量显著的情况下，可以证明 $InESI\_T$ 和 $InESI\_F$、$InTII\_T$ 和 $InTII\_F$ 之间是一阶单整的，且具有协整关系，因而可以对其建立面板自回归模型。

期的产业贸易结合度指数与广东和沿线国家的产业贸易投资呈现正相关关系，可以看到第一个结论是稳定的，说明广东与"一带一路"沿线国家产业贸易投资会对未来的贸易起推动促进作用。

表9　PVAR 模型的 GMM 估计结果

被解释变量	变量	系数	被解释变量	变量	系数
贸易相似度 （InESI_T）	InESI_T(-1)	0.456 *** (4.17)	贸易结合度 （InTII_T）	InTII_T(-1)	0.505 *** (4.23)
	InESI_T(-2)	0.308 *** (4.23)		InTII_T(-2)	0.319 *** (2.62)
	InESI_F(-1)	0.493 ** (2.30)		InTII_F(-1)	0.426 *** (2.57)
	InESI_F(-2)	0.157 (0.48)		InTII_F(-2)	0.246 ** (1.99)
	InDis	-0.421 *** (-2.98)		InDis	-0.336 ** (-2.02)
被解释变量	变量	系数	被解释变量	变量	系数
投资相似度 （InESI_F）	InESI_T(-1)	0.215 *** (4.27)	投资结合度 （InTII_F）	InTII_T(-1)	0.113 ** (2.21)
	InESI_T(-2)	0.068 ** (1.98)		InTII_T(-2)	0.073 * (1.84)
	InESI_F(-1)	0.451 *** (2.75)		InTII_F(-1)	0.747 *** (6.42)
	InESI_F(-2)	0.172 (1.44)		InTII_F(-2)	0.613 (0.62)
	InDis	-0.207 *** (-3.01)		InDis	-0.172 * (-1.89)

注：*代表在10%的置信水平显著，**代表在5%的置信水平显著，***代表在1%的置信水平显著，括号内的数字代表 Z 统计量。

在产业投资相似度指数的解析方程中，滞后一期的 $InTII\_T$ 和 $InTII\_F$ 的系数为正且显著，表明当期投资结合度指数与广东和"一带一路"沿线国家的贸易投资合作同方向变化；当产业投资结合度指数为被解释变量时，滞后一期的 $InTII\_T$ 和 $InTII\_F$ 系数显著为正，说明广东与"一带一路"沿线国家产业的贸易投资会对未来的投资起推动促进作用，证明第二个结论是稳定的。*InDis* 在两个方程中的系数均为负数，验证了广东对"一带一路"沿线国家产业的贸易投资会受地理距离因素的负向影响。GMM 估计结果还表明，广东与"一带一路"沿线国家产业合作的贸易和投资存在联动性，产业贸易和投资互相促进，广东与沿线"贸易投资一体化"的良性状态正逐渐形成。

两个实证结论均表明，广东与"一带一路"沿线国家产业贸易与投资两者之间存在互动协同的反馈关系，广东对沿线国家产业贸易和投资增长显著带动未来广东对沿线国家产业贸易和投资。一方面，可能随着沿线国家在制度安排、市场结构和基础设施等方面贸易投资环境上的改善，广东产业贸易投资获得了增长的动力；另一方面，广东企业为整合各种产业链资源，实施全球性战略布局，需要积极寻求产业贸易和投资的机会，广东对"一带一路"沿线国家贸易投资的增长往往预示着微观主体获利机会增大，这将积极影响广东企业对"一带一路"沿线国家的贸易和再投资预期。在共建"一带一路"的新阶段，广东应继续坚持对外开放和推进"走出去"的战略政策，在制定产业贸易和投资政策时充分考虑它们之间的这种互相补充关系，把贸易和投资政策置于一个统一框架体系下进行全局考虑，注意政策的协调运用，为广东经济深度融入"一带一路"发展提供制度保障。

在 GMM 估计之后，本文运用脉冲响应函数进一步分析广东与"一带一路"沿线国家产业贸易与投资的动态传导机制和路径。在保持其他变量不变的情况下，脉冲响应函数可以在时间动态趋势上分析一个变量冲击对另一个变量的影响路径。在 PVAR 模型基础上，可以考查产业的贸易与投资相似度和结合度指数受到冲击的情况，PVAR 脉冲响应函数变化情况见图1。图中横轴为脉冲响应函数的期数，纵轴表示解释变量对被解释变量的冲击程度，中间直线表示零度刻度线（零轴线），函数曲线表示脉冲响应程度。

通过图1可知，对于1个标准差的产业投资相似度指数冲击，产业贸易相似度在第1期贸易对投资的反应较为迅速，呈现上升的正向脉冲反应，到第3期达到最高点，随后有小幅下降，到第4期呈现微弱负向的脉冲反映，到了第5期正面效应显现，这个脉冲响应随着时间的延续总体上趋于平稳，

变为正面的长期影响。对于 1 个标准差的产业贸易相似度指数的冲击，产业
投资相似度指数在第 1 期从正向脉冲反应逐渐下降至负方向，第 3 期后反弹
回零轴线附近，在第 4 期转变为正向效应，之后投资对贸易的影响随着时间
逐渐减弱，呈现微弱的正向趋势，并逐渐稳定在零轴线附近。由此可见，产
业贸易的变化在短期内会带来产业投资较小的波动，随着时间的推移正面效
应的影响将变得微弱；产业投资变化在短期内会带来产业贸易较大波动，但
随时间推移正面效应的影响将变得更加显著。

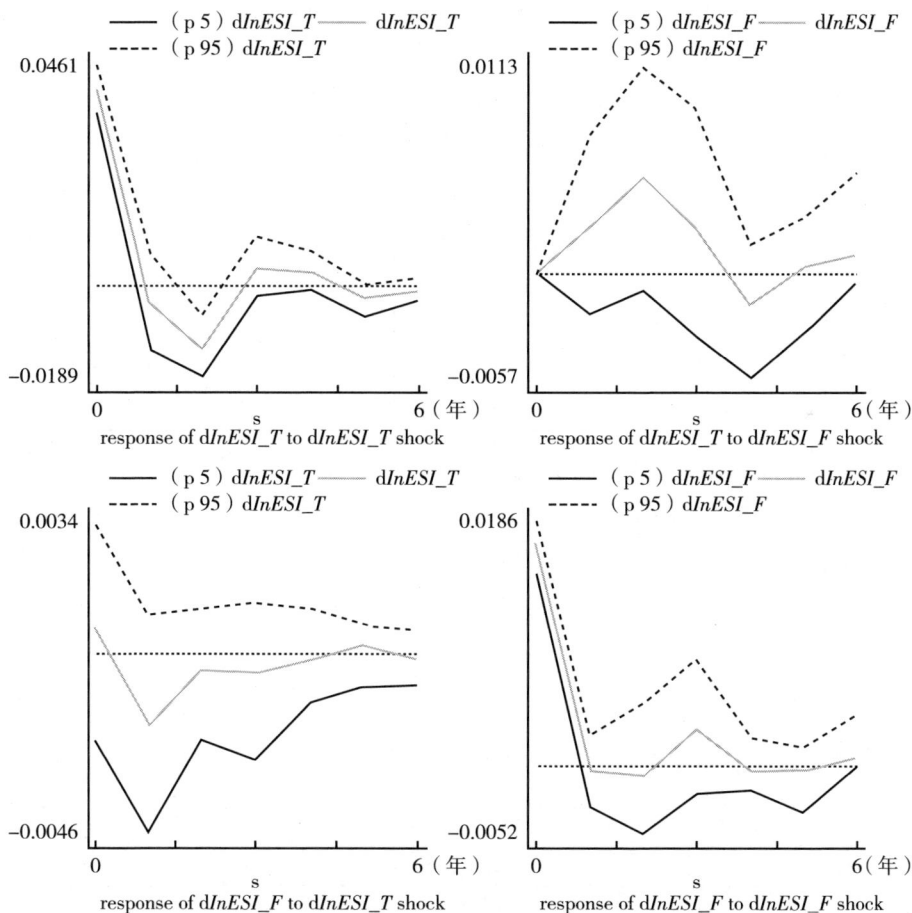

图 1　贸易与投资的相似度指数脉冲响应情况

　　注："p5"和"p95"代表图形可能变动的上下限，分别为 5% 和 95% 的位置，即 5% 与
95% 分位点的估计值；横轴为冲击发生的滞后期数，纵轴为变量的响应程度。

图 2 为产业的贸易与投资结合度指数脉冲响应情况。对于 1 个标准差的产业投资结合度指数冲击，产业贸易结合度在第 1 期保持微弱的几乎接近零轴线的正向脉冲反应，但在第 2 期正面效应显现，在第 3 期达到最大，之后受负面效应较大冲击，第 4 期降至谷底，随后有小幅上升，一直到第 5 期都呈正向脉冲反映，稳定趋向零轴线，并且正面效应有扩大的倾向。对于 1 个标准差的产业贸易结合度指数冲击，产业投资相似度指数在第 1 期就出现正向脉冲响应，在第 2 期之后逐渐呈现下降的负向效应并达到谷底，第 3 期有所回升，呈现正负效应波动替换的状态，到第 5 期呈现正向效应，总体呈正

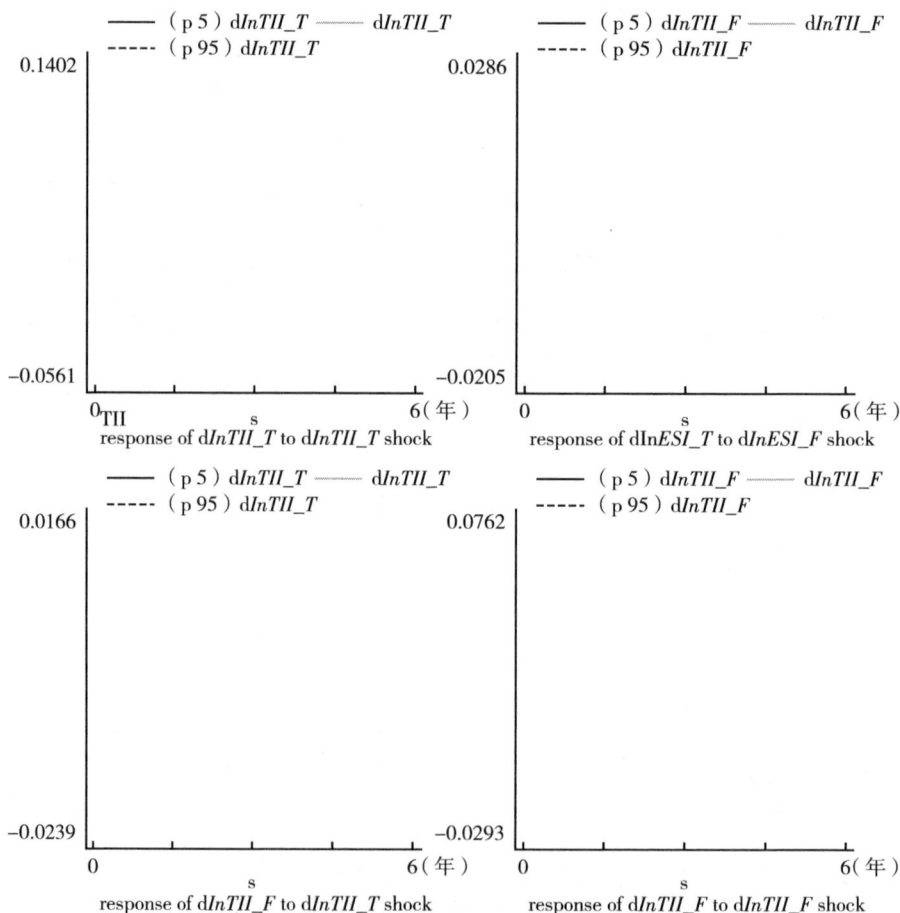

图 2　贸易与投资的结合度指数脉冲响应情况

面影响。由此可见，产业投资对产业贸易的增长在短期内会带来较大的波动，随着时间的推移正面效应的影响减弱；产业贸易对产业投资的提高在短期内会有一定的负面冲击效应，投资增长在短期内会有较大的正向负向波动的不稳定作用，长期影响逐步减弱。

在分析脉冲响应图后，进一步使用方差分解方法考察产业贸易与投资相互联动的主要贡献因素，测算产业贸易和投资变动的贡献程度（见表 10）。在产业相似度方程中，第 1 期产业投资相似度对产业贸易相似度变动的贡献率为 18.004%，之后对产业贸易相似度变动的贡献率有所上升，上升至19.009%，随后第 3 期贡献率上升至 19.765%，并稳定在 19.2%，总体上说明产业投资对产业贸易具有一定的推进作用。产业贸易相似度对投资结合度的变动贡献在第 1 期为 18.129%，然后第 2 期持续下降到 16.561%，第 3期继续下降至 15.752%，随后上升并稳定在 16.336%，这与图 1 脉冲响应情况基本吻合。在产业结合度指数的方差分解中，第 1 期产业投资结合度对贸易结合度变动的贡献率为 13.143%，在第 2 期贡献率微弱上升至 13.615%，到第 3 期有所上升，至 14.765%，随着时间延续，产业投资结合度对贸易结合度变动贡献一直保持稳定上升状态；贸易结合度在第 1 期对投资结合度的贡献率为 10.883%，到第 2 期下降至 10.150%，随后第 4 期上升到至

表 10　方差分解结果分析

被冲击变量	期数		冲击变量		被冲击变量	期数		冲击变量	
			ESI_T	ESI_F				TII_T	TII_F
	TII_T	1	0.81996	0.18004		ESI_T	1	0.86857	0.13143
	TII_F	1	0.18129	0.81871		ESI_F	1	0.10883	0.89817
	TII_T	2	0.80991	0.19009		ESI_T	2	0.85385	0.13615
	TII_F	2	0.16561	0.83439		ESI_F	2	0.10150	0.89150
	TII_T	3	0.80535	0.19765		ESI_T	3	0.85235	0.14765
	TII_F	3	0.15752	0.84248		ESI_F	3	0.11193	0.88807
	TII_T	4	0.80281	0.19019		ESI_T	4	0.85206	0.13794
	TII_F	4	0.16336	0.83664		ESI_F	4	0.11097	0.88703
	TII_T	5	0.80136	0.19264		ESI_T	5	0.85201	0.14799
	TII_F	5	0.16611	0.83889		ESI_F	5	0.11339	0.88661

11.097%，之后保持稳定在11.3%，这与图2脉冲响应情况的分析吻合。

综上，广东与"一带一路"沿线国家产业贸易与投资两者之间存在一定的因果关系，即存在所谓的"贸易投资一体化"，但是贸易投资相互影响的长期作用不显著。广东产业面临较大的转型压力，需要灵活调整产业贸易与投资的结构，促进贸易与投资的协同发展，带动产业技术升级和进步，为提升产业竞争力提供新的动力。从脉冲响应函数的分析可知，广东与"一带一路"沿线国家产业投资相似度和结合度对贸易相似度和贸易结合度的解释力更强，响应速度也更快。产业贸易的相似度和结合度对产业贸易的相似度和结合度变量冲击的响应速度比较慢。广东应进一步落实《广东省参与建设"一带一路"的实施方案》和《境外投资管理办法》，加强促进广东与"一带一路"沿线国家重要基础设施互联互通，加快产业投资步伐，以期实现产业投资和产业贸易合作相互带动的良性循环。

（四）中国共建"一带一路"倡议的影响——共同因子检验

广东与"一带一路"沿线国家早就存在经贸合作，并按照其内在路径演进。中国提出共建"一带一路"倡议显然会对原有的演进路径产生影响。因此，共建"一带一路"倡议作为一个"事件"，对广东与"一带一路"沿线国家产业贸易与投资合作会产生一定冲击，可以引入共同因子（王美今等，2010）加以捕捉。

$$K_{abt}^T = \beta_0 + \sum_{j=o}^n \beta_{1j} K_{abt-j}^T + \sum_{j=1}^n \beta_{2j} K_{abt-j}^F + \beta_j Z_t + \beta_{3j} D_{abt} + \varepsilon_{1abt} \tag{5}$$

$$K_{abt}^F = \gamma_0 + \sum_{j=o}^n \gamma_{1j} K_{abt-j}^F + \sum_{j=1}^n \gamma_{2j} K_{abt-j}^T + \theta_j Z_t + \gamma_{3j} D_{abt} + \varepsilon_{1abt} \tag{6}$$

上式中，Z_t 为只随时间变化，不随个体变化的共同因子，用以反映"一带一路"倡议提出的冲击，系数 β 与 θ 用于衡量这个冲击的方向和大小。参照 Bai（2003）使用主成分方法估计共同因子 Z_t 及其加载系数 β 和 θ 的方法，本文加入"一带一路"因子，运用该方法估计共同因子和加载系数。

分析"一带一路"倡议这个共同因子对广东与"一带一路"沿线产业

贸易和投资的影响，需要分析其加载系数 β 与 θ。图 3 显示了"一带一路"倡议共同因子对产业贸易和投资的影响。由于"一带一路"倡议于 2013 年提出，因此需看曲线 2013 年之后的部分。从图 3 可看出，从 2013 年开始，产业贸易加载系数和产业投资加载系数从谷底反弹，在 2013~2014 年呈现正向变化，而且上升速度迅猛，虽然 2013 年产业贸易和投资的加载系数有所下降，但仍处于高水平位置。广东对沿线产业的贸易和投资随时间逐渐增加，而且相对产业贸易来说，"一带一路"倡议的提出对产业投资的作用更为明显，其上涨速度较产业贸易的加载系数快。这要求广东在未来参与"一带一路"建设过程中应加强与沿线国家的产业贸易，推动产业贸易与投资的协同增长。

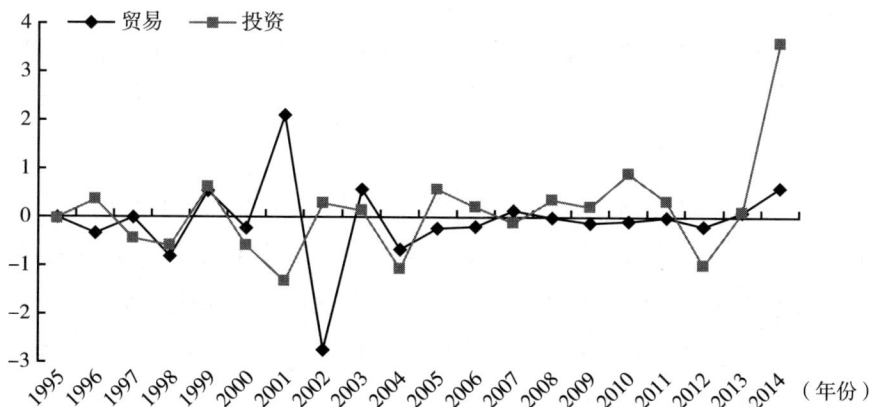

图 3　"一带一路"倡议共同因子对产业贸易和投资的影响

四　结论与政策建议

"一带一路"倡议的提出为新常态下的广东提供了国际产业合作的新平台。本文以广东与"一带一路"沿线国家的面板数据为样本，构建产业贸易投资的相似度和结合度指数，采用 PVAR 模型，通过 GMM 回归、脉冲响应分析和共同因子检验，研判广东与"一带一路"沿线国家产业贸易与投资竞合状况，验证贸易与投资的联动性。研究发现，一是在产业贸易和投资方面，广东与东盟和南亚竞争性最强，与中亚和西亚互补性最强；二是广东与"一带一路"沿线国家产业的滞后贸易或投资对当期贸易或投资存在正向影响，贸易投资存在互为因果的反馈效应；三是广东对"一带一路"沿线国家产业的投资对贸易促进作用明显大于贸易对投资的带动作用；四是"一带一路"倡议的提出对产业贸易和投资正向作用显著，相比对产业贸易的影响，其对产业投资的作用更加明显。

基于上述分析结果本文提出三点政策建议。

（1）促进基础设施建设投资合作，加强产业互联互通。结合文中实证结论可发现广东与中亚、西亚具有很强的产业互补性和发展潜力。应进一步加强区域的产业投资合作，释放两地投资潜力和空间。在国际油价低迷背景下，广东需要加强与"一带一路"沿线国家的投资合作，共同维护输油、输气管道等运输通道安全，开展区域电网升级改造合作，提高国际通信互联互通水平，畅通信息丝绸之路。

（2）转变产业结构，促进产业平衡。广东具备雄厚的工业化基础，相对于"一带一路"沿线国家有较大的产业优势，在分析市场需求的基础上，应扩大对沿线国家优势特色产品的贸易进口和投资额。如从中亚、西亚和独联体地区扩大进口相关的能源产品、矿物燃料等，从东盟进口电子电器、机械设备、交通工具等工业成品。

（3）根据沿线国家的要素禀赋，推动产业互补协同合作。东南亚和南亚劳动力资源丰富，广东可扩大对其劳动密集型产业投资，如通过合作建设工业园区，将低附加值的产业环节转移到东南亚和南亚地区，从而带动自身产业升级。中东欧和独联体地区具有后工业化特征，具备高端技术产业优势，广东企业可投资中东欧和独联体的新兴技术密集型产业，以期获得技术禀赋和提升价值链位势。西亚和中亚等地区资源丰富，与广东互补优势明显，合作潜力巨大。与中亚和西亚进行产业合作，应培养在当地的资源开采及深加工能力，加快广东资源密集型产业企业"走出去"的步伐。

参考文献

[1] 蔡昉、王美艳、曲玥：《中国工业重新配置与劳动力流动趋势》，《中国工业经济》2009 年第 8 期。

[2] 陈俊聪、黄繁华：《对外直接投资与贸易结构优化》，《国际贸易问题》2014 年第 3 期。

[3] 陈万灵、何传添：《海上丝绸之路的各方博弈及其经贸定位》，《改革》2014 年第 3 期。

[4] 郭宏宇、竺彩华：《中国—东盟基础设施互联互通建设面临的问题与对策》，《国际经济合作》2014 年第 8 期。

[5] 韩永辉、罗晓斐、邹建华：《中国与西亚地区贸易合作的竞争性和互补性研究——以"一带一路"战略为背景》，《世界经济研究》2015 年第 3 期。

[6] 韩永辉、邹建华：《"一带一路"背景下的中国与西亚国家贸易合作现状和前景展望》，《国际贸易》2014 年第 8 期。

[7] 何传添、周松、黎佳韵：《中印出口商品的相似性研究——基于东盟进口商品数据的实证分析》，《广东外语外贸大学学报》2014 年第 2 期。

[8] 侯铁珊、宋岩：《中国与东盟的贸易相关指数分析》，《国际贸易问题》2005 年第 7 期。

[9] 金永亮：《"一带一路"强化广州核心枢纽功能》，《广东经济》2015 年第 5 期。

[10] 李惠武：《海上丝路粤船当先——对外开放赋予广东的历史使命》，《广东经济》2014 年第 5 期。

[11] 李立民、陈文慧：《中国西南与东盟国家产业内贸易发展实证分析》，《东南亚纵横》2009 年第 8 期。

[12] 刘佳骏、汪川：《中国与沙特阿拉伯能源合作现状、障碍与对策》，《全球化》2013 年第 12 期。

[13] 刘志彪、张杰：《全球代工体系下发展中国家俘获型网络的形成、突破与对策——基于 GVC 与 NVC 的比较视角》，《中国工业经济》2007 年第 5 期。

[14] 史智宇：《出口相似度与贸易竞争：中国与东盟的比较研究》，《财贸经济》2003 年第 9 期。

[15] 申现杰、肖金成：《国际区域经济合作新形势与我国"一带一路"合作战略》，《宏观经济研究》2014 年第 11 期。

[16] 孙致陆、李先德：《经济全球化背景下中国与印度农产品贸易发展研究——基于贸易互补性、竞争性和增长潜力的实证分析》，《国际贸易问题》2013 年第 12 期。

［17］ 王勤：《近十年中国—东盟经济关系新格局》，《东南亚纵横》2013 年第 11 期。

［18］ 王文创，苑涛：《中国－东盟自由贸易区的竞争与对策》，《国家行政学院学报》2008 年第 3 期。

［19］ 王美今、林建浩、余壮雄：《中国地方政府财政竞争行为特性识别："兄弟竞争"与"父子争议"是否并存》，《管理世界》2010 年第 3 期。

［20］ 张亚斌，许苹：《中国与东盟贸易竞争力及贸易相似度的实证分析》，《财经理论与实践》2003 年第 6 期。

［21］ 张谊浩、王胜英：《国际贸易与对外直接投资相互关系的实证分析——基于我国数据的 Granger 非因果检验》，《国际贸易问题》2004 年第 1 期。

［22］ 赵永亮：《国内贸易的壁垒因素与边界效应——自然分割和政策壁垒》，《南方经济》2012 年第 3 期。

［23］ 左连村：《金砖国家合作机制下的中印经贸合作》，《东南亚研究》2013 年第 1 期。

［24］ Bai, Jushan, "Inferential Theory for Factor Models of Large Dimensions", *Econometrica*, 2003. Vol. 71 (1).

［25］ Blundell, Richard, Stephen Bond, "Initial Conditions and Moment Restrictions in Dynamic Panel-data Models", *Journal of Economics*, 1998.

［26］ Finger, J. Michael, Mordechai E. Kreinin, "A Measure of Export Similarity and its possible uses", *The Economic Journal*, 1979.

［27］ Glick, Reuven, Andrew K. Rose, "Contagion and trade：Why are currency crises regional", *Journal of International Money & Finance*, 1999. Vol. 18 (4).

［28］ Gonzalo, Jesús, Granger Clive, "Estimation of Common Long-Memory Components in Cointegrated Systems", *Journal of Business*, 1995. Vol. 22 (5).

［29］ Hsiao, Cheng, *Analysis of Panel Data*, Cambridge University Press. 2003.

［30］ Peter Pedroni, "Panel Cointegration：Asymptotic and Finite Sample Properties of Pooled Time Series Tests With an Application to the PPP Hypothesis", *Department of Economics Working Papers*, 2004, Vol. 20 (3).

［31］ Rahman, Mohammad Rubaiyat, "Book Review on 'Economic Integration in SouthAsia：Charting a Legal Roadmap", *Department of Economics Working Papers*. 2013. Vol. 20 (3).

［32］ Rana, Arslan Tariq Rana, Philippe Saucier, "Les clauses environnementales dansles accords de libre-échange entre pays développés et pays émergents", *Analyse des déterminants. Mondes en développement*, 2013 (2).

［33］ Love, Inessa, Zicchino Lea, "Financial development and dynamic investment behavior：Evidence from panel VAR", *Quarterly Review of Economics & Finance*, 2006. Vol. 46 (2).

中国与"一带一路"沿线各国双边关系
对教育服务贸易的影响*

唐 静 许陈生**

摘 要： 留学教育服务贸易是服务贸易的重要组成部分。留学服务贸
易规模的扩大对于减少教育服务贸易逆差、提升留学教育服
务贸易的发展水平、打造"留学中国"品牌具有基础性、先
导性与全局性的意义。而双边外交关系是发挥中国政治影响
力从而扩大留学教育服务贸易规模的重要途径。本文通过
"一带一路"沿线 36 个国家 2003~2016 年来华留学生数量面
板数据分析发现，双边外交关系中，外交关系定位、建交时
间、双边高层互访、友好城市建设对留学教育服务贸易规模
均具有较为显著的正向影响；文化距离对留学服务贸易规模
具有显著的负面作用，而通过发展双边外交关系可以有效地
减弱文化距离的负面影响。因此，要重视正式政治外交的主
导作用，也要注重发挥民间外交的重要作用。

关键词： 外交关系定位 建交时间 友好城市 文化距离

---

* 基金项目:2016年度广东省教育教学改革工程项目"一带一路"背景下高校外经贸人才创新创
业教育模式改革研究;广东省教育厅创新项目(批准号2015GXJK032);广东省自然科学基金
(2016A030310353)。

** 唐静，女，湖北荆州人，广东外语外贸大学经济贸易学院副教授，研究方向为公司治理。许
陈生，江西人，博士，广东外语外贸大学国际经济贸易学院副教授，主要研究方向为 FDI、
国际贸易与区域经济发展。感谢张晓娟同学对数据收集与整理工作所做的贡献。

一　问题的提出

在中国走向世界舞台中心的过程中，教育服务贸易发挥的作用日益明显。教育服务贸易对于一国提高软实力、吸引优秀人力资源、创造贸易利润、制造新的经济增长点都具有重要战略意义。高等教育服务贸易已成为西方发达国家吸收人力资本、促进经济增长的重要手段。因此，扩大来华留学服务贸易规模是高等教育服务贸易的主要内容，不仅是深化中外人文交流、提升国家软实力的重要载体，而且是为国家重大战略提供国际人才支撑以及减少服务贸易逆差的重要途径。尤其是在"一带一路"倡议背景下，中国作为贸易大国，扩大来华留学教育服务贸易的规模，既是共建"一带一路"的重要组成部分，为沿线各国民心相通架设桥梁，又是减少中国教育服务贸易逆差、促进经济发展的重要途径，当然也服务共建"一带一路"培养大批专业人才，为沿线各国实现政策沟通、设施联通、贸易畅通、资金融通提供人才支撑与经济发展新动力。

高等教育具有较强的开放性，成为国际服务贸易的重要部分。GATS 把教育服务贸易当作 12 类服务贸易之一，并界定了 4 种贸易方式，即境外消费、跨境交付、商业存在与自然人流动，具体来说表现为留学生教育、网络远程教育、中外合作办学、境外办学、教师的国际流动等。其中以留学生教育为表现形式的境外消费占全球教育服务贸易的比重最大，这一趋势将不断扩大，因此，留学生规模对高等教育服务贸易的发展具有重要作用。自 2001 年中国加入 WTO 以来，逐步进入了以生源为中心的国际教育服务贸易的大市场；出国留学人数逐渐增长，成为世界上最大的留学生输出国。虽来华留学生规模近年来持续增长，但与主要教育服务输出国的贸易逆差逐年加大。2003～2016 年，中国每年"正在国外进行相关阶段学习和研究"的人数是来华留学"年在校生人数"的 5.7～7.5 倍。特别体现在来华留学学历生比例、年均消费差额上（陈越，2016）。2016 年，中国各类出国留学人员达 54.45 万人（1978 年到 2016 年底，各类出国留学人员累计达 458.66 万人），而来华留学生仅为44.2万人（教育部，2016），且52.58%为短期非学历生。据粗略估计，来华留学生平均年消费总额在6万~8万元，而出国（境）留学生平均年消费总额在15万~30万元。加上出（国）境人才流失带来的损失，例如，2001~2014年，国际留学生为美国经济创造了268亿美元收益（NAFSA，2016）。因此，在经济新常态下，中国留学生教育服务贸易处于竞争劣势、逆差严重的状态，严重影响国家经济战略发展。

虽然近几年"来华留学工作和出国留学工作并重"的工作理念得到大力推行，然而，作为发展中国家，中国的教育服务贸易吸引力总体上仍然不高，"留学赤字"仍然严峻，发展不平衡、结构不合理等问题仍然突出。不同层次学历教育中国际学生占该类别学生的比例都还处于较低水平，远不如欧美留学强国。从国际对比来看，未来中国吸引国际学生的空间巨大。

教育服务贸易实质是文化的对外交流，是一个国家对外关系的重要部分。无论是从理论还是从现实实践来看，双边外交关系都是影响留学服务贸易的重要因素。同时，围绕外交大局，服务教育对外开放与经济发展需要、缩小贸易逆差、寻找贸易新的增长点、培养知华友华的国际人才、聚焦国家战略是教育服务贸易工作的根本出发点。基于此，从对外关系角度探讨教育服务贸易具有一定意义，可以从双方外交关系定位、建交历史、双边高层互访、友好城市建设等多个外交层面定量考查双边外交关系对留学服务贸易规模的影响作用。同时，考虑到文化差异对来华留学的阻碍，本文将进一步考查文化距离与双边外交关系的交互影响。

二　留学教育服务贸易政策演替与文献回顾

本文主要研究来华留学教育服务贸易问题。来华留学教育服务贸易的发展经过初创时期（1950~1965年）、停滞整顿时期（1966~1977年）、改革开放时期（1978~1989年）、快速发展时期（1992年至今）几个阶段，当前世界各国来华留学服务贸易粗具规模（郑向荣，2005）。党的十六大以来，党和国家高度重视来华留学工作。2016年，全国来华留学管理工作会议在北京召开，习近平强调留学工作要适应国家发展大势和党和国家工作大局，努力开创留学工作新局面，统筹谋划出国留学与来华留学，扭转中国的教育服务贸易逆差。在政策助推下，来华留学服务贸易蓬勃发展，2016 年，全国31 个省（自治区、直辖市）的 800 余所高等学校、科研院所和其他教学机构吸引了 44.28 万名外国留学人员，比 2015 年增加 4.51 万人，同比增长 11.35%（以上数据均不含港、澳、台地区，见图 1）。其中"一带一路"沿线国家异军突起，除泰国外，印度尼西亚、印度、巴基斯坦等国家的来华学生人数已位列留学生生源国前 10。巴基斯坦来华留学生人数由在 2014 年生源国中排名第 8，跃至 2016 年排名第 4。哈萨克斯坦 2014 年来华留学生（11764 人）相较 2005 年增加 15.1 倍，增幅最大。

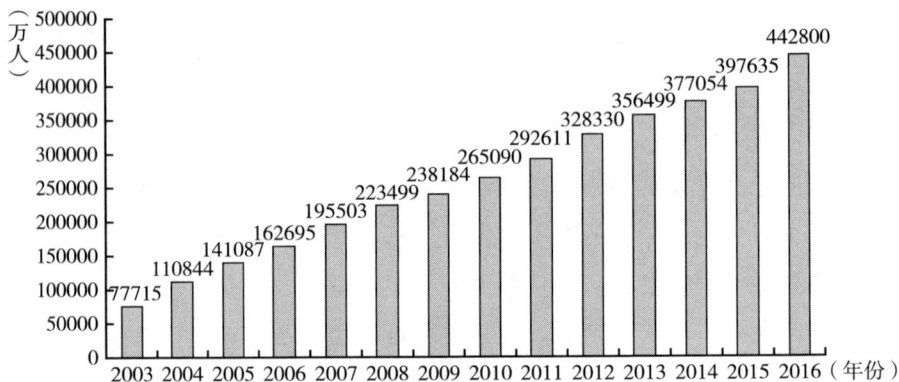

图 1 来华留学教育服务贸易规模

资料来源：教育部《2016 年度我国来华留学生情况统计》，www. moe. edu. cn/jyb_ xwfb/xw_ fbh/moe_ 2069/xwfbh_ 2017n/xwfb_ 170301/170301_ sjtj/201703/t20170301_ 297677. html。

已有许多文献对留学服务贸易的影响因素和发展对策进行了探讨（宋华盛、刘莉，2014；吕娜，2015；林航、谢志忠、郑瑞云，2016），但大多未注意到留学服务贸易本身具有的外交属性以及双边外交关系的重要潜在影响。外交关系的变化以及中国国内的政治局势为留学教育服务贸易创造了平稳、和谐的环境，为留学教育服务贸易提供了制度保障。习近平"达沃斯"演讲展现了中国作为一个大国勇于担当的气魄，中国在国际政治舞台上扮演的角色越来越重要，利用国际影响力进行外交，政治因素特别是双边关系具有不容小觑的作用（许陈生、王永红，2016；连大祥，2014）。在各类文献中，学者发现发达国家留学生更看重留学国的政治稳定情况（宋华盛、刘莉，2014），杨云升（2015）提到高校应抓住中国外交政策的有利条件发展来华留学。林航等（2016）更进一步发现，相对于发达国家，作为新建文化传播途径的孔子学院对发展中国家的海外留学生更有吸引力。还有很多学者注意到，友好的双边关系有助于双方经济、贸易、文化等各方面的深入了解。部分学者从中美、中韩、中哈等双边关系出发，深入分析了不同国家的双边关系对来华留学生的影响。这些都从侧面反映了政治外交关系对于来华留学教育服务贸易规模的强烈影响。

要更好树立中国"留学品牌"，扩大来华留学教育服务规模，我们还面临很多挑战。特别是已有文献较少从政治外交关系整体出发来考查其对教育服务贸易规模的影响。因此，双边外交因素角度为来华留学教育服务贸易研究提供了独特的视角：首先，从制度理论出发，考查政治关系定位、双方建交时间、双边高层互访、民间外交中友好城市建设对来华留学教育服务贸易规模的影响，考虑了政治外交的异质性，更具有系统性与解释力；其次，已有文献多从静态角度考虑外交政策对来华留学教育服务贸易的影响，忽略了外交的"主动性"内涵，而双边高层互访更能反映双方推动来华留学的主观能动性，更具有现实意义；再次，本文进一步考虑了政治外交与文化因素的交互作用，深入分析了政治外交因素对留学教育服务贸易规模的影响程度；最后，本文选择的样本较为广泛，考虑了地理距离、文化距离、当地经济水平以及人口因素等的影响。

三　影响机理及研究假设

双边政治外交关系为来华留学教育服务贸易提供了机会，也为中国相关留学政策的信息交流提供了平台。从来华留学教育服务贸易发展来看，国家间外交的友好程度与外交关系对留学教育服务贸易规模与来华留学生生源分布有显著的影响。而双边政治外交包含了哪些重要因素？这些因素是否有助于来华留学生数量增长？其对来华留学教育服务贸易的贡献如何？是否能有效消除文化因素的阻碍？要回答这些问题，需要严谨的理论推导与实证检验。

来华留学具有先天的外交属性（赵忠秀，2015）。从本质上来说，政治双边外交关系是两国之间的一种特定的具有主观能动性的制度安排，出于维护国家安全、加强经济交往、扩大国际影响等战略考虑，一个国家与另一个国家结成亲疏有别的政治外交关系，反映了两国之间的复杂关系。双边政治外交有助于双方之间相互理解、相互信任、相互交流，从而减少双边政治冲突与政治偏见带来的不确定因素，减少生源国来华的安全顾虑；积极的双边政治互动有助于增强中国对生源国教育服务贸易的影响力与软实力，从而改变生源国对中国高等教育服务贸易带有歧视性的抵制或选择偏好；中国政府也可以通过积极的双边外交关系对生源国施加一定的政治压力，防止生源国政府针对中国的留学制定相应的歧视性条款或政策，阻碍来华留学教育服务贸易的发展。

具体而言，政治外交关系包括长期与短期、正式与非正式两个层面。正式的政治外交关系主要包含长期的政治关系定位、建交历史时间以及短期的双边高层互访等；非正式外交关系主要包含领导人之间的信任、两国之间的友谊等，如双方建设友好城市的形式。与长期的正式外交关系定位相比，短期的双边高层会晤和非正式友好城市交流的作用引起了学者的关注（杨连星等，2016）。因此，本文在研究双边外交关系对东道国学生来华留学的影响机制时，具体区分了双边政治关系定位、建交历史、双边高层互访、民间外交方式四种工具的不同作用。

1. 双边政治关系的定位为来华留学教育服务贸易提供了制度保障

对于来华留学生来说，长期政治关系的性质尤其是双边政治关系提供了长期正式制度安排。而制度的最大功能在于创建秩序，促进经济活动中的交易顺利进行。双边政治关系的定位有利于双边国家留学政策规则的创造与完善，促进双方教育服务贸易的发展。东道国不确定的制度环境会显著抑制来华的留学意愿，特别对招生具有重要影响的学历互认、招生人数、移民政策均反映在两国之间的政治关系中。如果两国之间在政治利益上出现一些冲突，如边境冲突、人权问题等，会严重影响教育服务贸易的规模，例如"萨德"问题严重影响中国对韩国的招生政策，导致韩国学生数量下降。而随着"一带一路"倡议的实施，中国与当地教育合作全方位发展，其招生规模也得到了较大的提升。因此，双边外交关系定位的变化会直接影响生源国来华留学服务贸易规模。来华留学教育服务贸易规模依赖中国的全球伙伴关系网络的顶层设计和机制建构。因此，为了考查双边外交关系定位，根据外交用词标准，选取"战略合作伙伴"、"战略性合作伙伴关系"、"全面友好合作伙伴"、"全面合作伙伴"、"友好合作伙伴或睦邻互信合作伙伴关系"以及"正常建交"与"未建交"国家进行赋值，作为衡量外交定位亲疏程度的指标。因此，本文提出假设1。

假设1：双边政治关系定位正向影响来华留学教育服务贸易规模。

2. 高层互访为生源国来华传递了有效信号

高层互访有利于传递中国与生源国之间的政治偏好信号，增强来华生源国留学生的积极性和信心。政治学认为，公共利益是私人利益的集合，国家高层互访可以通过友好协商为教育国际化降低交易费用，促进来华留学生规模增长，显著提高来华留学生数量。同时，双边领导人通过持续的交往实践，可以增进双方在政治体制、经济实力、文化因素的认识与了解，有利于达到一种"同理"的状态，这种良好的交往合作经验能够塑造亲和的氛围，促成双方经济、政治、文化的深入合作，形成双方共同接受的一些适当性规范，具体而言，双方会促进学历互认、留学条款等具体措施的达成与落地。双方高层会晤的过程也是一个社会化过程，高层领导人的积极互动能够让中国的形象不断深入人心，促进当地更了解中国文化，释放友好信号，增强当地学生来华意愿。同时，Nitsch（2008）认为国家主席或者国务院总理参加的出访或者来访，才能真正意义上代表国家和政府。因此，本文以国家主席和国务院总理与"一带一路"沿线国家之间出访或来访，或者在第三国进行会晤的事件来衡量双边高层互访变量，根据统计得到基本变量。因此，本文提出假设 2。

假设 2：双边高层互访有助于所在国来华留学教育服务贸易规模增加。

3. 民间友好城市为来华留学教育服务贸易提供了广泛交往途径

友好城市是双边政治关系中的非正式制度安排，Friedman（1986）提出"世界城市假说"后，城市作为全球治理体系中经济单元的重要性迅速上升（Vilcek et al.，1986）。一个城市与世界经济的整合形态与程度，在新的空间分工中被赋予新的功能，国际友好城市这一非国家行为体已经成为当今国际政治的重要角色（赵汗青，2012），友好城市是国家外交在地方区域中的延伸，因此，通常被视为民间外交的官方关系。

友好城市的建立代表两国的友好交往，是民间展开实质性交流与合作的途径。通过友好城市的建设，双方可以增强文化、意识形态的碰撞，更好理解双方关系和友好交往。随着中国积极参与全球治理，中国与各国政府的合作也越来越广泛。除中法政府论坛、大湄公河次区域国际合作机制等常规划渠道外，地方政府国际合作也几乎深入所有的地方事务，为扩大双方共同发展提供了良好的条件。除了中国通过派遣留学生、科研人员赴当地学习外，以友好城市为载体开展的针对青少年的文化融合活动，加深了两地对彼此城市文化了解，也促进了当地对中国文化的向往，开辟了新的留学市场。同时，友好城市也可以更好地对外宣传工作中国的文化与软实力。通过宣传中国经济社会发展的巨大成就及自然景观、风俗习惯等，对以旅游为目的的来华留学生形成拉力作用（Svensson，2010）。因此，我们提出假设 3。

假设 3：友好城市的建设会正面促进来华留学生数量增加。

除此以外，中华人民共和国成立以来，中国与其他国家建交历史对我们研究来华留学教育服务贸易规模具有重要意义。从中国外交政策历史进程来看，经过"和平外交政策"（1949～1972 年）、"一条线，一大片"（1972～1979 年）以及 20 世纪 80 年代初至今几个阶段（曹亮等，2016），中国与周边国家和世界各国外交关系取得了显著进展。因此，我们认为双方建交历史越悠久，中国在当地的影响力将会越大，双方经济、贸易各个领域的交流会更加充分，更有利于增强当地学生来华留学的意愿，从而增加留学教育服务贸易规模。中国与其他国家建交时间对于来华留学教育服务贸易规模的影响不可忽视。因此，本文提出以下假设。

假设4：双方建交时间有助于来华留学教育服务贸易规模增长。

四 模型构建

（一）样本及数据

"一带一路"是一个国际性区域经济合作倡议，目前并没有精确的空间范围界定。本文借鉴陈万灵和吴旭梅（2015）的研究，将"一带一路"沿线国家和地区限定为64个国家，参考2003～2016年《来华留学生简明统计》中来华留学生数量国家排名数据的可得性、与中国留学关系以及双边政治关系，最后选择了俄罗斯、韩国、日本、新加坡、德国、坦桑尼亚、法国、也门、尼泊尔、哥伦比亚、澳大利亚、缅甸、巴基斯坦、西班牙、菲律宾、马来西亚、泰国、意大利、印度、越南、加拿大、加纳、英国、尼日利亚、美国、几内亚、墨西哥、土耳其、刚果（金）、乌克兰、印度尼西亚、孟加拉国、吉尔吉斯斯坦、哈萨克斯坦、老挝和乌兹别克斯坦五大洲36个国家和地区，基本上涵盖了来华留学人数前20名的国家。研究时间为2003～2016年，由于数据的可得性问题，本文最终得到434个样本观测值。

（二）变量与测量

根据上述分析可以设定以下变量。

（1）来华留学生人数（Stu）。来华留学生人数作为被解释变量。各国来华留学生数据主要来源于《来华留学生简明统计》（2003～2016年）、教育部的《中国教育年鉴》（2003～2016年）、《出国留学生趋势报告》（2003～2016年）。由于某些生源国数据缺失，其余数据来源于教育部网站、来源国网站以及该国教育部网站。

（2）双边政治关系定位（$degree$）。双边政治关系定位是本文的核心解释变量。本文参照现有文献政治关系定位参照贺书锋和郭羽诞（2009）的赋值方法，根据官方公布情况及中国与东道国的政治关系定位，"战略合作伙伴"赋值5分，"战略性合作伙伴关系"赋值4.5分，"全面友好合作伙伴"赋值3.5分；"全面合作伙伴"赋值3分，"友好合作伙伴或睦邻互信合作伙伴关系"赋值2分，"正常建交"国家为1分，"未建交"国家赋值0分。

（3）建交时间（*dtime*）。代表中国与东道国外交关系的持续时间（以年为单位）。本文以考查年限与双方建交年份的差值进行衡量，具体数据来源于外交部网站手工整理。

（4）双边高层互访（*Visit*）：表示特定年份内两国政治领导人的互访次数。借鉴郭烨和许陈生（2016）处理方法，高层领导人之间的政治外交包括来访、出访两种方式。具体信息来源于外交部网站中的"外交动态"，经手工整理所得。

（5）友好城市（Fcity）：表示中国与生源国建立友好城市的状态。本文以双边地方省份、州建立友好城市的数量表示，具体数据来源于中国国际友好城市联合会的"友城统计"。

（6）控制变量。参考现有文献的常用做法，考虑到来源国的人均国内生产总值（*GDPP*）反映当地的经济发展水平，中国与来源国的首都地理距离（*DIS*）反映两国距离；人均国内生产总值（*GDPP*）来反映当地居民经济消费能力，人口数（*POP*）反映当地生源规模。

距离是一个多维的概念，既可以指两个物体在空间上的距离，也可以指个体在认知方面的差异。为了更为全面地解读不同地域、国家在空间、文化方面的因素差异影响，本文基于多维距离分析距离对来华留学的制约因素，采用了两个主要距离变量，即两国首都的地理距离（*DIS*）与文化距离（*CD*），反映两国距离对来华留学生地理便利性以及文化的影响。韦伯（2010）的工业区位论特别提到了空间距离对经济活动分布情况的影响。Kurgan（1991）等逐渐形成了空间经济学学科。本文地理距离数据来自CEPII数据库，文化距离来自Hofstede的模型，共包含权力距离、集体/个人主义、男性/女性主义和不确定性规避 4 个文化维度。文化差异大小参考 Kogut 和 Singh（1988）的方法进行计算：

$$CD_i = \sum_{k=1}^{4} [(Iki - Ikc)^2 / Vk] / 4$$

其中，I_{ki} 表示第 i 个样本国在第 k 个文化维度的数值，I_{kc} 表示中国（大陆）在第 k 个文化维度的数值，V_k 表示所有样本国第 k 个文化维度数值的方差。4 个维度的数据来自 Hofstede 个人官网并手工整理。为减少异方差的影响，对部分变量做自然对数处理（见表 1）。

表 1 变量描述

变量	含义	样本数	平均值	标准差	最小值	最大值
lnStu	来华留学生人数自然对数	434	8.0361	1.1917	4.8828	11.1096
degree	双边外交程度赋值	434	2.4572	1.7182	1	5
dtime	建交时间	434	38.4722	14.2193	11	65
Visit	双边高层互访	396	1.6944	1.8428	0	11
Fcity	友好城市	432	45.5278	66.0965	1	262
lnDIS	地理距离自然对数	434	8.5594	0.6613	6.8624	9.6116
CD	文化距离	312	2.4054	1.1057	0.3721	3.8454
lnGDPP	人均 GDP 自然对数	422	8.3003	1.7678	5.1353	11.1221
lnPOP	人口数自然对数	432	8.3903	1.2154	5.5090	11.7716

（三）基本模型

本文整体考虑所在国的人口数、所在国的人均收入、所在国与中国的文化距离和地理距离。根据研究假设，把模型设定为如下方程：

$$LnStu_{it} = \alpha + \beta_1 degree_{it} + \theta_{it} + \varepsilon_{it} \tag{1}$$

$$LnStu_{it} = \alpha + \beta_2 dtime_{it} + \theta_{it} + \varepsilon_{it} \tag{2}$$

$$LnStu_{it} = \alpha + \beta_3 Visit_{it} + \theta_{it} + \varepsilon_{it} \tag{3}$$

$$LnStu_{it} = \alpha + \beta_4 Fcity_{it} + \theta_{it} + \varepsilon_{it} \tag{4}$$

其中，i 表示国家，t 表示年份；Stu 为来华留学生人数；$degree$ 为两国双边外交程度；$dtime$ 为两国建交时间；$Visit$ 为总体双边高层互访行为；$Fcity$ 为友好城市数量。

θ_{it} 表示其他影响来华留学生人数的控制变量，包括：（1）地理距离变量 DIS；（2）文化距离变量 CD；（3）对方国家人均 GDP 变量 $GDPP$；（4）对方国家总人口变量 POP；而 ε_i 表示与个体和时间无关的随机误差项。

（四）延伸模型

近年来，考查文化差异对国际贸易交往的影响逐渐成为一个重要研究方向（刘文宇、刘洪铎，2016）。关于经济发展因素，经济学家经历了从关注生产要素积累和技术进步到重视制度因素的转变。近年，学者开始挖掘更深层的因素，包含地理、历史和文化因素（Spolaore，2013）。在这一新领域中，文化的作用特别受到重视。有的学者认为文化的互补性将促进国际贸易，但更多的学者认为国家（地区）间的文化差异将会加剧双边贸易成本，不利于贸易往来。我们初步预测，对于"一带一路"沿线国家来说，与中国文化距离越大，不同群体之间的文化差异越大，群体之间的隔阂、偏见、缺乏信任对群体之间的经济交流的阻碍就越严重（Spolaore and Waczing，2012）。因此，留学生在生活、教学、文化适应等方面将会遇到更大的阻碍。因此，我们预测文化距离对来华留学生数量的影响为负。为了更深入考查核心变量的作用，我们进一步分别将 4 个核心变量与文化距离做一个交互项，分类回归，对以上调节效应进行检验，分析核心变量在什么情况下能够更好地对来华留学生发挥作用。具体模型如下：

$$lnStu_{it} = \alpha + \beta_1 degree_{it} + \beta_5 degree_{it} \times CD_{it} + \theta_{it} + \varepsilon_{it} \tag{5}$$

$$lnStu_{it} = \alpha + \beta_2 dtime_{it} + \beta_6 dtime_{it} \times CD_{it} + \theta_{it} + \varepsilon_{it} \tag{6}$$

$$lnStu_{it} = \alpha + \beta_3 Visit_{it} + \beta_7 Visit_{it} \times CD_{it} + \theta_{it} + \varepsilon_{it} \tag{7}$$

$$lnStu_{it} = \alpha + \beta_4 Fcity_{it} + \beta_8 Fcity_{it} \times CD_{it} + \theta_{it} + \varepsilon_{it} \tag{8}$$

五 实证结果

（一）密切的双边外交能够促进来华留学生规模扩大

根据基本模型的实证检验，考查核心变量与来华留学生的关系，结果见表2，即 R^2 大于68%，由表3数据可知，双边外交定位具有显著正向作用，即双边外交定位的程度越高，来华留学生人数越多，且系数在1%水平上显著。双方建交时间的回归系数为0.054，且在1%水平上显著。说明建交时间对来华留学生具有明显的正向作用，即两国建交时间越长，来华留学教育服务贸易规模越大。双边高层互访的回归系数为0.0677，在5%水平上显著。说明双边高层会晤这种短期的外交行为有助于来华留学生数量增长。友好城市的回归系数为0.0044，在1%水平上显著。因此，友好城市作为双边政治关系的非正式制度安排有助于来华留学生数量增长，立足"丝绸之路经济带"建设，友好城市为拓宽合作交流提供了有效渠道。以上均符合理论与实际预期。

表2 基础模型估计结果

变量	模型1	模型2	模型3	模型4
常数项	14. 3126 (36. 5175)***	12. 2360 (18. 0850)***	11. 6417 (57. 5789)***	12. 2758 (70. 6119)***
$lnDIS$	− 1. 2618 (− 40. 4487)***	− 1. 3345 (− 16. 7534)***	− 1. 2079 (− 27. 2897)***	− 1. 0886 (− 27. 2029)***
CD	− 0. 1013 (− 3. 2779)***	− 0. 0588 (− 2. 9947)***	− 0. 0270 (− 1. 7804)*	− 0. 1063 (− 8. 7107)***
$lnGDPP$	0. 2619 (19. 0923)***	0. 4995 (18. 0451)***	0. 3610 (18. 8891)***	0. 2416 (8. 6137)***
$lnPOP$	0. 2628 (7. 5648)***	0. 0681 (1. 7841)*	0. 4149 (16. 8104)***	0. 3523 (24. 3462)***

变量	模型 1	模型 2	模型 3	模型 4
degree	0.1415 (9.8107)***			
dtime		0.0540 (12.9172)***		
Visit			0.0677 (1.9931)**	
Fcity				0.0044 (7.2382)***
F 检验值	999.3591 (0.0000)***	303.4077 (0.0000)***	94.8185 (0.0000)***	341.8075 (0.0000)***
R^2	0.9480	0.8470	0.6337	0.8618
Adjusted R^2	0.9470	0.8442	0.6270	0.8593
样本数	280	280	280	280

注：各变量括号内为 t 统计量；各检验括号内为该统计量的伴随概率；***、**、*分别表示在 1%、5%、10% 的水平上显著。

（二）政治外交与文化相互影响提升来华留学的吸引力

将核心变量与文化距离变量进行交互后，结果如表 3 所示。第一栏和第二栏为双方外交程度、建交时间与文化距离的交互变量。由回归结果可以看出双方外交程度和建交时间显著调节了文化距离对来华留学生数量的影响，随着建交时间的增加、双边外交程度的加深，世界各国人们增强了对中国的了解，中国吸引来华留学生获得了更多的机会，增加了外国学生来华留学的愿望，有效地改变了文化距离的负面影响。第三栏增加了双边高层互访与文化距离的交互项。回归系数为 0.0268，且在 5% 水平上显著，由回归系数可知，双边高层互访这一政治外交活动有助于深化两国战略与经济对话机制。领导人之间的互访能够增强两国之间的沟通和政治互信，既可以提供让对方了解中国的机会，也有助于树立中国良好的形象，吸引更多来华留学生。第 4 栏为友好城市与文化距离的交互项，回归系数为 0.0014，在 1% 水平上显著。由此可见，友好城市的设立有助于消除文化距离的消极影响，说明随着中国积极参与全球治理，中国与海外地方政府的合作也越来越广泛，地方政府国际合作也更为深入，为双方共同发展提供了良好的条件。

表3　交互作用模型估计结果

变量	模型5	模型6	模型7	模型8
常数项	14.3235 (38.0023)***	9.7085 (19.7128)***	11.9479 (41.5277)***	13.2220 (53.2553)***
lnDIS	-1.3335 (-42.2349)***	-0.8362 (-21.1401)***	-1.2329 (-33.4703)***	-1.2154 (-34.2290)***
CD	-0.1574 (-4.5223)***	-0.9509 (-14.7917)***	-0.0676 (-2.1441)**	-0.1174 (-7.4512)***
lnGDPP	0.2854 (20.4743)***	0.3819 (27.2449)***	0.3606 (18.8392)***	0.2485 (12.6600)***
lnPOP	0.3414 (8.8268)***	0.3441 (9.8402)***	0.4151 (18.2783)***	0.3701 (41.3238)***
degree	0.0397 (5.9243)***			
dtime		0.0163 (15.0160)***		
Visit			0.0268 (2.2605)**	
Fcity				0.0014 (8.1890)***
F检验值	1094.592 (0.0000)***	649.3985 (0.0000)***	96.3036 (0.0000)***	247.7942 (0.0000)***
R^2	0.9523	0.9221	0.6373	0.8188
Adjusted R^2	0.9514	0.9207	0.6307	0.8155
样本数	280	280	280	280

注：各变量括号内为 t 统计量；各检验括号内为该统计量的伴随概率；***、**、*分别表示在1%、5%、10%的水平上显著。

正如基本模型所示，文化距离对来华留学生数量的系数显著为负。

（三）地理及其文化距离抑制来华留学生数量的提升

在四个基本模型中，地理距离（DIS）的回归系数分别为 -1.2618、

-1.3345、-1.2079、-1.0886，均显著，说明地理距离越远的"一带一路"沿线国家的来华留学教育服务贸易规模越小；文化距离的回归系数分别为-0.1013、-0.0588、-0.0270、-0.1063，显著负相关，说明"一带一路"沿线国家与中国文化距离越远，来华留学教育服务贸易规模越小。生源国人口数回归系数显著正相关，说明"一带一路"沿线国家的人口越多，来华留学教育服务贸易规模越大；人均收入（*GDPP*）的回归系数显著正相关，说明"一带一路"沿线经济发展水平越高的国家，来华留学教育服务贸易规模越大。

六　结论与政策建议

通过上述实证分析，本文得出一个基本结论：总体上双边政治外交对于"一带一路"沿线国家教育服务贸易具有明显的积极作用，即政治外交程度越高、建交时间越长、双边高层会晤越频繁、友好城市的建设数量越多，该国来华留学生规模就越大。同时，政治外交因素可以有效降低文化距离的负面作用，发挥了政治服务于经济与社会的作用。

当然，"一带一路"倡议推进在现实中面临困难和挑战。"不同种族""不同信仰""不同文化背景"的国家希望共享和平和共同发展夙愿的实现，离不开交流壁垒的消除。中国正推进"一带一路"倡议等重大举措，塑造周边外交新格局。在此过程中，消除周边国家对中国的疑虑、提升中国的国际话语权具有关键性决定作用。将"一带一路"沿线国家置于外交的首要地位，以强大的文化自信推动话语创新是中国掌握话语权的关键所在。要利用学校交往、师生人员往来、招收留学生等多元机会，提升中国高等教育的影响力和辐射力，特别是对于"一带一路"沿线国家的影响力。因此，建议从以下几方面推动来华留学事业的发展。

（1）充分利用外交手段推进中国参与全球教育服务贸易治理，提高来华留学教育服务贸易的规模和水平。一是利用双边外交和多边外交等平台，积极主动地对外进行有效外交宣传，把教育服务贸易成果作为对外宣传推广的重要内容，强化中国在国际教育服务贸易治理中的负责任形象。二是通过外交渠道加强高等教育服务贸易领域的交流和交往，更好地发挥中国高等教育在世界范围内的话语权与影响力，以更加积极的姿态参与国际教育服务贸易的合作与交流。三是积极参与国际教育服务贸易规则的制定，充分发挥联合国教科文组织作为教育合作平台的重要作用，建立高层定期磋商机制，巩固提升教育服务贸易国际合作水平，找准有利时机提出自己的新主张、新倡议和新方案。

（2）不断拓宽外交渠道，密切政府层面的双边外交关系，拓宽教育服务的合作领域。只有中国不断发展高质量的外交关系，塑造战略互信的伙伴关系网络，才能更好地满足留学事业发展的需求。一是从政治外交关系出发，在国家战略层面做好顶层设计，有计划、分层次、分步骤地加强与"一带一路"沿线国家的教育交流和合作。二是打通中国与"一带一路"沿线国家之间的学历互认、学分互换，促进多种形式的师生互换和交流互派，建立更加密切的教育服务贸易合作交流机制。三是加强与沿线国家和发展中国家的教育服务贸易实质合作，推动形成层次分明、各具特色、重点突出、合作共赢的教育服务贸易对外开放局面。四是把教育服务贸易作为"一带一路"的重要领域和重点议题之一，积极倡议"一带一路"沿线各国共同参与构建教育服务贸易共同体，开展多层次、多样化的教育服务贸易互联互通、人才培养培训、科研平台建设和丝路合作机制建设等各方面合作，对接沿线各国的教育服务贸易需求。

（3）积极鼓励和大力支持发展民间外交，使民间外交成为推动教育服务贸易合作的立交桥。统筹推进中外人文交流，拓展国际教育服务贸易合作交流的渠道，充分发挥民间外交的润滑剂作用。一是充分发挥教育界、科教界、文化界人士和团体的交流合作，发挥文化艺术交流的对外积极宣传作用。二是建立广泛的民间外交关系，积聚社会各方面力量，善于利用友好城市平台，讲好中国故事、展示中国发展成果、传播中国理念，增强中国留学教育服务贸易的影响力与吸引力。

参考文献

[1] 曹亮、袁德胜、徐小聪：《建交时间与企业农产品出口二元边际：出口目的地视角》，《宏观经济研究》2016 年第 4 期，第 106~114 页。

[2] 陈万灵、吴旭梅：《海上丝绸之路沿线国家进口需求变化及其中国对策》，《国际经贸探索》2015 年第 4 期，第 87~100 页。

[3] 陈越：《我国留学生教育服务贸易逆差研究》，《教育与经济》2016 年第 4 期，第 70~76 页。

[4] 郭烨、许陈生：《双边高层会晤与中国在"一带一路"沿线国家的直接投资》，《国际贸易问题》2016 年第 2 期，第 26~36 页。

[5] 贺书锋、郭羽诞：《中国对外直接投资区位分析：政治因素重要吗?》，《上海经济研究》2009 年第 3 期，第 3~10 页。

[6] 黄继朝：《从"习马会"来看 2005 年以来的两岸高层领导人会晤——一种交往实践的分析模式》，《台湾研究》2016 年第 5 期，第 534~42 页。

[7] 教育部：《2016 年度我国来华留学生情况统计》，www. moe. edu. cn/jyb_ xwfb/xw _ fbh/moe _ 2069/xwfbh _ 2017n/xwfb _ 170301/170301 _ sjtj/201703/t20170301_ 297677. html。

[8] 教育部：《2015 年来华留学生总数近 40 万　韩国最多美国第二》，中国教育科研网，2016，www. edu. cn/edu/guo _ ji _ he _ zuo/hwyx/201604/t20160415 _ 1387605. shtml，2016 - 4 - 15。

[9] 李文宇、刘洪铎：《多维距离视角下的"一带一路"构建——空间、经济、文化与制度》，《国际经贸探索》2016 年第 6 期，第 99~112 页。

[10] 林航、谢志忠、郑瑞云：《孔子学院是否促进了海外学生来华留学——基于 40 个国家 2004~2014 年面板数据的实证检验》，《国际商务》2016 年第 5 期，第 52~65 页。

[11] 吕娜：《来华留学教育与中国经济发展研究》，财政部财政科学研究所，博士论文，2015。

[12] 连大祥：《孔子学院的经贸效果》，南京大学出版社，2014。

[13] 宋华盛、刘莉：《外国学生缘何来华留学——基于引力模型的实证研究》，《高等教育研究》2014 年第 11 期，第 31~38 页。

[14] 韦伯：《工业区位论》，商务印书馆，1997。

[15] 许陈生、王永红：《孔子学院对中国对外直接投资的影响研究》，《国际商务》2016 年第 2 期，第 58~68 页。

［16］ 杨连星、刘晓光、张杰：《双边政治关系如何影响对外直接投资——基于二元边际和投资成败视角》，《中国工业经济》2016 年第 11 期，第 56~72 页。

［17］ 杨云升：《周边外交政策与来华留学事业发展》，《新东方》2015 年第 6 期，第 17~22 页。

［18］ 赵汗青：《北京城市外交发展研究》，外交学院，硕士论文，2012。

［19］ 赵忠秀：《迈向亚洲最大留学目的地国——新中国来华留学综述》，《神州学人》2015 年第 7 期，第 4~7 页。

［20］ 郑向荣：《论我国发展来华留学生教育的优势——兼论发展来华留学生教育的意义》，《现代教育论丛》2005 年第 2 期，第 26~29 页。

［21］ NAFSA（National Association of Foreign Student Advisers），*International Student Economic Value Tool*, www. nafsa. org/Policy_ and_ Advocacy/Policy_ Resources/Policy_ Trends_ and_ Data/NAFSA_ International_ Student_ Economic_ Value _ Tool/.

［22］ Nitschka, Thomas, "The Risk Premium on the Euro Area Market Portfolio: The Role of Real Estate", Working Paper Series, Institute for Empirical Research in Economics University of Zurich, 2008.

［23］ E. I. Svensson, F. Eroukhmanoff, K. Karlsson, et al, "A Role for Learning in Population Divergence of Mate Preferences", *Evolution*, 2010, 64 (11): 3101 – 3113.

［24］ B. Kogut, H. Singh, "The Effect of National Culture on the Choice of Entry Mode", *Journal of International Business Studies*, 1988, 19 (3): 411 –432.

［25］ P. Krugman, "Increasing Returns and Economic Geography", *Journal of Political Economy*, 1991, 99 (Volume 99, Number 3): 483 –499.

［26］ E. Spolaore, "What Is European Integration Really About? A Political Guide for Economists", *Journal of Economic Perspectives*, 2013, 27 (3): 125 – 144.

［27］ E. Spolaore, R. Wacziarg, "How Deep Are the Roots of Economic Development?", *Journal of Economic Literature*, 2012, 51 (2): 325 –369.

［28］ J. Vilcek, A. Klion, D. Henriksendestefano, A. Zemtsov, D. M. Davidson et al, "Defective gamma-interferon production in peripheral blood leukocytes of patients with acute tuberculosis", *Journal of Clinical Immunology*, 1986, 6 (2): 146 –51.

B.11
中国跨境电子商务关税监管新政解析[*]

冯　然^{**}

摘　要： 本文在梳理中国跨境电子商务关税监管政策的基础上，重点对 2016 年推出的包含跨境电子商务综合税的监管"新政"和 2014 年推出的包含试行行邮税的"旧政"进行对比分析，发现"新政"的侧重点在于抑制 C2C 乃至跨境电子商务直购进口模式（B2C）的发展，促进跨境电子商务保税进口模式的发展（B2B2C，即 B2B 的衍生形式）。B2B2C 跨境电子商务具有通关身份明确、商品送达及时和运输成本低等优势，会对 C2C 跨境电子商务产生抑制效应，因此，促进 B2B2C 发展不仅能够有效解决海关监管的难题，实现海关对电子商务进口数据的有效统计，而且可以避免商品以"自用物品"名义入关，从而有效增加中国的关税收入。

关键词： 跨境电子商务　综合税　行邮税　直购进口　保税进口

跨境电子商务的交易对象一般是基于网络要约、承诺，经实体物流传递的有形物品。2016 年 4 月，财政部、海关总署、国家税务总局联合发布《关于跨境电子商务零售进口税收政策的通知》（财关税〔2016〕18 号，本

---

* 基金项目：2016年度省社科项目（GD16XYJO8）"电子商务的贸易替代效应和创造效应及其区域差异化研究"。

** 冯然，女，副教授，广东外语外贸大学经贸学院，研究方向为跨境电子商务、电子商务。

文以下简称《18 号通知》），宣布已经对跨境电子商务监管政策进行了大幅度变更，其中，重点对跨境电子商务的关税征收细则进行了调整，希望借此加强对跨境电子商务进口物件的监管力度、维护中国电子商务市场的有序经营、促进小额贸易的进一步发展。《18 号通知》提出以"跨境电子商务综合税"取代此前试行的"跨境电子商务行邮税"。在跨境电子商务综合税概念中，不仅提高了电子商务进口物件的关税税率，而且取消了此前"完税价低于 50 元的商品予以免征关税"的规定，导致曾经享受免税政策的低值产品，如婴幼儿产品、保健品和电子产品等必须开始缴纳相应的进口关税。

然而，《18 号通知》和跨境电子商务综合税的具体变革引起了部分电子商务经营企业和个人的不满，他们认为 2014 年以前跨境电子商务以超过 30%[①]的速度增长得益于宽松的进口政策，如果大幅度提高跨境电子商务物件进口的门槛，将负面影响电子商务的发展，那么，跨境电子商务关税"新政"是否会阻碍跨境电子商务市场份额的扩张？与此前"旧政"相比，其显著的特点和差异具体体现在哪些方面，政策导向指向何方？为解答这些疑问、引导电子商务企业发展，本文将在梳理跨境电子商务关税监管政策演变历程的基础上，重点对"新政"和"旧政"的关税条款进行对比。通过对"新政"、"旧政"条款的解析，明确跨境电子商务"新政"的作用和导向。

一 中国跨境电子商务关税监管政策的演变历程

（一）以邮递和快件寄送的个人物品行邮税

中国海关传统意义上的个人邮递物品是在商品匮乏的计划经济时期为惠顾侨眷而建立的，以侨眷亲友间的一般馈赠品为限，具有个人自用、合理数

---

① 艾瑞咨询集团，*2014 china cross-border ecommerce report*，www.iResearchchina.com。

量、非商业属性等特征，属于非贸易性物品。① 1994 年 11 月，《海关总署关于调整进出境邮件中个人物品的限值和免税额的通知》（署监〔1994〕774 号）规定个人物品寄自港澳台地区限值为 800 元，400 元以下的予以免税；寄自其他国家和地区的物品，每次限值为 1000 元，500 元以下的予以免税。凡超出规定限值的，应按照货物规定办理通关手续。但邮包内仅有一件物品且不可分割的，虽超过规定限值，经海关审核确属个人自用的，可以按照个人物品规定办理通关手续。凡属商业性质的邮包，按货物性质办理通关和纳税手续。

随着海外代购现象的出现，2010 年 7 月，海关总署公布《关于调整进出境个人邮递物品管理措施有关事宜》（海关总署〔2010〕43 号），同时废除署监〔1994〕774 号文件的规定，对寄自港澳台地区和其他国家的邮包限值保持不变，将 400 元和 500 元的个人邮寄物品免税额统一下调为 50 元（含 50 元），对以假借邮包形式入境的网购和代购行为开始进行约束。

（二）跨境电子商务试行的行邮税

2009 年，国务院颁布《物流业调整和振兴规划》（国发〔2009〕6 号），2011 年，中国人民银行正式批准支付宝等 27 家企业开展第三方电子支付业务。② 受其影响，从 2010 年开始，中国电子商务进入高速发展阶段。以购物为主要目的的网络用户占比猛增至 2012 年的 40.95%。③ 为顺应电子商务的发展、促进跨境电子商务成为中国贸易增长的新动力，2012 年 5 月发布了《国家发展改革委办公厅关于组织开展国家电子商务示范城市电子商务试点专项的通知》（发改办高技〔2012〕1137 号），并陆续批准上海、杭州、宁波、广州、深圳、重庆和郑州等十多个城市为试点城市，由当地海关

---

① 冯然：《我国跨境电子商务关税监管问题的研究》，《国际经贸探索》2015 年第 2 期。
② 《支付宝、快钱等 27 家企业获第三方支付牌照》，中央政府门户网站，www. gov. cn，2011 年 5 月 26 日。
③ 中国互联网信息中心：《第 30 次中国互联网络发展状况统计报告》《第 31 次中国互联网络发展状况统计报告》，http：//www. cnnic. net. cn/hlwfzyj/hlwxzbg/hlwtjbg/。

制定具体试行方案，探索适合中国跨境电子商务的监管方案。

2014 年 7 月，在总结各地海关试行通关经验的基础上，海关总署首次发布了与跨境电子商务密切相关的《关于跨境贸易电子商务进出境货物、物品有关监管事宜的公告》（海关总署公告 2014 年第 56 号，本文以下简称《56 号公告》）。《56 号公告》明确了从事跨境电子商务经营的企业资质，即企业必须在海关认可的网络平台上从事跨境进出口交易。一是针对跨境电子商务提出货物和物品两个概念，并表明为加强跨境电子商务货物和物品的监管以及通关便利化的建设，将对货物和物品采取不同的监管方式，如企业必须填写货物清单或物品清单，清单须以月份为单位进行汇总，按照"清单核放、汇总申报、一次报关"的模式通关。二是首次提出跨境电子商务直购进口（简称"直购进口"）和跨境电子商务保税进口（简称"保税进口"）两种模式。其中，直购进口模式指网购商品以个人物品性质入境的通关模式，它要求消费者支付货款、运费时也必须缴纳进口行邮税。保税进口模式指已经完成境内注册和海关备案手续，并且符合与海关等部门信息系统互联互通资质要求的企业从境外购入商品时，按照商品"整批入保税区，单件出保税区"的原则进入关境，即整批商品以货物名义入区、单件商品以个人物品名义出区的模式运营。两种模式的关税计算和征收方法非常相似，征收直购进口模式中的行邮税时，参照《关于调整进出境个人邮递物品管理措施有关事宜》（海关总署〔2010〕43 号）规定，单次进口限值低于 1000 元的商品，按照个人物品性质办理通关手续，并缴纳行邮税（见表 1），其中，行邮税的完税价格以电子订单的实际销售价格为准；应征进口税税额在人民币 50 元（含 50 元）以下的商品，海关予以免征行邮税。进口限值为 1000 元或超出 1000 元的，按照货物手续办理通关，并根据来源国和商品类型缴纳相应的关税；若单次进口仅有一件且不能分割，经海关审核确属个人自用物品，即使价格超出 1000 元的商品也可以按照个人物品性质入关。三是《56 号公告》规定中国居民每人、每年购买进口自用物品的总金额不得超过 2 万元，未超出部分缴纳行邮税，超出部分缴纳相应的关税和增值税。对于保税进口模式入关的商品，规定以"个人自用、数量合理"

为原则，当入关商品的价格低于 1000 元时，按照个人物品性质办理通关并缴纳行邮税，当价格超出 1000 元时，按照货物规定办理通关手续并缴纳相应的货物税。

表 1　中华人民共和国进境物品的行邮税税率（2012~2016 年）

序号	物品名称	税率
1	食品（包括奶粉及保健品），饮料，刊物，书报，幻灯片，教育专用电影片，视频摄录一体机，录像带，原版录音带，金、银及其制品，计算机、照相机、数字照相机等信息技术产品，本表序号 2、3、4 及备注不包含的其他商品	10%
2	纺织品及其制成品、自行车、手表、钟表（含配件、附件）、电视摄像机及其他电器用具	20%
3	高档手表（≥10000 元）、高尔夫球及球具	30%
4	化妆品、烟酒	50%

注：海关总署《中华人民共和国进境物品归类表》（2012 年第 15 号公告），2012 年 4 月 15 日起执行。

（三）跨境电子商务综合税

为进一步完善跨境电子商务监管工作，2016 年 4 月海关总署结合《财政部等 11 个部门关于公布跨境电子商务零售进口商品清单的公告》（2016 年第 40 号公告）的有关规定，颁布了《关于跨境电子商务零售进出口商品有关监管事宜的公告》（海关总署公告 2016 年第 26 号，本文以下简称《26 号公告》）。《26 号公告》规定，跨境电子商务零售进口清单包括 1142 个 8 位税号商品，商品须是符合监管要求，能够以快件、邮件等方式进境的生活消费品，如服饰鞋帽、母婴产品、部分食品饮料、家用小电器和部分化妆品等。清单内的商品可免于向海关部门提交许可证件，但须按照国家相关法律规定办理相应的检验、检疫手续。在办理检验、检疫手续方面，直购进口模式和保税进口模式略有差别。通过直购进口的商品可以免于验核通关单，通过保税进口的商品进入保税区时，须按照货物性质验核通关单，运出保税区时则免于验核通关单。此外，清单内的商品范围会根据跨境电子商务的发展和消费者的需求变化进行调整。

在关税征收方面,《26 号公告》结合《18 号通知》的有关规定, 提出
"跨境电子商务综合税"概念, 以综合税代替 2014 年提出的跨境电子商务
行邮税。跨境电子商务综合税在对跨境电子商务进口商品征收零关税的前提
下, 按照一般货物贸易进口规定, 对进口的商品征收 70% 的增值税和消费
税(见表 2), 完税价格以商品的实际交易价格、境内运费和保费合并计算。

表 2 常见货物或物品跨境电子商务综合税与跨境电子商务
行邮税对比(2016 年 4 月 6 日后)

单位: %

商品名称	2016 年跨境电子商务综合税 (增值税 + 消费税)×70%			2014 年跨境 电子商务 行邮税
	增值税	消费税	综合税	
婴儿奶粉	17	0	11.7	15
婴儿食品	17	0	11.7	15
蜂蜜、燕窝	17	0	11.7	15
衣服、外裤、内衣裤(纺织品)	17	0	11.7	30
鞋靴等	17	0	11.7	30
电子产品	17	0	11.7	30
洗面奶、面膜等	17	0	11.7	30
洗发水、沐浴露等	17	0	11.7	30
粉底、唇膏、眉笔等化妆品	17	30	32.9	60
手表(进口完税价 <10000 元)	17	20	25.9	30
手表(进口完税价 ≥10000 元)	17	30	32.9	60
酒类	17	50	46.9	60
卷烟和雪茄	17	50	46.9	60

资料来源: 2014 年 7 月公布《关于跨境贸易电子商务进出境货物、物品有关监管事宜的公告》
(海关总署公告 2014 年第 56 号), 2016 年 4 月公布《关于跨境电子商务零售进出口商品有关监管事
宜的公告》(海关总署公告 2016 年第 26 号)。

《26 号公告》免除了《56 号公告》中对于应征税额在人民币 50 元(含
50 元)以下的商品可以免税的规定, 并且明确了跨境电子商务零售进口商
品个人年度交易额为 20000 元的上限保持不变, 但是, 单次交易上限由
1000 元上调为 2000 元, 凡是单次超过限值, 或者累加后超过个人年度上限
的单次交易均按照一般贸易方式全额征税。跨境电子商务零售进口商品自海

关放行之日起 30 天内可以办理退货、退税以及从个人年度交易总额中扣除相应金额的手续。此外，《26 号公告》也调整了针对自用物品征收的行邮税，其中，按照物品种类，行邮税率从 2014 年规定的税率档次 10%、20%、30% 和 50% 被调整为 2016 年的 15%、30% 和 60%（见表 3）。同时，行邮税保留了应征税额 50 元的起征点。

表3 中华人民共和国进境物品完税价格

序号	物品名称	税率
1	食品(包括奶粉及保健品),饮料,刊物,书报,幻灯片,教育专用电影片,视频摄录一体机,录像带,原版录音带,金、银及其制品,计算机、照相机、数字照相机等信息技术产品	15%
2	纺织品及其制成品、护肤品(洗护用品、清洁用品和护肤用品等)、箱包及鞋靴、手表、钟表(含配件、附件)、高尔夫球及球具、小家电、照相机、自行车	30%
3	烟、酒、高档手表(完税价格在10000元以上的)、化妆品[指芳香类化妆品,如口红、眼影、指甲油等唇部、眼部和指(趾)甲化妆品、粉状化妆品和特殊功能类化妆品等]	60%

注：详细条目见 2016 年 4 月 6 日发布，8 日起执行的《中华人民共和国进境物品归类表》和《中华人民共和国进境物品完税价格表》（海关总署 2016 年第 25 号公告）。

在针对进口邮包和小额货物监管政策的演变过程中，《56 号公告》是中国跨境电子商务发展的里程碑。它第一次明确提出须将代购或网购商品与境外寄入的自用物品加以区别，是中国首部针对跨境电子商务制定的海关政策。因此，有必要对《26 号公告》（本文简称"新政"）与《56 号公告》（本文简称"旧政"）进行深入的对比和解析。

二 中国跨境电子商务行邮税（旧政）存在的问题

中国对通过直购进口和保税进口模式入境的网购商品征收行邮税的目的，一是通过较少的行邮税征收，鼓励和促进跨境进口电子商务业务的繁荣和发展；二是为了引导更多的消费者通过"阳光"的渠道，即海关监管平台购买境外商品，实现海关的有效监管。但是，行邮税与一般货物贸易中的关税存在较大差异，因此，2014 年试行行邮税后产生了很多问题。

（一）试行的行邮税规定与跨境电子商务发展不匹配

根据中国海关征税管理规定，入境邮包分为自用物品和商业货物两种性质，依据不同性质应履行不同的通关手续。目前，跨境电子商务直购进口的多是体积小、数量多、价格高且以邮包形式入境的商品，邮包性质较难区别，给关税监管工作带来了一定的难度；跨境电子商务保税进口的商品多是体积大、价格低的日常用品，在其通关过程中，以物品性质出区的规定大幅度增加了国家的税收损失。

根据《中华人民共和国海关法》规定，中国海关视物品和货物为不同的监管对象，使用不同的通关手续和管理办法。从本身属性来看，跨境电子商务中出现的是具有商品性质的小额货物，应该依据海关规定办理货物贯通手续并缴纳对应的关税。虽然对小额跨境电子商务进口商品征收行邮税是试行方案，但是，行邮税对应物品的原始属性容易导致对跨境电子商务进口商品货物和物品性质的混淆，使海关无法对电子商务进行有效的通关统计。

（二）引发网购进口商品与传统销售渠道商品的价格冲突

由于货物和物品的关税税率不同，因此，以跨境电子商务形式入境缴纳物品税的商品与以传统货物集装箱形式入境的商品将会有较大的价格差异。以 2014 年热销的婴幼儿食品、服饰和护肤美妆等商品为例（见表 4）。①

（1）婴幼儿食品的行邮税率为 10%，若通过一般贸易方式进口，须缴纳 5% 的关税和 17% 的增值税。保健品的行邮税率为 10%，在一般贸易方式下，对应的进口税率是 15% 左右的关税和 17% 的增值税。电子产品依据不同的细分方法，行邮税税率可能为 10% 或 20%，在一般贸易方式下，对应的进口税率是 10% ~30% 的关税和 17% 的增值税。

---

① 中国电子商务研究中心：《2015 中国跨境进口电商市场研究报告》，2015 年 7 月。

表4 常见商品的一般贸易进口关税与跨境电子商务行邮税对比（2016年4月6日前）

单位：%

商品名称	一般贸易进口			跨境电子商务行邮税
	最惠国关税	增值税	消费税	
婴儿奶粉	5	17	0	10
婴儿食品	5	17	0	10
蜂蜜、燕窝	15～25	17	0	10
服饰	≥14	17	0	20
鞋靴等	12	17	0	20
电子产品	10～30	17	0	10～20
洗面奶、面膜等	2	17	0	50
洗发水、沐浴露等	6.5～10	17	0	10
粉底、唇膏、眉笔等化妆品	10	17	30	50
手表（进口完税价＜10000元）	≥11	17	20	20
手表（进口完税价≥10000元）	≥11	17	30	30
酒类	10	17	50	50
卷烟和雪茄	25	17	50	50

注：最惠国关税按照2015年6月1日起执行的关税标准。

（2）服饰类商品的行邮税率为20%，在一般贸易方式下，其对应的税率为7%～20%的关税和17%的增值税。

（3）护肤美妆的行邮税税率高达50%，但是与一般贸易方式下须缴纳的10%的关税、17%的增值税和30%的消费税相比仍略微偏低。

通过对具体商品的进口税比较，可以明显看出，以一般贸易方式进口的商品须缴纳的税金明显高于行邮税金。因此，随着跨境电子商务发展，税率的差异不仅会导致渠道不同引发的商品价格冲突，而且会大幅度减少财政收入。

三 跨境电子商务综合税（"新政"）与跨境电子商务行邮税（"旧政"）的对比分析

跨境电子商务综合税与此前试行的跨境电子商务行邮税税率存在的显著

差异会导致进口商品纳税额出现较大变化，下面以商品价格的不同档次为依据，具体分析综合税对不同价格层次进口商品的纳税影响。

（一）"新政"对"旧政"中应纳行邮税低于50元的低值商品的影响

按照2014年"旧政"中"单次进口限值低于1000元的商品，按照个人物品性质办理通关手续，并缴纳行邮税"以及"应征税额在50元或者50元以下的商品予以免征"的规定，享受免税待遇的多是行邮税率仅为10%的食品、婴幼儿产品和保健品。因此，消费者也更倾向于购买以保税进口模式入关的单次价格低于500元的商品。

2016年"新政"取消了对"应征税额在50元及50元以下商品予以免征"的优惠，并对食品和婴幼儿产品等商品征收11.7%的综合税。"新政"的实施明显增加了低值商品的应纳税金，提高了跨境电子商务低值进口商品的进入门槛。但是，由于综合税规定通过跨境电子商务形式入境的商品享受免关税和只征收70%增值税和消费税的待遇。因此，相较于一般贸易形式而言，低值商品通过跨境电子商务形式进口须缴纳的税款仍然比较低。面对通过传统销售渠道和电子商务渠道进口的商品，消费者仍会倾向于选择附加低额税金的低值商品。

（二）"新政"对价格500～1000元的中档商品的影响

按照2014年"旧政"规定"凡单次购买的应征进口税超过50元，但价格低于1000元的商品"须缴纳行邮税，也就是跨境电子商务进口商品需要依据自身的品类缴纳10%、20%、30%和50不同档次税率对应的行邮税税款。通常价格位于500～1000元的中档商品多是服饰、鞋靴、电子产品和化妆品，根据行邮税率，服饰、鞋靴、电子产品应缴税率为20%或30%，化妆品应缴税率为50%。

根据2016年"新政"的规定，服饰、鞋靴、电子产品应缴11.9%的综合税，化妆品应缴32.9%的综合税。与此前须缴纳的行邮税相比，这些商品须缴纳的税款明显下降，因此，"新政"大幅度降低了价格位于500～1000元的跨境电子商务进口商品的应纳税款。

（三）"新政"对价格位于1000～2000元的中档商品的影响

根据2014年"旧政"中"凡是单次超过1000元的商品须按照一般贸易进口方式缴纳关税"的规定，中高档手表、烟酒和护肤品应缴税率为58%～92%的关税。即使依照"若单次进口价格超出1000元的商品仅有一件且不能分割、经海关审核确属个人自用物品，也可以按照个人物品性质入关"的条款，一些价格超出1000元的中高档商品如手表凭借不可分割的特点，也必须缴纳50%的行邮税。

按照2016年"新政""对跨境电子商务进口商品征收零关税的前提下，按照一般货物贸易进口规定，对进口的商品征收70%的增值税和消费税"和"单次交易上限由1000元上调为2000元"的规定，原来价格位于1000～2000元的中高档商品只需缴纳25.9%～46.9%的综合税。通过"新政"和"旧政"的税率对比，可以明显看出，对于价格在1000～2000元的中高档商品而言，其应缴纳的进口税费得到了大幅度降低。

（四）"新政"对价格超过2000元高档商品的影响

对于单次购买超过2000元人民币的高档和奢侈商品而言，"旧政"和"新政"均规定按照一般进口贸易程序通关并征收税率为58%～92%的全额税费。因此，"新政"的综合税部分对于跨境电子商务进口奢侈品的影响并不大。但是，"新政"颁布时，对行邮税税率的全面调整大幅度提高了行邮税的税率标准，对此前以自用物品名义入境的奢侈品有显著的影响。按照"旧政"的行邮税率标准，高档手表、奢侈商品入境时须按30%或50%的税率标准缴纳税费，按照新的行邮税率标准，这些奢侈商品若继续以"自用物品"名义入关，将被拆分，并且缴纳高达60%行邮税。因此，2016年提出的调高行邮税率举措，在很大程度上起到了防范和杜绝跨境电子商务货物冒用物品名义入关的作用。

四 跨境电子商务综合税（"新政"）的作用和实施效果

（一）跨境电子商务综合税（新政）的作用

1. 将促进以企业为依托的保税进口模式（B2B2C）的发展

跨境电子商务综合税的提出，将有效抑制 C2C 并促进跨境 B2B2C 的发展。"新政"中提出的综合税税率明显低于相应的货物进口税，"单次购物超过 2000 元，须按照一般贸易方式征收关税"的规定，会导致消费者面对传统和跨境电子商务两种消费渠道时，更加倾向于以跨境电子商务的形式多频次购买境外商品。其中，保税进口模式（B2B2C）与直购进口模式（B2C）相比，具备退换货及时、质量有保障、运输成本低的优势，不仅可以吸引使用直购进口模式的消费者，而且可以吸引使用"灰色"代购方式的消费者，促进保税进口模式的发展会对 C2C 甚至直购进口模式产生挤出效应。因此，从"新政"规定中，可以看出政府鼓励直购进口、保税进口模型并行发展的态度已经转变为以保税进口方式为主、直购进口为辅，即从鼓励多类型跨境电子商务发展转变为重点支持 B2B2C 电子商务的发展。

从 B2B2C 跨境电子商务的流程入手，可以将其拆分为两个部分，境外的 B2B 部分和境内的 B2C 部分。从全球视角观察，中国鼓励 B2B2C 电子商务发展的态度与欧美发达国家与地区电子商务的发展趋势相一致。美国 2014 年 B2B 电子商务销售额达 21278 亿美元，B2C 零售额为 2972 亿美元，B2C 仅占电子商务销售额的 12.26%；英国 2014 年 B2C 的销售额为 310 亿英镑，仅占电子商务销售总额的 5.4%。① 显然，B2B 模式在全球电子商务领域占据优势地位。因此，鼓励发展 B2B2C 贸易新业态，不仅符合国际发

---

① Office for National Statistics in UK, *E-commerce and ICT Activity*：*2014*, http：//cncc. bingj. com/ cache. aspx？ q = E – commerce + and + ICT + Activity% 2c2014% 2c + Office + for + National + Statistics + in + UK&d = 4655467090675204&mkt = en – US&setlang = en – US&w = 5Va3g9Fdv9JFD6cU7lxDw0DLl Hds3mFh.

展趋势，而且能够利用境内的 B2C 保税区环节有效对跨境电子商务行为进行监控。

2. 将有效防止跨境电子商务小额货物以"自用物品"名义入关

跨境电子商务"旧政"中的物品行邮税与一般贸易进口的赋税存在显著的差异，以电动剃须刀等家居电子用品为例，按照邮递、快件方式进境的自用物品仅须交纳税率为 10% 的行邮税，而按照货物类快件或一般贸易方式入境的货物则须交纳税率为 32%（关税税率为 15%，进口环节增值税税率为 17%）的进口税，税率相差 22 个百分点。税率的差异导致跨境电子商务经营者常把货物化整为零，分割成多批量甚至单件物品，以邮包或快件的方式送达，将货物的性质偷换成自用物品性质，逃避海关检查和关税征收。

2016 年的跨境电子商务"新政"大幅度提高了行邮税的税率，被调整后的相应品类行邮税率均高于综合税率，此前通过邮包形式以"自用物品"名义入关，逃避税收的"走私"行为将被有效遏制，中国跨境电子商务通关监管难的局面将得到有效改善。

3. 将实现海关对电子商务进口数据的有效统计

中国海关于 2014 年 7 月发布《56 号公告》，要求电子商务企业或个人、支付企业和物流企业对进境货物和物品申报时，必须向海关提交相关的订单、支付和物流等信息。为配合进口数据的统计工作，2014 年，海关总署先后颁布了《关于增列海关监管方式代码的公告》（海关总署 2014 年第 12 号公告）和《关于增列海关监管方式代码的公告》（海关总署 2014 年第 57 号公告），提出增设跨境贸易电子商务 9610 代码和保税跨境贸易电子商务 1210 代码。但是，出于为客户避税的目的，大量跨境电子商务进口商品绕开代码登记，以自用物品名义入关，为海关统计工作增加了难度。

2016 年实施"新政"后，在综合税和最新行邮税的合理税率调控下，跨境电子商务无法继续以自用物品名义逃避高额征税，因此，商品自主通过海关的统一监管平台入境。海关将不但完成对跨境电子商务进口商品的有效统计，而且可以据此准确评估跨境电子商务对中国进出口贸易和整体经济的作用。

4. 将有效增加中国海关的关税收入

按照 2014 年"旧政"标准，能够享受免征待遇的商品多是价格低于 500 元的食品、婴幼儿产品和保健品等。其中，婴幼儿食品和产品是中国较为受欢迎的商品。以婴幼儿奶粉为例，2008 年中国婴幼儿奶粉产量 53.23 万吨，受到 2008 年"三氯氰胺"事件影响，2009 年，中国婴幼儿奶粉产量出现大幅下滑，产量为 41.16 万吨，同比下降 24.55%。受食品安全问题的困扰和国际市场的乳制品单位价格远远低于国产乳制品[①]的影响，近几年，中国进口奶粉呈现明显的增长趋势，海关数据显示，2015 年中国进口婴幼儿配方奶粉达到 17.6 万吨，较 2014 年的 12.1 万吨增加 5.5 万吨，同比增长 45%；2016 年进口奶粉达 60.42 万吨，同比增长 10.4%。[②] 此外，2016 年全面放开"二孩"政策也推高了对母婴产品的需求，因此，对此类商品采取零关税政策将继续加剧中国税款的流失。

2016 年的"新政"取消了"对应征税额在 50 元（含 50 元）以下商品予以免征"的优惠，同时，对低于 500 元的入境小额商品改征 11.7% 的跨境电子商务综合税。据中国电子商务研究中心发布的《2016～2017 年度中国跨境进口电商发展报告》，2016 年跨境电子商务消费者最喜欢购买的商品是美妆护理、母婴、鞋服、食品、饰品箱包，其中，美妆护理和母婴产品等价格低于 500 元的产品仍旧是消费者最为欢迎的商品。此外，政府对保税进口模式的鼓励也会促使更多的消费者购买低值日常用品。因此，对低值商品征收跨境电子商务综合税将会显著增加中国的财政收入。

（二）跨境电子商务综合税（新政）的实施效果

中国电子商务研究中心发布的《2016～2017 年度中国跨境进口电商发展报告》显示，中国跨境电子商务进口规模持续扩大，跨境电子商务进口

---

① 杨帆：《中国奶粉产量高居不下　奶业亏损严重》，前瞻产业研究院，https://bg.qianzhan.com/report/detail/459/160908-cbd239c1.html，2016 年 9 月 8 日。

② 《2016 年我国进口奶粉 60.4 万吨同比增 10.4%》，亲亲宝贝网，www.qbaobei.com/yingyang/727033.html，2017 年 2 月 8 日。

交易额从 2012 年的 2400 亿元增长到 2016 年的 12000 亿元，年均增长率达 50.92%（见图 1）。同时，跨境网购用户规模也持续增长，2016 年跨境电子商务用户达 0.42 亿人，同比增长 82.6%，预计 2017 年将达到 0.59 亿人。

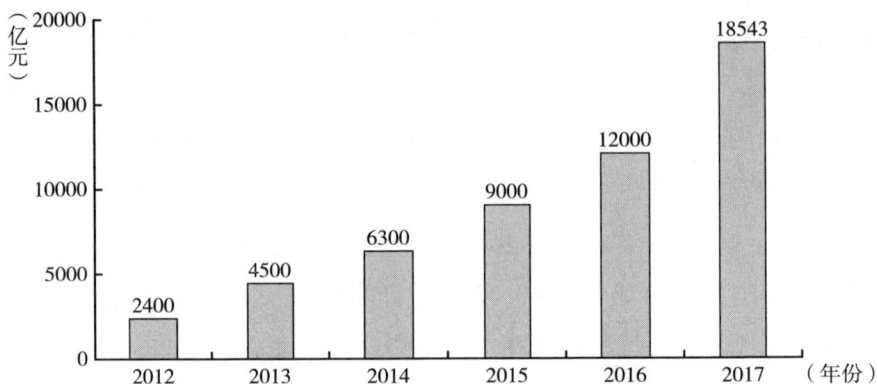

图 1 2012~2017 年跨境电子商务进口商品交易额

资料来源：中国电子商务研究中心《2016~2017 年度中国跨境进口电商发展报告》，http：//www.100ec.cn/zt/16kjbg，2017 年 8 月 1 日。

跨境电子商务领域吸引了越来越多的投资。随着国家促进电子商务发展政策和便利模式的推出以及物流速度和跨境网购周期的缩短，跨境电子商务平台吸引大量融资。中国电子商务研究中心数据显示，2016 年中国跨境电子商务进口平台中有 6 家获得亿元以上的融资。进口电子商务平台获得的单笔融资平均金额约为 3300 万美元。此外，跨境网络平台在不断完善的过程中，逐渐占据更大市场份额，2017~2017 年，按照交易额计算，市场份额位于市场前五的是网易考拉海购（21.4%）、天猫国际（17.7%）、唯品国际（16.1%）、京东全球购（15.2%）和聚美极速免税店（13.6%）。

以企业为依托的跨境电子商务份额明显增长。据中国电子商务研究中心检测数据，2015 年跨境电子商务 B2C 模式的市场份额为 47.7%，与跨境电子商务 C2C 模式占比接近；从 2016 年开始，跨境电子商务 B2C 模式快速发展，市场份额达到 58.6%，成为跨境进口电商的主流模式，2017 年，其市场份额达到 64.4%（见图 2）。

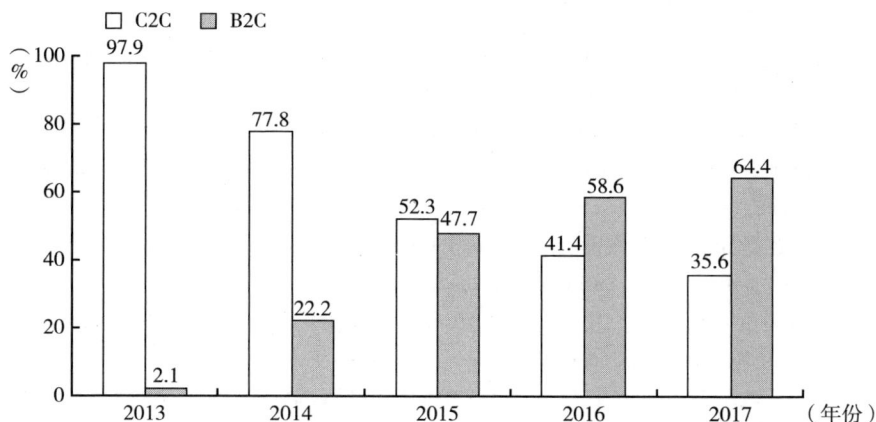

图 2　2013～2017 年跨境电子商务 B2C 和 C2C 市场份额变化情况

资料来源：中国电子商务研究中心《2016～2017 年度中国跨境进口电商发展报告》，http：//www. 100ec. cn/zt/16kjbg。

从《2016～2017 年度中国跨境进口电商发展报告》对 2016 年跨境电子商务状况的总结来看，2016 年跨境电子商务"新政"促进了以企业为依托的保税进口模式（B2B2C）的发展并有效防止了跨境电子商务小额货物以"自用物品"名义入关，其作用已经显现。由于中国海关仍未公开跨境电子商务监管数据，因此，"新政"支持跨境电子商务数据的有效统计和增加中国海关的关税收入两方面作用是否实现有待观察。

参考文献

［1］艾瑞咨询集团，*2014 china cross - border ecommerce report*，http：//www. iResearchchina. com。

［2］冯然：《我国跨境电子商务关税监管问题的研究》，《国际经贸探索》2015 年第 2 期。

［3］冯然：《中国跨境电子商务发展态势及其监管探讨》，载陈万灵、刘胜、袁欣《广东对外经济贸易发展研究报告（2014～2015）》，社会科学文献出版社，2015。

［4］海关总署政策法规司：《中国海关通关标准化手册》，中国海关出版社，2015。

［5］美国海关边境保护局，*Internet Purchases*，http：//help. cbp. gov/app/answers/ detail/ a_ id/126/related/1。

［6］美国海关边境保护局，*Commercial Samples and Printed Advertising Materials*，http：//www. cbp. gov/trade/nafta/guide – customs – procedures/effect – nafta/en – comm – samples。

［7］英国皇家税收与关税局，*Tax and Customs for goods sent from abroad*，http：// www. hmrc. gov. uk/customs/post/buying. htm。

［8］中国电子商务研究中心：《2016～2017 年度中国跨境进口电商发展报告》，http：//b2b. toocle. com/zt/16kjbg/，2017 – 8 – 1。

［9］中国电子商务研究中心：《2015 中国跨境进口电商市场研究报告》，http：// www. 100ec. cn/detail – –6265281. html，2015 – 7 –22。

B.12
后　记

自 2009 年以来，广东外语外贸大学国际经济贸易研究中心根据学术委员会要求，坚持"广东外经贸蓝皮书"的资讯特色，坚持"公正立场、专家观点"的宗旨，以专家和学者关于广东外经贸发展及开放型经济建设的各类研究报告为主，既注重现实问题又不乏学理分析，既重点探讨当前问题又开展战略研究，既关注资讯信息又重视长期趋势分析，目的是为政府部门决策和企业发展选择提供参考依据。

2018 年，时值中国改革开放 40 周年，这是一个值得纪念的年份。1978年 8~9 月，广东东莞和珠海等地"敢为人先"，率先引进外资试办"三来一补"企业，拉开中国对外开放的序幕。40 年来，广东在体制改革和对外开放方面"先行一步"，屡屡创新领先、"先行先试"，为全国创出许多先进经验。所以，2017~2018 年的"广东外经贸蓝皮书"以"广东对外开放 40周年纪念"为主题，经过招标程序，确定研究人员，于 2017 年 11 月底汇集了 11 项专题研究成果，分成 4 个部分。

"总报告"部分包括 2 篇研究报告，《广东外经贸形势分析报告（2017~2018）》由肖鹞飞和袁怡方合作完成；《广东对外贸易制度改革逻辑及其绩效》由陈万灵和陈麒宇合作完成。

"广东开放 40 周年纪念专题"汇集了 5 篇研究报告。《广东对外开放 40年制度变迁研究》由周骏宇和周胜男合作完成；《广东加工贸易 40 年回顾及未来展望》由暨南大学的刘帷韬和刘德学合作完成；《改革开放 40 年广东服务业利用外资分析与展望》由魏作磊、詹迁羽和王锋波三位学者共同完成；《广东双向投资的发展历程研究》由刘胜和吴蓓蓓合作完成；《改革开放 40年广东内外贸一体化研究》由广东财经大学的潘苏和秦爽合作完成。

"新时代对外开放专题"包括 4 篇研究报告,《对标国际高标准规则探索粤港澳大湾区开放平台建设》由陈万灵和韦晓慧合作完成;《广东与"一带一路"产业合作:贸易投资的竞合联动分析》由韩永辉、韦东明和李青三位学者合作完成;《中国与"一带一路"沿线各国双边关系对教育服务贸易的影响》由唐静和许陈生合作完成;《中国跨境电子商务关税监管新政解析》由冯然撰稿。

本书初稿形成后,编辑委员会进行了初步审稿,编委由国际经济贸易研究中心、广东国际战略研究院、国际服务外包研究院、国际经济贸易学院、国际商贸中心重点研究基地等机构的专家构成,他们对各篇报告提出了宝贵的修改意见,使本书的研究成果得以完善。

本书研究还得到了国际经济贸易研究中心学术顾问和学术委员的指导,隋广军、温思美、郑建荣、史跃进、吴军、肖振宇、张捷、黄静波、黄建忠、丘杉、屠新泉、刘德学、熊启泉、肖鹬飞、杨友孝等对本书给予了有力支持;同时,还得到《国际经贸探索》杂志、粤商研究所、广州国际经贸中心研究基地等的支持。国际经贸研究中心将继续聚集广东乃至全国同行专家和学者,坚持对广东开放型经济发展进行跟踪研究,以创新的研究成果不断为政府和企业提供咨讯与服务。

在此,对上述专家、学者的热心参与和贡献以及各机构的支持表示衷心感谢!欢迎关心广东外经贸发展的广大读者和各界人士多提宝贵意见。

"广东外经贸蓝皮书"编辑委员会

2018 年 3 月

Abstract

This year is the anniversary of China's reform and opening up for 40 years. As the pioneer of China's reform and opening to the outside world, Guangdong has made remarkable achievements in the past forty years. Facing the new era of reform and opening up, the 'one step ahead' opening of Guangdong will be what kind of blueprint, and further opening will be where the path is. To find new problems in the new era and seek a new path to solve these problems requires clarifying the track that Guangdong has gone through forty years, summarizing the achievements of reform and opening up, and combing the unfinished business and path.

This year's 'Guangdong foreign trade blue book' is mainly for commemorating Guangdong's opening to the outside world for 40 years. The first focus of the book is on the reform process of Guangdong's opening system and its institutional change, including the changes in the internal and external trade system. The second is to clarify the problems in relation to the changes of Guangdong foreign trade and two-way investment; the three is to discuss hot issues, like free trade port in a new opening era and construction of the Guangdong, Hong Kong and Macao Bay area, participate in the construction of 'One Belt, One Road'.

The introduction part has two reports. The first one is to discuss the practical problems of Guangdong's foreign trade and economic development impacted by the domestic and foreign economic and trade environment. The second one is to analyze the achievements and problems of Guangdong's opening up to the outside world in the past forty years.

The first chapter is the analysis report on the economic and trade situation in Guangdong (2017 – 2018) . The report analyses the trend of Guangdong's foreign trade and economic development. Under the influence of global economic recovery, increased global market demand and China's steady economic growth, Guangdong's foreign trade has recovered rapidly in 2017. In the year, the import and export value of goods was 6, 820 billion yuan (RMB), an increase of 8% over the previous year; the export was 4220 billion yuan, an increase of 6. 7% over the previous year. In dollar terms, the total import and export value in 2017 was US $ 1006. 5 billion, up 5. 4% from the previous year, with exports of US $ 622. 7 billion, an increase of 4% over the previous year. In 2017, the growth rate of Guangdong's export and import becomes positive, and the growth rate of imports is bigger than that of exports. The scale and growth rate of the general trade exceeded that of the processing trade again. The scale of private enterprises' foreign trade approximates that of foreign-invested enterprises, with the faster growth rate. Except the Hongkong region with the continued decline in exports, the other major export markets have been restored to growth. According to the development trend in 2017, in 2018 the global economy will continue to recover. However, due to the need of a longer period to adjust the trade structure in goods and increased uncertainty, Guangdong's exports still bear a great downward pressure. Moreover, the RMB appreciation, expectation of declined commodity price, trade protectionism and increased trade friction caused by reverse globalization tendency may lead to a greater impact on export of foreign trade in Guangdong. Therefore, the growth rate of exports in terms of RMB value is probably about -5.0%. The biggest growth rate of export is probably between -5.0 and 0.0%. In the first half year, the growth rate may be negative, and the growth rate in the second half may be positive.

The second chapter is 'the logic and performance of the reform of the Guangdong foreign trade system'. This paper focuses on the achievements and problems of Guangdong's opening up to the outside world in the past forty years, and explores the direction of Guangdong's foreign trade system's facilitation and liberalization. In the past 40 years of reform and opening up, Guangdong's opening to the outside world has been expanding from partial opening to global opening. From one-way to comprehensive opening, it has gradually formed a global and Omni-directional opening pattern with increasing difficulties. In the field of foreign trade, the planning control was gradually relaxed. The path of 'right of foreign trade management system reform-the market mechanism-international integration-international standard' leads to a long time tough reform, has formed the internationalization of foreign trade system, and greatly improved the convenience. However, trade liberalization is still not high enough. There are still many obstacles. The direction of future reform will be to promote international trade openness in Guangdong, and form a new system of opening up of foreign trade. Under the incentive of the opening of foreign trade system, Guangdong foreign trade has been leading the development of the whole nation's foreign trade for many years, and has become a big foreign trade province. Foreign trade system reform in the new era and construction of the new mechanism and high standards and rules will further promote the adjustment of Guangdong foreign trade in many aspects like trading, market and subject structure, promote regional coordinated development of Guangdong foreign trade, transformation of foreign trade mode and service trade development, and consequently realize the updating from a big foreign trade province to strong foreign trade province.

In the 40th anniversary commemorative topic of Guangdong open, 5 research reports were arranged, which mainly discussed the institutional change of Guangdong's opening to the outside world, the development of processing trade, the utilization of foreign capital by service industry, the two-way investment of Guangdong, and the integration of domestic and foreign trade system.

The third chapter is the study of the institutional change of Guangdong's opening to the outside world for the forty years. This paper divides Guangdong's opening policy into four stages, namely, the early opening stage, the open deepening stage, the post WTO transition period and the post financial crisis era. From the three aspects of foreign trade, foreign investment and 'going global', the process of institutional change in Guangdong's 40 years of opening up is analyzed. In terms of the foreign trade system, we should constantly deregulate, improve trade facilitation and accelerate the construction of an international, rule based and market oriented business environment. Now we have come to the stage of docking with the rules of international trade and investment, and explore the construction of free trade port. In the aspect of foreign trade change, it has gone from scale expansion to quality improvement, and export commodities have been transformed from primary products to finished products and then to the direction of improving the share of high-tech products. In the use of foreign capital, the changes happened in expanding the scope of market access for foreign companies in Guangdong, the implementation of the FTA foreign access to the 'negative list' system, and promoting the use of foreign capital from 'attracting investment' to 'selecting investment' and 'introducing intelligence'; at the same time, Guangdong realized the change from the original single-directional foreign investment to two-way investments with fast growth of outbound investment in the recent years. In terms of regional open system, Guangdong's opening up happened from the early economic zones and special customs supervision areas to the economic and Technological Development Zone, from the Pearl River Delta to the whole province, and in the new period it continues a high level of opening up, expands the autonomy of Guangdong trade reform pilot area, and promotes the construction of Guangdong, Hongkong and Macao Bay area.

The fourth chapter is 'the forty year review and future outlook of the Guangdong processing trade'. From three aspects of Guangdong's processing trade advantage, development situation and its economic effects, this paper reviews the forty year changes of Guangdong processing trade since the reform and opening up. The development of processing trade in Guangdong has experienced four stages, the start, rapid development, consolidate and improvement, and transformation and upgrading, and now are into the innovation development stage. During this process, the scale, market position and value-added rate of processing trade in Guangdong was gradually rising. After the international financial crisis, the processing trade status has gradually been replaced by the general trade; import and export market is gradually shifted from Hong Kong and Macao to Europe and other regions; the impact on Guangdong import and export growth, balance of payments and employment is gradually weakened; Guangdong gradually entered the upgrade stage, namely, transition to innovation and development stage; the growth of processing business promoted the domestic supporting capacity and demand rate and industry chain extension of the processing trade. In the future, the development of Guangdong's processing trade will probably lead to the 'good progress, excellent export and good interaction' mode from the speed pursuit ignoring quality in the past to the speed reduced but quality improved, and take 'green and high quality' innovative development path.

The fifth chapter is the analysis and prospect of the utilization of foreign capital in Guangdong's service industry for the forty years of reform and opening up. According to the characteristics of the use of foreign investment in Guangdong, the development of foreign investment in services is divided into three stages: 1979 – 1992, the actual use of foreign investment grew faster, but mainly concentrated in the manufacturing industry, and the overall level of opening of service industry is low; 1993 – 2006, the actual use of foreign capital is greatly improved, but the industry distribution changed little; 2007 – 2016, the service industry exceeded the manufacturing and has become a major industry to attract foreign investment, financial services, with significantly increased share of business services, leasing and other production service sectors. However, the use of foreign investment in the service industry has some problems, such as low industrial structure and unbalanced distribution of foreign direct investment. Combining with the analysis of characteristics of capital flows in the global service industry— including the global FDI into the financial insurance and business services industries, with the developed economies and Asian developing economies as the main body of the inflow and outflow area, and overseas branches in the manufacturing sector as an important form, this chapter also put forward countermeasures and suggestions to expand the use of foreign capital, such as optimizing the structure of utilizing foreign capital in the service industry, improving the spatial distribution structure of foreign direct investment, and expanding the source of foreign investment in the service industry, etc.

The sixth chapter is the study on the development of two-way investment in Guangdong. The economic opening in 1978 has laid the way for China to integrate into the global economy. On the one hand, through the implementation of preferential policies, the Chinese government encourages large amounts of foreign direct investment inflows; on the other hand, since the beginning of the new century China has speeded up the pace of outbound direct investment. Particularly, putting forward the 'One Belt, One Road' initiative provides support for the strategy of 'Going Out'. Among all the Chinese provinces, Guangdong stands at the top location of attracting foreign businessmen (including investment from Hong Kong, Macao and Taiwan). At the same time, it has been in the front of other provinces in terms of outbound direct investment. The stock of outbound direct investment from Guangdong is nearly twice that from Shanghai, the second largest source of outbound investment in China. In the use of foreign capital in Guangdong, the absorption of FDI is concentrated in the Pearl River Delta region with a single source of foreign capital mainly from Hongkong and the British Virgin Islands; a sole proprietorship has gradually become the main way of foreign investment concentrated in the manufacturing industry and in recent years, the proportion of the third industry in attracting foreign investment rose. The outbound foreign investment mainly concentrated in the Hongkong region followed by North America, and related to the electrical machinery and equipment manufacturing, textile and garment industry, rubber tire production and other fields. The overseas investment in the service sector also accounted for a large share, but less investment was in resource development projects and agricultural cooperation. Low growth rate of Global trade, trade protectionism, reverse globalization tendency, and more detailed division of labor in the global industry may affect China's comparative advantage and cause the adjustment of the trade structure. This in turn affects the direction of FDI and is not good for Guangdong to attract foreign investment, but its outbound investment may increase.

The seventh chapter is the study on the integration of foreign trade in Guangdong for the forty years of reform and opening up. This paper reviews the change process of Guangdong's internal and external trade management system since the reform and opening up. It is considered that the development degree of domestic trade is greater than that of foreign trade before 1986, and the degree of dependence on foreign trade has been far greater than that of domestic trade since 1987. In 2014, Guangdong integrated the system of domestic and foreign trade, established the Commerce Department of Guangdong Province, and opened a new era of integrating internal and foreign trade. Guangdong has promoted the integration of internal and external trade from three levels, management system, market mechanism and enterprise subject. It has made some progress, like helping processing trade enterprises to sell products in the domestic market, expanding international market, promoting Internationalization of the commodity market and establishing cross-border e-commerce. However, there are still some problems in the integration of internal and foreign trade, such as the imperfect policy environment, the lack of market carrier, the low level of business model and so on. The construction of integrating domestic and foreign trade must also put more efforts to integrate the 'two markets', unify a negative list of market access, enhance the function of Guangzhou as the International Trade Center, regulate the development of electronic commerce, enhance internationalization of the professional market, and improve the internationalization level of circulation enterprises and manufacturing enterprises.

The Report of the 19th CPC National Congress points out that socialism with Chinese characteristics has entered a new era, with the emphasis on the development concept of innovation, coordination, green, open and share. The task in the new open era is to promote the formation of a new pattern of comprehensive opening up. Therefore, this book covers the special topic, 'new era opening', with 4 research papers, mainly discussing the standard of international rules, construction of One Belt, One Road, new formats of trade and other issues.

The eighth chapter is 'according to the high standard of international rules to explore the construction of Guangdong, Hong Kong and Macao Bay area platform'. The report analyzes the problems in relation to developing the Guangdong, Hong Kong and Macao Bay area, and points out that the essence is through the system reform and mechanism innovation to realize integrated ruling and coordinated regional development. Under the premise of the 'One Country, Two Systems', the cooperation between Guangdong, Hong Kong and Macao Bay area is into a 'dilemma' —Hongkong and Macao belong to a separate customs territory, leading to that the whole areas of Guangdong, Hong Kong and Macao Bay could not build a unified system with the same rules. The inland Pearl River Delta region cannot be called 'separate customs territory', and foreign economic cooperation should be carried out under the name of 'the mainland China tariff zone'. Therefore, we must overcome the 'dilemma', reduce the friction cost of rules and regulations, improve the resources allocation efficiency within the Guangdong, Hong Kong and Macao Bay area, give full play of their advantages of the mainland and Hong Kong and Macao regions, and achieve economic 'polarization' and coordinated development of the Bay area. The effective way is to match the standardized international rules and design the 'Free Trade Park (Hong Kong) area' and its functional platform. One is the early planning of the strategic layout of the 'free trade port' in the Guangdong, Hong Kong and Macao Bay Area; two is to focus on strengthening the upgrade of Guangzhou Nansha Free Trade Zone and build a high-level regional integrated platform; the three is to improve the electronic fence of Shenzhen Qianhai Free Trade Zone and construct it as a high level of service trade platform; the four is to accelerate the construction of 'outside the territory' of the Zhuhai Hengqin free trade zone and create a high level of 'international free island' with free movement of people; the five is the upgrade of special customs supervision zones, which formed the unique 'secondary level rules' platform with the professional features; the six is to improve the supervision mode of processing trade and construct the 'enclave' open platform in processing trade zone; the seven is to in the free trade port (park) district, conduct innovation and transformation of the 5 state-level economic and technological development zones and 9 high and new technology industrial zones, and built up the 'enclave' platform with a high level of opening up.

The ninth chapter is 'the industrial cooperation between Guangdong and 'One Belt, One Road': the analysis of competing linkage of trade and investment'. By studying the status quo of industrial cooperation during 1995 – 2014 between Guangdong and countries along 'One Belt, One Road', and utilizing trade and investment similarity and combination index, this paper studies the evolution condition of industrial complementarities / competition and trade/ investment cooperation status /linkage between Guangdong and countries alone the road. In terms of trade and investment, Guangdong has the strongest industrial competition with ASEAN and South Asia, and the strongest complementarities with West Asia and Central Asia; The current trade or investment is influenced by the previous trade and investment between Guangdong and 'One Belt, One Road' countries; trade and investment have linkage and relatively speaking, the response speed of investment is faster than that of trade; 'One Belt, One Road' initiative has a significant positive effect on industrial trade and investment, and the effect on investment is more obvious than that on industrial trade.

The tenth chapter is the study of 'the influence of bilateral relations between China and 'One Belt, One Road' countries on education service trade'. Based on the panel data of overseas students in China from 36 'One Belt, One Road' countries during 2003 – 2016, this paper explored the influence of bilateral diplomatic relations on the scale of education service trade and found that bilateral diplomatic relation is an important way through which China plays political influence on expanding the scale of education service trade. For the bilateral diplomatic relations, positioning of diplomatic relations, establishment time, bilateral high-level visits and friendly city have a significant positive impact on the scale of educational service trade. That is, the higher degree and the longer the political diplomatic relations, the more frequently the high-level bilateral meeting, the more number of friendly city, the greater the size of overseas students in China will be. Secondly, the cultural distance has a negative effect on the scale of international service trade, but the development of political and diplomatic relations can effectively reduce the negative effect of cultural distance, through playing political serve for economic and social functions and enhancing the influence and radiation of the Chinese higher education. Therefore, to promote the scale and level of overseas students in China and improve the development of the international educational service trade with 'One Belt, One Road' countries, it can be utilized to use diplomatic means, broaden diplomatic channels, support civil diplomacy, expand the cooperation in the education service area, and play a full role of teacher and student exchanges and school communication.

The eleventh chapter is 'the new policy analysis of China's cross-border e-commerce tariff regulation'. Based on the review of Chinese cross-border e-commerce tariff regulatory policy, the paper compared between the new regulation of 'integrated tax' launched in 2016 including cross-border e-commerce supervision and the old one of 'post tax' implemented in 2014, and found that the new regulation has the following features: one is to increase the payable tax of low value goods and raise the entry threshold of importing low value goods; two is to significantly reduce the payable tax of the 500 – 1000 yuan goods imported through cross-border e-commerce; three is a significant reduction in the price of middle-high value goods between 1000 – 2000 yuan; four is to greatly increase the standard of parcel tax rate of 2000 yuan high-grade goods. The implementation of the new policy is in line with its purpose, which inhibits the development of cross-border e-commerce C2C mode and direct purchase import mode (B2C), and promotes the development of the cross-border e-commerce bonded import mode (B2B2C, namely the derivative form of B2B). The B2B2C model has the advantages of clear customs, timely delivery of goods and low transportation cost. Therefore, to promote the bonded import mode is not only to effectively solve the problem of customs supervision and efficiently collect customs data on e-commerce imports, but also to avoid the entry of goods in the name of 'personal belongings' and effectively increase the tariff revenue.

In summary, for China's opening up for forty years, utilizing 'step-ahead' policy advantage, Guangdong has made brilliant achievements of opening up reform in terms of the economic system's marketization and internationalization. Trade system facilitation and liberalization have been made of a great progress. The use of foreign investment and industry opening were expanded. Overseas investment and international economic cooperation have a good progress. In the new era of opening up, the opening of Guangdong will continue to be the leader in China. One is to expand the areas of opening up, improve the overall development degree, and update the opening in the financial, telecommunications, transportation and logistics, health care, education and culture industry; the two is about the construction of the free trade zone open system, and utilizing the high level of international standard to enhance the independent opening of Nansha Free Trade Zone and promote the Guangdong free trade port; the three is to deepen regional cooperation, strengthen the construction of Guangdong, Hongkong and Macao Bay area, and achieve regional linkage development; the four is to enhance the position of the Nansha Free Trade Zone as an important hub in the 21st Century maritime Silk Road, and strengthen its functional connectivity in the construction of 'One Belt, One Road'; five is to strengthen Guangdong's all-round openness and form a new pattern of opening up to support the construction of a new open economy system in China.

Contents

I   General Report

Abstract: The foreign trade of Guangdong achieved a relatively rapid recovery growth in 2017, influenced by international economic recovery, market demand increase, and China's stabilizing and progressing economy. In 2017, the total import and export value of Guangdong reached 6. 82 trillion yuan, with an increase of 8. 0% , among which the export was 4220 yuan, with an increase of 6. 7% . In dollar terms, the total import and export trade value of Guangdong reached 1006. 5 billion USD, with an increase of 5. 4% , among which the export was 622. 7 billion USD, with an increase of 4. 0% . In 2017, both the export and the import value of Guangdong returned to positive growth, and the growth rate of import exceeded the export's. To be specific, general trade outperformed processing trade in both value and growth rate once again. Likewise, private enterprise trade value approached to foreign-funded enterprise trade value, and the former's growth rate was rather higher. Additionally, major export markets of Guangdong returned to growth, with an exception of Hongkong. Despite international economy has and will continue to recover, the report argues that the export of Guangdong will still be under pressure due to its long adjustment period of trade structure. Next year the export growth rate of Guangdong is predicted between −5% to 0 in RMB terms. Monthly rate could mostly be negative in the first half and positive in the second half. Besides, Guangdong will face more uncertainties in 2018, and trade protectionism derived from deglobalization may trigger further impact on the export of Guangdong. Thus, Guangdong foreign trade situation could be unstable in the next year.

Keywords: Foreign Trade; Guangdong Export; Situation Analysis; Economic Forecasting

B. 2   The Logic of the Reform of Guangdong's Foreign Trade System and Its Performance   *Chen Wanling, Chen Qiyu* / 028

Abstract: This paper discusses the development direction of Guangdong's foreign trade system in the process of opening up to the outside world. In 40 years of reform and opening-up, the foreign trade field gradually relieved planned economic system, following the process of " foreign trade management, management system reform, the market mechanism, internationalization, international standards" with a long time of hard reform, and has initially formed international foreign trade system; In the future, Guangdong will be highly open to foreign trade and open up a new system of foreign trade in accordance with international rules of high standards. Motivated by the open foreign trade system, Guangdong has realized its rise on foreign trade, lead the development of foreign trade for many years and become a major province of foreign trade. In the future, relying on high standard construction of system and mechanism, promoting foreign trade structure, market structure, the main body structure adjustment, boosting regional development of foreign trade, transforming foreign trade way and serving trade development, Guangdong will be jumped from major province to strong province of foreign trade.

Keywords: Reform and Opening up; Foreign Trade System; Guangdong Foreign Trade

II The 40th Anniversary for Guangdong Opening – up

Abstract: The author divides Guangdong province's Reform and Open into four phases: 1978−1992; 1992−2001; 2001−2008; after 2008. The paper analyzes Guangdong province's institutional change from three aspects: international trade system, FDI system, OFDI system. The author summarizes regional open system and informal institution change.

Keywords: Guangdong; Institutional Change; Reform and Open

Abstract: Over the past 40 years of reform and opening up, Guangdong processing trade has experienced four stages: starting, rapid development, consolidation and upgrading, and is now entering the stage of innovation development. This report reviews the changes of processing trade in Guangdong from 1978 to 2017 from its own advantages, development and economic effects. We found that although Guangdong processing trade value-added rate is rising, but its status is gradually replaced by general trade, and its import and export market is gradually convert from Hongkong, Macao to Europe and the United States. In addition, the impact of processing trade on Guangdong import and export growth, balance of payments and labor employment are going weaken than before. Finally, we make a prospect about the innovation and development of Guangdong processing trade.

Keywords: Guangdong Province; Processing Trade; Innovative Development

B. 5 Analysis and Prospect of Foreign Investment Utilization in Guangdong's Service Industry during the 40 Years of Reform and Opening-up

Wei Zuolei, Zhan Qianyu and Wang Fengbo / 104

Abstract: Based on *World Investment Report* 2016 and the paid-in value of FDI data from Guangdong Province for forty years, this paper analyzes the current situation of the utilization of foreign investment in Guangdong Province and the world with some suggestions. It can be divided into three parts: Firstly, the review and analysis of the actual utilization of foreign investment in Guangdong Province. According to the trend of paid-in value of FDI in Guangdong Province, it is divided into three stages: during 1979 − 1992, the paid-in value of FDI growth rate is fast, but mainly concentrated in the manufacturing sector, the service sector shows low level of openness. In 1993 −2006, the paid-in value of FDI has increased substantially; the characteristics of the industry distribution are basically the same with those previously. From 2007 to 2016, service industry surpasses manufacturing and become the major industry which attracts FDI. Meanwhile, the proportion of producer-service suppliers such as finance, business services and rental, have been significantly improved. The problems are the low level of industrial structure utilization by service industries and the unbalanced distribution of FDI. Secondly, the analysis of the FDI trends of global service industry. From the prospect of the industry, the service industry absorbs the most FDI inflows, financial insurance and business services within the service industry, which are the hotspots. From the prospect of the geography, the developed economies and the developing economies are the main destination of FDI, the developed economies and Asia Developing economies are the main investor. From the prospect of the subject, manufacturing overseas branches are an important form of service FDI. Thirdly, the proposals on expanding the use of foreign investment in Guangdong's service industry. To enhance the utilization of foreign investment, we can optimize the industrial structure of foreign investment in service industries, improve the space distribution of FDI, and broaden the sources of foreign investment in service industries and so on.

Keywords: Service; FDI; Guangdong

B. 6　A study on the development of two-way investment in Guangdong　　　　　　　*Liu Sheng, Wu Beibei* / 127

Abstract: The economic opening in1978 has laid the way for China to integrate into the global economy. On the one hand, through the implementation of preferential policies, the Chinese government encourages large amounts of foreign direct investment inflows; on the other hand, since the beginning of the new century China has speeded up the pace of outbound direct investment. Particularly, putting forward the "One Belt, One Road" initiative provides support for the strategy of "Going Out". Among all the Chinese provinces, Guangdong stands at the top location of attracting foreign businessmen (including investment from Hong Kong, Macao and Taiwan). At the same time, it has been in the front of other provinces in terms of outbound direct investment. The stock of outbound direct investment from Guangdong is nearly twice that from Shanghai, the second largest source of outbound investment in China. In view of this, this article will try to combine with the carding and analysis of the development of two-way investment in Guangdong. Under the background of the opening up for 40 years, the study is very necessary. Through summarizing the experience and analyzing the shortcomings of opening up, this study will provide empirical evidence and policy suggestions to accelerate the use of two-way investment to promote economic transformation and upgrading.

Keywords: Foreign Direct Investment; Outbound Direct Investment; Development Process; Policy; Guangdong

B. 7 Analysis on the Integration of Domestic and Foreign
Trade in Guangdong in the Past Forty Years of Reform
and Opening-up *Pan Su*, *Qin Shuang* / 149

Abstract: This paper reviews the evolution of institutional systems in domestic and foreign trade in Guangdong since the Reform and Opening-up, analyzes the development of domestic and foreign trade by the macro data, explores the problems in the process of the integration in domestic and foreign trade, describes the trend of the integration of domestic and foreign trade, and puts forward some policy recommendations.

Keywords: Reform and Opening-up; Integration of Domestic and Foreign Trade; Guangdong

Ⅲ   Opening-up in the New Era

B. 8 Benchmark International High Standard Rules to
Explore the Open Platform Construction of Guangdong-
Hong Kong-Macao Greater Bay Area
Chen Wanling, *Wei Xiaohui* / 170

Abstract: The construction of Guangdong-Hong Kong-Macao Greater Bay Area involves the issue of regional development imbalance and system differences, the essence is to achieve the convergence of rules and the coordinated development of regions through institutional reforms and institutional innovations. Under the premise of "one country, two systems", the cooperation of Guangdong-Hong

Kong-Macao Greater Bay Area falls into a "system dilemma", which is Hong Kong and Macao belong to the independent customs territory and it is impossible to construct a special area of the same system throughout Guangdong-Hong Kong-Macao Greater Bay Area, Pearl River deltas can also not be an "independent customs zone", any economic cooperation should be based on the notion of "the customs zone of China". Therefore, it is necessary to overcome the "system dilemma", reduce the friction costs of rules and systems, and improve the allocation efficiency of resources and elements in the Guangdong-Hong Kong-Macao Greater Bay Area. The effective solution is to benchmark the international high standard rules, make the functional platform of "Free Trade Zone (Port)", give full play to the advantages of various regions in the Mainland, Hong Kong and Macao, and realize the "polarization" and coordinated development of the economy of Guangdong-Hong Kong-Macao Greater Bay Area.

Keywords: Guangdong-Hong Kong-Macao Greater Bay Area; International High Standard Rules; Guangdong, Hong Kong and Macao Cooperation

B. 9   Production Cooperation on Guangdong and "One Belt and One Road": Based on Co-movement Analysis of Complementarity and Competitiveness in Trade and Investment   *Han Yonghui, Wei Dongming and Li Qing* / 189

Abstract: Guangdong province integrates into global value chain system demanding the inquiry of production cooperation and analyzing complementarity and competitiveness in trade and investment on Guangdong and countries along "One Belt and One Road". Based on establishing PVAR model, this paper develops and calculates export similarity index and trade intensity index, elaborating the evolution of complementarity and competitiveness of production cooperation from 1995 to 2014, to lucubrate co-movement in trade and investment for Guangdong and countries along the "One Belt and One Road". The results show that Guangdong are in most fierce competition with ASEAN and South Asia but in highest complementarity with Central Asia and West Asia in trade and investment. Co-movement exists in trade and investment on Guangzhou and countries along "One Belt and One Road". Compared with increasing trade, investment moves in faster rate. Productivity in lag of trade and investment have a positive influence on the current trade or investment. Trade and investment on production cooperation are positively correlated with proposal of The Belt and Road Initiative which has greater impact on investment, compared with trade.

Keywords: One Belt and One Road; Global Value Chain; Production Cooperation; Trade and Investment; Co-movement

B. 10　The Research on the influences of bilateral diplomatic relations to the education service trade

Tang Jing, *Xu Chensheng* / 215

Abstract: Bilateral diplomatic relations is an essential approach to play political influences of our country, thereby attracting foreign students to study in China. This research which analyzes 36 related countries of "One Belt And One Road" policy, bases on panel date of 2003 −2004, found that. the orientation of political relations, the time of diplomatic relations establishment, and friendly impression of a city all have significantly positive impact on foreign students. the alienation of culture has an significantly negative impact on foreign students. bilateral diplomatic relations can efficiently improve obstacle effect brought by the alienation of culture. In addition, enhance the amount of foreign students. Strongly Implements foreign students' education, aimed at developing "Study in China" logo requires emphasis on both the oriented effect of political democracy and the essential effect of rural democracy.

Keywords: Orientation of Political Relations; The Time of Diplomatic Relations Establishment; Friendly Impression; Alienation of Culture

Abstract: This paper concentrates on the research of differences between the tariff on personal postal which was trial implementation rule in cross-border e-commerce last two years and the general tariff on cross-border e-commerce which was just proposed in June, 2016. It figures out that the purpose use general tariff instead of personal postal tariff is to stop the development of C2C cross-border e-commerce, and to promote the development the B2B2C cross-border e-commerce. Moreover, it also consider the general tax have many advantages, such as promoting the development of B2B e-commerce, increasing the revenue of tariff, helping the custom statistics the data of e-commerce.

Keywords: Cross-border E-commerce Tariff; Direct Import; Tariff-free Zone Import; Personal Postal Articles Tariff

❖ 皮书起源 ❖

"皮书"起源于十七、十八世纪的英国，主要指官方或社会组织正式发表的重要文件或报告，多以"白皮书"命名。在中国，"皮书"这一概念被社会广泛接受，并被成功运作、发展成为一种全新的出版形态，则源于中国社会科学院社会科学文献出版社。

❖ 皮书定义 ❖

皮书是对中国与世界发展状况和热点问题进行年度监测，以专业的角度、专家的视野和实证研究方法，针对某一领域或区域现状与发展态势展开分析和预测，具备原创性、实证性、专业性、连续性、前沿性、时效性等特点的公开出版物，由一系列权威研究报告组成。

❖ 皮书作者 ❖

皮书系列的作者以中国社会科学院、著名高校、地方社会科学院的研究人员为主，多为国内一流研究机构的权威专家学者，他们的看法和观点代表了学界对中国与世界的现实和未来最高水平的解读与分析。

❖ 皮书荣誉 ❖

皮书系列已成为社会科学文献出版社的著名图书品牌和中国社会科学院的知名学术品牌。2016年，皮书系列正式列入"十三五"国家重点出版规划项目；2013~2018年，重点皮书列入中国社会科学院承担的国家哲学社会科学创新工程项目；2018年，59种院外皮书使用"中国社会科学院创新工程学术出版项目"标识。

中国皮书网

（网址：www.pishu.cn）

发布皮书研创资讯，传播皮书精彩内容
引领皮书出版潮流，打造皮书服务平台

栏目设置

关于皮书：何谓皮书、皮书分类、皮书大事记、皮书荣誉、

皮书出版第一人、皮书编辑部

最新资讯：通知公告、新闻动态、媒体聚焦、网站专题、视频直播、下载专区

皮书研创：皮书规范、皮书选题、皮书出版、皮书研究、研创团队

皮书评奖评价：指标体系、皮书评价、皮书评奖

互动专区：皮书说、社科数托邦、皮书微博、留言板

所获荣誉

2008 年、2011 年，中国皮书网均在全
国新闻出版业网站荣誉评选中获得"最具
商业价值网站"称号；

2012 年，获得"出版业网站百强"称号。

网库合一

2014 年，中国皮书网与皮书数据库端
口合一，实现资源共享。

权威报告·一手数据·特色资源

皮书数据库
ANNUAL REPORT(YEARBOOK)
DATABASE

当代中国经济与社会发展高端智库平台

所获荣誉

- 2016年，入选"'十三五'国家重点电子出版物出版规划骨干工程"
- 2015年，荣获"搜索中国正能量 点赞2015""创新中国科技创新奖"
- 2013年，荣获"中国出版政府奖·网络出版物奖"提名奖
- 连续多年荣获中国数字出版博览会"数字出版·优秀品牌"奖

成为会员

通过网址www.pishu.com.cn访问皮书数据库网站或下载皮书数据库APP，进行手机号码验证或邮箱验证即可成为皮书数据库会员。

会员福利

- 使用手机号码首次注册的会员，账号自动充值100元体验金，可直接购买和查看数据库内容（仅限PC端）。
- 已注册用户购书后可免费获赠100元皮书数据库充值卡。刮开充值卡涂层获取充值密码，登录并进入"会员中心"—"在线充值"—"充值卡充值"，充值成功后即可购买和查看数据库内容（仅限PC端）。
- 会员福利最终解释权归社会科学文献出版社所有。

社会科学文献出版社 皮书系列
SOCIAL SCIENCES ACADEMIC PRESS (CHINA)

卡号：819442237655
密码：

数据库服务热线：400-008-6695
数据库服务QQ：2475522410
数据库服务邮箱：database@ssap.cn
图书销售热线：010-59367070/7028
图书服务QQ：1265056568
图书服务邮箱：duzhe@ssap.cn

S 基本子库
SUB DATABASE

中国社会发展数据库（下设 12 个子库）

全面整合国内外中国社会发展研究成果，汇聚独家统计数据、深度分析报告，涉及社会、人口、政治、教育、法律等 12 个领域，为了解中国社会发展动态、跟踪社会核心热点、分析社会发展趋势提供一站式资源搜索和数据分析与挖掘服务。

中国经济发展数据库（下设 12 个子库）

基于"皮书系列"中涉及中国经济发展的研究资料构建，内容涵盖宏观经济、农业经济、工业经济、产业经济等 12 个重点经济领域，为实时掌控经济运行态势、把握经济发展规律、洞察经济形势、进行经济决策提供参考和依据。

中国行业发展数据库（下设 17 个子库）

以中国国民经济行业分类为依据，覆盖金融业、旅游、医疗卫生、交通运输、能源矿产等 100 多个行业，跟踪分析国民经济相关行业市场运行状况和政策导向，汇集行业发展前沿资讯，为投资、从业及各种经济决策提供理论基础和实践指导。

中国区域发展数据库（下设 6 个子库）

对中国特定区域内的经济、社会、文化等领域现状与发展情况进行深度分析和预测，研究层级至县及县以下行政区，涉及地区、区域经济体、城市、农村等不同维度。为地方经济社会宏观态势研究、发展经验研究、案例分析提供数据服务。

中国文化传媒数据库（下设 18 个子库）

汇聚文化传媒领域专家观点、热点资讯，梳理国内外中国文化发展相关学术研究成果、一手统计数据，涵盖文化产业、新闻传播、电影娱乐、文学艺术、群众文化等 18 个重点研究领域。为文化传媒研究提供相关数据、研究报告和综合分析服务。

世界经济与国际关系数据库（下设 6 个子库）

立足"皮书系列"世界经济、国际关系相关学术资源，整合世界经济、国际政治、世界文化与科技、全球性问题、国际组织与国际法、区域研究 6 大领域研究成果，为世界经济与国际关系研究提供全方位数据分析，为决策和形势研判提供参考。

法律声明

　　"皮书系列"（含蓝皮书、绿皮书、黄皮书）之品牌由社会科学文献出版社最早使用并持续至今，现已被中国图书市场所熟知。"皮书系列"的相关商标已在中华人民共和国国家工商行政管理总局商标局注册，如LOGO（▧）、皮书、Pishu、经济蓝皮书、社会蓝皮书等。"皮书系列"图书的注册商标专用权及封面设计、版式设计的著作权均为社会科学文献出版社所有。未经社会科学文献出版社书面授权许可，任何使用与"皮书系列"图书注册商标、封面设计、版式设计相同或者近似的文字、图形或其组合的行为均系侵权行为。

　　经作者授权，本书的专有出版权及信息网络传播权等为社会科学文献出版社享有。未经社会科学文献出版社书面授权许可，任何就本书内容的复制、发行或以数字形式进行网络传播的行为均系侵权行为。

　　社会科学文献出版社将通过法律途径追究上述侵权行为的法律责任，维护自身合法权益。

　　欢迎社会各界人士对侵犯社会科学文献出版社上述权利的侵权行为进行举报。电话：010-59367121，电子邮箱：fawubu@ssap.cn。

社会科学文献出版社